本书由湖南省应用特色学科"中国语言文学"、湖南省高等学校哲学社会科学重点研究基地"南岭走廊与潇湘文化研究基地"、湖南省社科研究基地"舜文化研究基地""濂溪学研究基地"资助出版

本书为湖南省社科评审项目"《大唐中兴颂》系列研究"（XSP2023WXC038）、"元结作品笺证及遗迹考录"（XSP20YBZ143）、湖南省普通高等学校教学改革研究项目"永州地方文化与中国古代文学课程体系重构研究"（HNJG—2022—1057）、湖南科技学院科学研究项目"元结永州文化遗址考证及旅游开发研究"、教育部社科规划项目"历代元结文献整理与研究"（18XJA75103）及湖南科技学院"英才计划"项目研究成果

元结考论

肖献军
胡　娟

著

Textual Research
on Yuan Jie

中国社会科学出版社

图书在版编目（CIP）数据

元结考论／肖献军，胡娟著.—北京：中国社会科学出版社，2023.4
ISBN 978 - 7 - 5227 - 1348 - 9

Ⅰ.①元⋯　Ⅱ.①肖⋯ ②胡⋯　Ⅲ.①元结（719 - 772）—人物研究
Ⅳ.①K825.6

中国国家版本馆 CIP 数据核字（2023）第 022424 号

出 版 人	赵剑英
责任编辑	宋燕鹏　史丽清
责任校对	李　硕
责任印制	李寡寡

出　　版	中国社会科学出版社
社　　址	北京鼓楼西大街甲 158 号
邮　　编	100720
网　　址	http://www.csspw.cn
发 行 部	010 - 84083685
门 市 部	010 - 84029450
经　　销	新华书店及其他书店

印　　刷	北京明恒达印务有限公司
装　　订	廊坊市广阳区广增装订厂
版　　次	2023 年 4 月第 1 版
印　　次	2023 年 4 月第 1 次印刷

开　　本	710×1000　1/16
印　　张	18.25
字　　数	270 千字
定　　价	98.00 元

目录

前言　21 世纪（2000—2021）
元结研究述评

　　元结（719—772），字次山，号漫叟、聱叟、浪士、漫郎等。他是唐代著名文学家、思想家，古文运动的先驱人物，也是南岭民族走廊摩崖石刻艺术的开创者。自唐以来，对元结及其作品的传播、接受就没有中断过。唐代有杜甫、刘长卿、刘禹锡、皇甫湜等；宋代有欧阳修、黄庭坚、张耒、杨万里、范成大等；元代有张养浩、王冕等；明代有顾璘、管大勋等；清代有袁枚、邓显鹤、阮元、何绍基等。但从唐代至清末，学者对元结的研究主要侧重于文本的校勘、点评，另外，与元结摩崖石刻相关的吊古伤怀之作较多，从理论上对元结进行系统而全面的研究尚未起步，元结研究一直停留在片言只语的感悟式体验中。

　　20 世纪的元结研究主要集中在作品的整理、作家生平的考订、作家思想和作品的研究、《箧中集》研究等方面。现简述如下：（1）在作品整理上，主要有 20 世纪 60 年代中华书局出版孙望校勘的《元次山集》，该书以明正德年间郭勋刊本为底本，以四部备要本、黄又本等校之，并对集中诗文进行了部分系年，后附元结生平资料及与元结相关的主要著录等，该书拓展了元结作品校勘整理的路径。（2）作家生平的考订上，主要有 1928 年孔德发表的《元氏氏族考》《唐元结世系考》。1935 年孙望发表的《元次山年谱》，1944 年孔德发表的《元次山评传及年谱》《唐元结先生年谱》等。20 世纪下半叶，孙望在原有基础上对元结生平作了重新考订，中华书局出版了《元次山年谱》。其后，杨承祖也著有《元结年谱》。80 年代，杨承祖又发表《元结交游考》，考订了元结与杜甫、颜真卿、刘长卿等17人的交往；傅璇琮主编的《唐才子传校笺》对元结生平予以了考订；李建昆在《元次山之生平及其文学》中，对元结生平也有考证。（3）作家思想和作品的研究等方面。20世纪80年代前，学者专注于版本校勘和年谱编订，仅孔德、汤擎民等少数学者对元结作品有所研究。80年代后研究进入了起始阶段，孙望的《元结评传》、李建昆的《元次山之生平及其文学》对元结思想和作品进行了整体研究。聂文郁、孙昌武、王运熙、徐传胜、王启兴等人的论文主要对元结的思想与文学思想进行了研究。聂文郁的《元结诗解》①及刘法绥、梅新林、姬沈育等的论文从内容、章法、修辞、鉴赏、评价等方面对元结诗歌展开了研究。（4）许总、朱延春等人的论文对《箧中集》中诗人的人生态度、文学思想与创作倾向等进行了分析。可见，20世纪学者对元结研究主要侧重在纯学术研究领域，比较关注作家、作品本身，这为21世纪元结研究打下了良好基础。

进入21世纪，元结研究取得了重大进展，研究开始向纵深方向发展，元结研究日渐成熟，构建出了完整的研究体系，涌现出了一大批元结研究专家，其研究主要体现在以下六个方面。

一　作家、作品考订精细

20世纪元结研究从某种程度上看，十分注重作家生平、作品的考订，而且研究的整体意识比较强烈；21世纪初期的元结研究依然承袭这一研究倾向，杨承祖的《元结研究》②堪称这方面的代表之作。该书主要分为三部分，第一部分为元结评传。该评传对元结生平及创作情况进行了评述，对元结的思想、文学、人品也予以了充分肯定。第二部分为元结年谱。该年谱相较《孙谱》而言更为翔实，同时也订正了《孙谱》中的不少失误之处。第三部分为元结研究论文。包括元结年谱辨正、元结文学观、政治观的讨论，其中"元结文学交游考"考证尤为翔实，有不少独创之处。该著

---

① 聂文郁：《元结诗解》，陕西人民出版社1984年版。
② 杨承祖：《元结研究》，台湾"国立"编译馆2002年版。

可以说是对 20 世纪以来元结研究的一个全面总结，成为研究元结必备之书。但自此之后，在作家、作品的考订上，再无如此全面的著作。21 世纪学者对作家、作品的考订大多呈现出精细化倾向，其研究情况分列如下：

（一）作家考订

与作家相关的考证主要集中在以下四方面：

1. 名号考

日本加藤敏著有《元结における"漫叟"の視座について》①，该文对元结别称"漫叟""聱叟""浪士""元子"等名号一一进行了考索，并探讨"漫叟"与其他称号的关系，通过对"漫叟"等别号的使用情况进行探讨，揭示了不同时期元结作品的特色及蕴含的规讽意义。韩国이주해《取号를 통해 읽는 唐代 문인들의 自我意識–王绩과 白居易, 그리고元结을 중심으로》②，该文通过对元结自号的变化分析出元结不同时期的生活态度及价值观的转变。

2. 生平考

刘志强的《元结"率家避难"事探析》，从安史之乱元结"率家避难"的史实出发，结合元结民族、家族背景从四个方面探寻元结率家避难成功的原因，并指出元结"'避难'过程虽然艰险，不过保全'千余家'的结果，无疑给了元结相当的自信、尊严和荣誉"③。胡娟著有《元结祁阳浯溪行迹考》④，该文考证出元结一生中十一次经过祁阳浯溪，留下了不少摩崖石刻作品。

3. 交友考

徐希平、彭超著有《元结与杜甫关系再探》，该文对元结和杜甫二人的交往经历进行了考证，同时通过对比分析元结《舂陵行》《大唐中兴颂》

---

① ［日］加藤敏：《元结における"漫叟"の視座について》，《千叶大学教育学部研究纪要》2009 年总第 57 卷，第 396—388 页。

② ［韩］이주해：《取号를 통해 읽는 唐代문인들의自我意識–王绩과 白居易, 그리고元结을중심으로》，《外国学研究》2015 年第 34 辑，第 325—346 页。

③ 刘志强：《元结"率家避难"事探析》，《平顶山学院学报》2019 年第 1 期，第 61 页。

④ 胡娟：《元结祁阳浯溪行迹考》，《今古文创》2020 年第 23 期，第 48—49 页。

及杜甫相关作品，指出二人在政治态度、文学艺术上的一致性，并指出"杜甫元结是否有交集已不重要，二人彼此无需多言而同气相求，同声相应，堪称心心相印，是真正的知己和知音"①。

4. 遗迹考

谷重《元结重修舜庙并置相关碑刻考》②，该文对元结重修舜庙的背景、时间、目的及相关作品进行了考证，对于了解唐代道州舜庙建制提供了一定帮助。此外拙文《中古文化遗址勘定的意义与方法——以柳宗元、元结永州文化遗址勘定为例》③对元结文化遗址的勘定提供了方法借鉴。

（二）版本、作品考订

高翠霞著有《〈元次山集〉版本源流考》④，该文对《元次山集》历代版本进行了简单梳理，开启了《元次山集》版本考索之先河。其后，丁蒙雅著有《元结著作版本考述》⑤，该文对自唐以来流传的元结版本进行了详细梳理，对于了解元结文集的流传及作品的辑佚提供了一定帮助。彭小乐著有《〈元次山集〉版刻源流考》⑥，该文从系统的角度分析了《元次山文集》的版本，并指出明刻《唐漫叟文集》系统要优于明郭勋刻《元次山集》系统，此外还有戎姝阳的《〈元次山集〉版本源流研究》⑦等也对元结文集版本源流系统进行了梳理。胡娟和肖献军整理有《〈元次山集〉版本四种》⑧，该书整理出了明清以来元结文集版本四种，对于了解元结版本的源流及每一版本作品收录情况提供了一定帮助。

① 徐希平、彭超：《元结与杜甫关系再探》，《中国文学研究》2020年第4期，第84页。

② 谷重：《元结重修舜庙并置相关碑刻考》，《中国书法》2018年第7期，第134—137页。

③ 肖献军：《中古文化遗址勘定的意义与方法——以柳宗元、元结永州文化遗址勘定为例》，《今古文创》2020年第33期，第56—57页。

④ 高翠霞：《〈元次山集〉版本源流考》，《唐山学院学报》2008年第5期，第62—63页。

⑤ 丁蒙雅：《元结著作版本考述》，硕士学位论文，河南大学，2014年。

⑥ 彭小乐：《〈元次山集〉版刻源流考》，《新世纪图书馆》2015年第6期，第82—85页。

⑦ 戎姝阳：《〈元次山集〉版本源流研究》，《长江丛刊》2018年第3期，第7—9页。

⑧ 胡娟、肖献军整理：《〈元次山集〉版本四种》，团结出版社2018年版。

二　思想、文学思想研究深入

21 世纪前十年学者沿袭 20 世纪的研究，主要侧重于元结儒家思想研究，后十年开始注意到元结思想的独特性，元结儒道并融的特性及"漫家"思想的开创性开始得到重视，并进而对元结思想做了溯源，对"漫家"思想对后世的影响也有所论述。对于元结文学思想的研究主要侧重于四个方面：元结文学思想的复古性、元结文学思想的创新性、元结文学思想的现实功利性及元结文学思想对后世的影响。元结的"漫家"思想奠定了他在思想界的地位，而其文学思想则影响了韩柳古文运动的发展。其研究情况分列如下：

（一）思想研究

唐忠勇著有《元结之忠》，该文"从元结为人、为官、为文三个方面探究了其'以忠为本'的高贵品质，并论述了元结对后世所产生的积极影响"①。乔凤岐著有《元结的君道论》，该文结合元结《皇谟三篇》《说楚王赋三篇》和《二风诗》等作品，从十六个方面归纳出了君主应遵循的行为准则，认为"君主的言行只有符合民众和社会发展的需求，才能成为治世明君，建设一个和谐繁荣的美好社会"②。罗浩刚著有《元延祖对元结的影响》③，该文论述了元结父亲元延祖全身远害和躬耕自足的道家思想及生活方式对元结人生产生的影响。罗浩刚又著有《"漫家"元结的墨学色彩》，该文结合元结《漫论》《问进士》等作品，分析出元结"援墨入儒"的思想特征，探索了元结墨家思想的渊源，并进一步指出"元结与当时儒者的矛盾，其根本是功利主义、现实主义的墨学与道德主义、理想主义的儒学的内在学理冲突"④。彭小乐、王素敏著有《论先秦诸子思想对唐代鲜

---

① 唐忠勇：《元结之忠》，《湖南科技学院学报》2008 年第 10 期，第 26 页。

② 乔凤岐：《元结的君道论》，《郑州航空工业管理学院学报》（社会科学版）2010 年第 5 期，第 47 页。

③ 罗浩刚：《元延祖对元结的影响》，《湖北广播电视大学学报》2012 年第 6 期，第 72—73 页。

④ 罗浩刚：《"漫家"元结的墨学色彩》，《社科纵横》2012 年第 7 期，第 75 页。

卑族后裔元结的影响》，该文探索了元结思想产生的文化根源，认为"在儒家思想之外，元结汲取诸子思想，以道家思想化解苦闷与愁绪，将法家、墨家思想融会至其为官理念中，构建了独特的精神世界"①。彭小乐另著有《论唐代鲜卑族后裔元结的吏治思想》② 和《论唐代鲜卑族后裔元结山川铭的道德劝诫》，前文认为元结吏治以民为本，仁民恤民，重视农业，择贤授能，建立奖惩分明的制度，成功化解民族矛盾，在某种程度上对安史之乱后的颓败社会有所裨益；后文则重点研究了元结铭文道德层面的意义，指出元结"将道德精神注入山、川、石、亭等无名景物，意在规劝世人行儒家仁、义、礼、智、信与道家静和、谦让、清惠与淳朴，宣扬古仁人君子之道、君子之德"③。蒋振华著有《元结的道家道教人生与文学创作》，该文从元结隐逸文学入手，分析出其作品中弥漫着强烈的羡仙意识，进而探寻元结复杂多元的道家人生价值取向，指出"元结对于道家人生价值的追求，除了表现于对道家理想社会图景的憧憬之外，还表现在对道家隐居生活的内容旨趣、生活境界的向往和践行上"④，并从家世和时代背景揭示元结道教信仰的根源。胡娟著有《论虞舜孝文化的生成及其地域接受与传播——以元结湖湘经历为依据》⑤，该文揭示了虞舜孝道文化对元结的影响及元结在湖湘地区推动了虞舜孝道文化的传播。何安平著有《元结与唐代文化共同体建设》⑥，该文结合元结所处唐代文化共同体现状，指出元结在这一共同体中以古化今、坚守君子之道、勇于承担职责，保持独立与自由的人格，对于安史之乱后唐王朝文化共同体建设发挥了应有的作用，其身后名对唐代文化共同体的建设产生了持久的影响。此外还有邹文荣的

---

① 彭小乐、王素敏：《论先秦诸子思想对唐代鲜卑族后裔元结的影响》，《贵州民族研究》2015 年第 6 期，第 197 页。

② 彭小乐：《论唐代鲜卑族后裔元结的吏治思想》，《贵州民族研究》2016 年第 6 期，第 188—191 页。

③ 彭小乐：《论唐代鲜卑族后裔元结山川铭的道德劝诫》，《贵州民族研究》2017 年第 11 期，第 197 页。

④ 蒋振华：《元结的道家道教人生与文学创作》，《湖湘论坛》2019 年第 4 期，第 132 页。

⑤ 胡娟：《论虞舜孝文化的生成及其地域接受与传播——以元结湖湘经历为依据》，《湖南行政学院学报》2019 年第 2 期，第 106—112 页。

⑥ 何安平：《元结与唐代文化共同体建设》，《理论界》2017 年第 9 期，第 95—106 页。

《论元结文之道德重建的宗旨》、奉荣梅的《元结：顾惟孱弱者，正直当不亏》、邹文荣的《浅谈元结的责任感与其当代意义》、胡菡的《论家庭教育对元结的影响》、姚会涛的《元结的"漫"家思想及其儒道情怀》、刘隆的《元结：扶世济民，高品人物》等文章对元结人品、思想及思想来源有所阐述。

（二）文学思想研究

姬沈育著有《元结复古诗论浅析》，该文指出："（元结）诗歌继承风雅比兴的传统，主张文学创作讽谕以救时患，在创作实践中反映民生疾苦，揭露社会黑暗，从而使诗歌、散文具有积极的社会现实内容，为唐代新乐府运动和古文运动开路。"① 同时也指出了元结文学思想开始从理想主义向现实主义转变，影响了中晚唐时期的奇僻古奥一派。熊礼汇著有《"救时劝俗"与"追复纯古"——元结古文创作论》，该文指出元结之文"偏于从政教、道德层面刺世疾邪，救时劝俗，而出语危苦激切、辞义幽约"②，并归纳出元结古文的三种表现形式，肯定了元结的人格精神和"追复纯古"的诗、文革新观念及元结在古文史上的地位。邹文荣著有《试论元结复古以求新变的古文主张》③，该文通过对元结作品及文论分析，指出了元结之文追复纯古、强调现实功用，同时也指出元结主张秉笔直言、提倡体制崇简和语言精练的古文主张。彭小乐著有《元结"以文为诗"论》，该文指出"元结的诗歌长于叙事描写，在诗歌创作中融入大量的议论，并采用散文化的语言进行创作，因此呈现散文化倾向"④，并与韩愈的"以文为诗"进行对比，肯定了元结在这一手法上的开拓性地位。彭小乐另著有《元结的古文革新与唐代古文运动》⑤，则从元结对散文的革新角度肯定元

---

① 姬沈育：《元结复古诗论浅析》，《开封教育学院学报》2003 年第 1 期，第 34 页。
② 熊礼汇：《"救时劝俗"与"追复纯古"——元结古文创作论》，《佛山科学技术学院学报》（社会科学版）2005 年第 4 期，第 1 页。
③ 邹文荣：《试论元结复古以求新变的古文主张》，《兰州教育学院学报》2007 年第 1 期，第 25—29、58 页。
④ 彭小乐：《元结"以文为诗"论》，《商丘师范学院学报》2015 年第 10 期，第 70 页。
⑤ 彭小乐：《元结的古文革新与唐代古文运动》，《中华文化论坛》2015 年第 9 期，第 168—173 页。

结在唐代古文运动中的地位。张静杰《元结的诗史精神》，该文指出元结的诗文有着强烈的关注现实、参与现实的精神，"其诗文突出的现实特点主要表现在良史信笔、贬议君主、民本精神等方面，记事信而有征，对君主提出直接批评，宁待罪而不惜为民请命，可谓诗史精神的充分体现，也是其对儒家思想的实践和发展"①。拙著《鲜卑后裔元结的文学思想与创作论析》，该文指出："鲜卑文化及其影响下的鲜卑文学构成了元结文学思想及创作的渊源。"② 元结表现出强烈的复古倾向，但复古中又不拘泥于古，他不断革新文体，自变文风，关注现实，成为唐代古文运动的先驱人物。

此外另有卢华的《元结文学思想研究》、王景涛的《元结与中唐现实主义诗风》、陈麦的《元结诗文及其思想研究》、陈蕾的《元结的诗学思想及其诗歌创作》、何安平的《元结思想与文学研究》等硕士论文及高林广的《极帝王理乱之道系古人规讽之流——元结诗学思想述评》、罗田的《论元结诗歌思想》、刘文先的《披着复古外衣的创新之路——对元结诗的再认识》、姜晓霞的《元结的诗歌理论和诗歌创作》、戴婕的《论元结的诗学主张》、陕艳娜的《盛中唐转折时期的诗文探索——浅析元结诗文及其思想》、陆双祖的《元结的文质思想浅论》、李洁的《文化思想影响下的元结文学主张研究》、隋晓聪的《"以意逆志"、"知人论世"视域下元结诗论思想探究》等论文也从多角度探讨了元结的文学思想。

三 分体研究趋势明显

关于元结作品的内容和艺术性问题，这一时期仍有不少作家从整体上进行了分析，如，姜晓霞著有《元结的文学创作与民族情结》③，该文较早从民族学的角度解读元结作品，指出元结文学观的形成和定型，与元结民

---

① 张静杰：《元结的诗史精神》，《云南大学学报》（社会科学版）2019 年第 3 期，第 84 页。

② 肖献军：《鲜卑后裔元结的文学思想与创作论析》，《民族文学研究》2021 年第 1 期，第 154 页。

③ 姜晓霞：《元结的文学创作与民族情结》，《北京教育学院学报》2007 年第 4 期，第 29—32 页。

族情结有密不可分的关系。张晓宇《元结研究》①，该博士论文从元结文集版本源流、元结的文学主张、元结的诗歌研究、元结的散文研究及元结对中唐古文运动、新乐府运动的影响等五个方面研究元结的文学成就。刘志强著有《"真淳之语"：论元结文学创作的内在理路》，该文指出元结文学创作有着强烈的道德人格因素，其道德人格则追求"元气自然"，他的创作达到了"文道合一"的高度，并以元结箴铭体文章为研究对象，指出"元结作品，无论文辞、文意以及文学精神，无不体现出'真淳'的创作特色"②。另有李洁的《元结诗文的创作成就及文化特征阐释》、蔡静波《元结的文学创作及其贡献刍议》等学术论文和邹文荣《元结诗文创作研究》等硕士论文也对元结文学思想与文学创作有较为详细的阐述。但总体来说，文学分体研究趋势十分明显，而且文学的分体越来越精细化，特别是诗歌中的乐府诗及《箧中集》研究，散文中的表文、序体文和山水游记的研究十分深入。这一时期，对元结作品的鉴赏也越来越具体化、深刻化。

（一）诗歌研究

张明华著有《试论元结诗歌的散文化》，该文指出元结的"以文为诗"是以文意为诗，他"把散文的特点应用到诗歌中，从而扩大了诗歌的选材范围，加强了其干预现实的作用，同时也丰富了诗歌的表现手法"③。该文把元结以文为诗和韩愈以文为诗进行了对比，肯定了元结在诗歌散文化上的成就。姬沈育著有《论盛、中唐转折时期的著名诗人元结》，该文从时代背景出发，指出了元结诗歌"深刻地反映了天宝中后期唐王朝之政治腐败、民生困苦及战乱中统治阶级变本加厉奴役下的人民困苦不堪、无以为生的悲惨命运"④，他的诗歌对中唐现实主义诗歌创作起到开启和示范作

---

① 张晓宇：《元结研究》，博士学位论文，河北大学，2014 年。

② 刘志强：《"真淳之语"：论元结文学创作的内在理路》，《汕头大学学报》（人文社会科学版）2019 年第 9 期，第 24 页。

③ 张明华：《试论元结诗歌的散文化》，《阜阳师范学院学报》（社会科学版）2000 年第 4 期，第 33 页。

④ 姬沈育：《论盛、中唐转折时期的著名诗人元结》，《华北水利水电学院学报》（社科版）2003 年第 2 期，第 28 页。

用。邹文荣著有《句浅而情深——浅析元结诗歌》①，该文重点分析了元结
诗歌的语言特征——不事雕琢，语言平易，直叙其事，少用典故，但情感
却真实自然。朱琼娅著有《试论元结诗歌的规讽特色》②，指出了元结诗歌
具有真善相融的规讽性审美特色。陈仲庚著有《"隔"与"不隔"的山水
美——元结山水诗的审美特征及其价值》，该文指出元结的山水诗"为祛
除官场的烦恼而钟情山水田园，这是'隔'"，"将山水田园看作生命的归
宿所在，这是'不隔'"③，进而分析了元结山水诗的审美艺术价值，并且
指出元结官场所失，换来了艺术的永恒。韩彩丽著有《元结诗体研究》④，
该文从诗体的角度分别研究了元结的四言诗、五言诗、七言诗、骚体诗及
系乐府诗，揭示了元结在诗体内容上的新变特征。此外还有陈蕾的《试论
元结五言诗的叙事性结构与散文化句法》、李静的《元结及其诗歌研究》、
刘备的《元结诗歌题材分类研究》、张晓宇等的《元结友情诗的思想内容》
等论文对元结诗歌内容、结构上进行了分析。

在元结诗歌研究中，学者又特别注重元结的乐府诗研究。这类研究包
括：何诗海《论元结在新乐府运动中的地位》⑤，该文从诗学理论、创作实
践、作品影响等方面进行了分析，并认为元结创作新乐府的时间比杜甫
早，且对杜甫产生了较大影响。故元结才是新乐府诗的真正先驱。朱我芯
著有《唐代新乐府之发展关键——李白开创之功与杜甫、元结之双线开
展》⑥，该文把杜甫乐府诗和元结乐府诗从"主题内容""形式特征"等方
面进行了比较研究，指出元结的乐府诗开创了四言体及组诗并序的形式特
征，并提出了系统的理论主张，与杜甫走的是不同路线。姜晓霞著有《唐

① 邹文荣：《句浅而情深——浅析元结诗歌》，《安康师专学报》2004 年第 4 期，第36—38 页。

② 朱琼娅：《试论元结诗歌的规讽特色》，《天中学刊》2007 年第 4 期，第78—80 页。

③ 陈仲庚：《"隔"与"不隔"的山水美——元结山水诗的审美特征及其价值》，《船山学刊》2010 年第 2 期，第151 页。

④ 韩彩丽：《元结诗体研究》，硕士学位论文，河南大学，2014 年。

⑤ 何诗海：《论元结在新乐府运动中的地位》，《中国韵文学刊》2002 年第 1 期，第17—20 页。

⑥ 朱我芯：《唐代新乐府之发展关键——李白开创之功与杜甫、元结之双线开展》，《政大中文学报》2007 年第 7 期。

代新乐府运动的先驱——元结》①，该文认为元结新乐府诗讽喻现实并高度
关注现实，主张文学为政治服务，对元白新乐府运动的产生和发展起了先
导作用。邓芳著有《元结乐府的"比兴体制"及其对新乐府的意义——从
〈春陵行〉及相关政论文谈起》，该文指出元结的新乐府恢复了乐府诗的
"美刺"传统，再次强调了乐府的政治功用，元结主张"采国风"在唐代
具有重大的开创意义，而其系乐府诗的创作更是一次成功的实践，元结开
了中唐新乐府的新声。论文最后追溯了元结创作新乐府的渊源，并指出：
"白居易关于采诗、美刺、察政得失和上感下化的理论主张，实际上都在
元结的乐府理论中可以找到源头。"② 吕家慧著有《粲粲元道州：论元结与
中唐的乐府创作》③，该文认为元结在乐府诗上影响了杜甫，进而影响了白
居易，元结的乐府诗突出了"刺上"的一面，而其《箧中集》也深化了乐
府诗"观风"的一面。另外还有何林军的《试论元结与新乐府运动》、陈
蕾等的《论元结五言古诗对乐府民歌的艺术继承》及《论元结"系之风
雅"的诗论观》等文章对元结新乐府诗也有论述。

　　元结编纂的《箧中集》在这一时期也得到了进一步研究。陶生魁著有
《元结〈箧中集〉及其文学批评观》④，该文指出《箧中集》虽然带有复古
倾向，但却是写实主义的先声。《箧中集》的选诗标准也为后代的选家提
供了很好范例。陈蕾著有《〈箧中集〉与元结的诗歌审美观》⑤，该文分析
了杜甫与元结及《箧中集》诸诗人的交往及诗歌唱和，揭示出元结及《箧
中集》诸诗人对杜甫产生的影响，进而指出杜甫"诗坛上'不薄今人'而

　　① 姜晓霞：《唐代新乐府运动的先驱——元结》，《昆明冶金高等专科学校学报》2008 年第 4
期，第 84—87 页。
　　② 邓芳：《元结乐府的"比兴体制"及其对新乐府的意义——从〈春陵行〉及相关政论文
谈起》，《乐府学》2009 年第 5 辑，第 237 页。
　　③ 吕家慧：《粲粲元道州：论元结与中唐的乐府创作》，《乐府学》2017 年第 1 期，第 247—
263 页。
　　④ 陶生魁：《元结〈箧中集〉及其文学批评观》，《嘉应学院学报》2004 年第 4 期，第 39—
42 页。
　　⑤ 陈蕾：《〈箧中集〉与元结的诗歌审美观》，《哈尔滨学院学报》2012 年第 2 期，第 63—
66 页。

且'转益多师'",也是他能够集大成的一个重要原因①。石树芳著有《唐人选唐诗研究》②,该书第六章论述了元结选编的《箧中集》,对于研究者了解《箧中集》的版本源流、文学思想、选本的意义与主体追求提供了一定帮助。陈尚君著有《元结与〈箧中集〉作者之佚诗》③,该文辑佚了《元次山集》及《箧中集》收录之外的诗作,对于全面了解元结及《箧中集》诸诗人的创作全貌提供了帮助。此外还有房莹的《从〈箧中集〉看元结诗学思想的复古倾向》、张文萍的《试论元结〈箧中集〉的选诗标准及特点》、石张燕的《试论元结及其〈箧中集〉》、王贝贝的《试论元结〈箧中集〉中的讽谕思想》、邹婷的《从〈箧中集〉看元结的诗教观》等文章对《箧中集》也有研究。

(二)散文研究

黄丽容著有《元次山散文及创作理论》④,该书共分七章,分别介绍了元结传略及文学主张,元结散文的内涵、艺术等,该著作对元结在散文史上的地位予以了充分肯定。胡燕著有《论元结散文文体的创新性——以杂文、杂记、山水铭为中心》,该文指出元结杂文偏于表达方式的革新,确立了杂文的基本体式,其杂记大量融入议论、抒情方式,达到劝勉或讽刺目的;其山水铭文则多用描写方式,来体现山水之乐或道德劝诫的目的,该文指出"元结革新文体的最终目的在于以此创作出最适宜的文体来针砭时弊、劝时救俗"⑤。

在散文研究中,表文、序体文、山水游记、厅壁记等文体尤其受到重视。其研究情况分列如下:

1. 表文

赵殿尚著有《"表文"的形成与定位——兼论元结、贾至的革新》,该

---

① 顾农:《杜甫与元结及〈箧中集〉作者》,《宁夏师范学院学报》(社会科学版)2013年第4期,第13页。

② 石树芳:《唐人选唐诗研究》,中国社会科学出版社2016年版。

③ 陈尚君:《元结与〈箧中集〉作者之佚诗》,《文史知识》2018年第7期,第43—50页。

④ 黄丽容:《元次山散文及创作理论》,秀威资讯科技股份有限公司2006年版。

⑤ 胡燕:《论元结散文文体的创新性——以杂文、杂记、山水铭为中心》,《励耘学刊》2018年第1期,第249页。

文指出了元结表文不事雕琢、情感真挚的特征，认为他的表文"打破一般公文的窠臼，自创了别开生面的表文特质"①。吕双伟著有《论元结的表文创新及其文学的政治化》，该文指出元结表文具有的语言简洁、内容真率、风格古质、个性突出等特征，并指出元结表文"放在同时和中国古代表文发展史上，确实具有独到的重要意义"②。

2. 序体文

张晓宇等著有《元结诗序的作用与表达特色》③，该文指出元结的诗序具有交代诗歌创作背景、解释诗歌题目、阐发诗歌理论等作用，并对其诗序的表达方式与情感特质进行了分析。吴振华著有《沉郁顿挫，悲怆深沉：论杜甫、元结的诗序》，该文指出元结的诗序数量要远远超过杜甫，内容上也更为丰富。论文结合时代背景论述了元结诗序深广的社会内容，进一步指出元结诗序"唱出了一曲悲怆深沉的时代哀歌"④。拙文《论元结在序体文上的成就与贡献》⑤，站在序体文的角度分析了元结序体文的作用，指出元结拓展了序的表达范围，革新了序的表现方法，使得序体文表现出了明显的独立倾向，充分肯定了元结在序体文发展中的地位和作用。

3. 山水游记

霍松林著有《元结的山水诗与山水游记刍议》，该文指出元结的山水诗和山水游记前承陶渊明，后启柳宗元，并指出"他的山水诗与山水游记寄托了平安欢乐的时代愿望，其背后创作动机则是出于对安史之乱的痛恨，自己的儒、道意识以及对陶渊明的仰慕"⑥。周玉华著有《浅论元结的

---

① ［韩］赵殷尚：《"表文"的形成与定位——兼论元结、贾至的革新》，《唐都学刊》2010年第5期，第44页。

② 吕双伟：《论元结的表文创新及其文学的政治化》，《湖湘论坛》2019年第5期，第137页。

③ 张晓宇等：《元结诗序的作用与表达特色》，《河北大学学报》2013年第5期，第42—46页。

④ 吴振华：《沉郁顿挫，悲怆深沉：论杜甫、元结的诗序》，《河北大学学报》（社会科学版）2013年第8期，第10页。

⑤ 肖献军：《论元结在序体文上的成就与贡献》，《湖湘论坛》2019年第3期，第119—127页。

⑥ 霍松林：《元结的山水诗与山水游记刍议》，《甘肃社会科学》2007年第5期，第52页。

山水观》①，该文指出了元结在山水诗文中流露怀才不遇之情，表达了对理想道德的向往及追求天人合一的境界，形成了自己独特的山水观。杨金砖著有《论元结游记体散文的艺术特质》，该文指出了元结的游记散文具有三方面特点："一是高古澹远，直逮魏晋情趣；二是舒卷自如，深得老庄真谛；三是情融山水，有别六朝遗风。"② 并进而肯定了其游记散文在古文运动中起到了不可估量的推动作用。李思梦著有《元结山水游记与地志》③，该文总结了地志对山水文学的作用，并进而探讨了元结山水游记的创作情况以及对后世山水文学的影响。另外，周玉华的《元结：中国古代山水游记的开拓者》④ 等文章也对元结山水游记有所论述。

4. 厅壁记

韩国赵殷尚著有《"厅壁记"的源流以及李华、元结的革新》⑤，该文从历史的角度阐述了厅壁记的源流，肯定了元结在内容和文辞上对厅壁记的创新，特别是元结厅壁记中对官府的大胆批评更是难得，认为元结的厅壁记对韩愈厅壁记产生了重大影响。

（三）诗文解读

这一时期，元结文学性、思想性较强的作品解读也引起了重视，但相比较而言，对散文的解读要远多于对诗歌的解读。如，蔡静波、孙慧玲著有《元结〈七不如篇〉解读》⑥，该文通过对元结文本的分析，结合元结生平经历，揭示出了《七不如篇》中独特的思想价值。蔡静波、孙慧玲著有《元结散文〈恶圆〉〈恶曲〉解读》⑦，该文对元结《二恶》进行了解

---

① 周玉华：《浅论元结的山水观》，《学习月刊》2008 年第 12 期，第 32—33 页。

② 杨金砖：《论元结游记体散文的艺术特质》，《求索》2010 年第 2 期，第 162 页。

③ 李思梦：《元结山水游记与地志》，硕士学位论文，广西师范大学，2013 年。

④ 周玉华：《元结：中国古代山水游记的开拓者》，《山西财经大学学报》2012 年第 5 期，第 60 页。

⑤ ［韩］赵殷尚：《"厅壁记"的源流以及李华、元结的革新》，《文献》2006 年第 4 期，第 31—35 页。

⑥ 蔡静波、孙慧玲：《元结〈七不如篇〉解读》，《名作欣赏》2009 年第 14 期，第 24—25 页。

⑦ 蔡静波、孙慧玲：《元结散文〈恶圆〉〈恶曲〉解读》，《渭南师范学院学报》2010 年第 1 期，第 46—47 页。

读，指出了《二恶》在文体上的创新之处，并指出其对柳宗元寓言体文学的影响。霍存福《唐元结〈县令箴〉的为官理念与其地位、影响》，该文对《县令箴》内容进行了分析，并由此论及了《县令箴》的为政理念与元结的为官理念，并对元结生平经历疑点进行了梳理、考证，对元结与元载、第五琦的关系论述尤有价值，该文认为"《县令箴》所概括的诸德目，并不限于县令，而具有通行于郡守县令甚至整个官僚集团的品质，它们代表着一个时代的共识和崇尚"①。另外还有诸定国的《忧世悯道、辞义幽约——元结〈右溪记〉赏读》、辛文等的《读元结〈管仲论〉》等文章对元结散文进行了解读。而诗歌的解读单独成篇的相对较少，张明华著有《哲人玄想、政治家务或和隐士的情怀——对元结诗文的重新解读》②，该文从内容上对元结诗文进行了分类，并指出了元结诗文古朴自然、奇崛超拔的特征，肯定了其对中唐文学的影响。另外还有闻达的《直言其事 针砭时弊——读元结〈贼退示官吏并序〉》等少数篇章对元结诗歌进行了解读。

四　比较研究新意迭出

这一时期，不少学者不再把元结当作个案来研究，他们开始认识到元结思想和创作的独创性，于是站在更广阔的视角不仅把元结与当时作家杜甫、独孤及等人进行对比，还把元结和后世作家柳宗元、韩愈、周敦颐、黄庭坚等人进行对比研究。这种比较是多方位的，包括人品、思想、创作等方面，通过对比揭示了元结在思想和创作上的独特性，同时也指出了元结对后世作家的影响。在诸多的比较中，元结与柳宗元的比较又最受重视，他们两人都曾在今天永州地区任职，都创作了大量的山水游记作品，但二人作品风格呈现出较大差异性。研究者结合两人家庭、生平、思想及当时的政治环境等因素，分析了作品产生不同风格的原因，并指出了比较的意义。另外，也有不少学术论文在论及元结对后代士人影响时，也多次

---

① 霍存福：《唐元结〈县令箴〉的为官理念与其地位、影响》，《沈阳师范大学学报》（社会科学版）2021 年第 1 期，第 21 页。

② 张明华：《哲人玄想、政治家务或和隐士的情怀——对元结诗文的重新解读》，《阜阳师范学院学报》（社会科学版）2002 年第 2 期，第 35—36、40 页。

把元结和这些作家进行对比，但相对而言，这种比较更侧重于共性。学者采用比较研究主要体现在以下三方面：

（一）与同时代人比较

1. 与杜甫比较

邓芳《元结和杜甫——盛唐到中唐转折期的一对有意味的比照》，该文以安史之乱为界，通过对两人人生经历及创作情况的对比，指出："杜甫和元结是盛唐到中唐转折期的两个重要的文儒代表，他们思想上的相似性和人生遭际的差异性都是时代的产物，也代表了时代转折中两种典型的文儒命运。"① 大卫·L. 麦克马伦《Du Fu's Political Perspectives：His Outlook on Governorships and his Response to Yuan Jie's Daozhou Verses》②，该文概述了杜甫与元结交往的人生经历，从杜甫《同元使君〈舂陵行〉》入手，探讨二人在思想及政治方面的异同，从一个不同的视角解释了杜甫不愿让元结看到他作品的原因。

2. 与独孤及比较

侯志杰著有《元结、独孤及诗文用韵比较研究》③，该硕士论文对元结、独孤及诗文用韵进行了分析，比较了其相同和相异之处，指出了元结用韵既有古音的痕迹，又透露出实际语音的发展变化，这对于了解当时口语实际面貌提供了帮助。

（二）与后代士人比较

1. 与柳宗元比较

杨晓山（音译）著有《元结、柳宗元山水散文的命名与意义》④，该文从元结、柳宗元的政治地位和创作心态阐释了两人山水散文的异同之

---

① 邓芳：《元结和杜甫——盛唐到中唐转折期的一对有意味的比照》，《汉语言文学研究》2010 年第 1 期，第 38 页。

② 大卫·L. 麦克马伦，《Du Fu's Political Perspectives：His Outlook on Governorships and his Response to Yuan Jie's Daozhou Verses》，*Tang Studies*，2019 年第 6 期。

③ 侯志杰：《元结、独孤及诗文用韵比较研究》，硕士学位论文，山东师范大学，2006 年。

④ 杨晓山：《元结、柳宗元山水散文的命名与意义》，*Journal of the American Oriental Society*，2000 年第 1 期。

处。周玉华著有《元结、柳宗元永州山水游记蕴情差异性探析》，该文指出了元结山水游记中主要是以奇异之美的山水寄托自己对儒家礼治重建，恢复正统统治秩序的殷切期望，而柳宗元则在游记中，寄寓自己怀才被贬的不幸遭际，"也正是这种差异性，让二者的游记呈现出不同的艺术特色，也为游记的发展创造了多样的艺术形式。"① 周玉华还著有《论元结、柳宗元山水游记之意象选取》《试论柳宗元借鉴元结游记艺术》《元结、柳宗元永州山水游记之"山石"意象比较》《论元结、柳宗元山水游记的文化精神》等系列文章分别从景物选取、意象描写、情感表达及蕴含的文化精神等角度阐述了元结、柳宗元山水游记之相同与不同之处，并指出了柳宗元对元结山水游记的继承与创新。徐汝瑄著有《论中唐山水游记中的"物我合一"——以元结、柳宗元为例》②，该文以元结、柳宗元山水游记为例研究了中唐游记中人与自然的关系，并指出自然人化与人化自然的双向互构确立山水游记的哲学基础——"物我合一"。另外，苏利国《江山同助 情韵有别——试比较元结、柳宗元山水游记的情感意蕴》等论文及徐爱华的《元结、柳宗元比较研究》等硕士论文也对元结和柳宗元的作品进行了比较研究。

2. 与韩愈比较

何安平著有《元结、韩愈思想及文学观比较——以古文为中心》③，该文从二人思想、文学观等方面进行了比较，指出了二人在思想、人生经历、文学主张及文学创作上的异同点。

3. 与元好问比较

日本高桥幸吉著有《元好问和元结》④，该文从政治、隐逸、文学三个

① 周玉华：《元结、柳宗元永州山水游记蕴情差异性探析》，《湖湘论坛》2008 年第 1 期，第 82 页。

② 徐汝瑄：《论中唐山水游记中的"物我合一"——以元结、柳宗元为例》，《九江学院学报》（社会科学版）2018 年第 1 期，第 74—77 页。

③ 何安平：《元结、韩愈思想及文学观比较——以古文为中心》，《周口师范学院学报》2014 年第 6 期，第 6—12 页。

④ ［日］高桥幸吉：《元好问和元结》，《安徽师范大学学报》（人文社会科学版）2004 年第 2 期，第 143—146、150 页。

方面论及了元结对元好问多方面的影响。

4. 与多人比较

张官妹著有《三子与三溪》①，该书"将政治家元结、文学家柳宗元、思想家周敦颐为道不同的三子放在同一平面上进行对比研究，意在说明三人在同一地域环境所受的不同思想影响，以及形成的不同生活道路和不同的文章风格"。

（三） 从接受学角度进行比较

杨金砖著有《周敦颐对元结、柳宗元文风人品的承继》②，该文肯定了元结在思想和文风上对周敦颐的影响。邹文荣著有《略论元结在中唐古文运动中的地位和影响》③，该文分析了元结之文与同一时期萧颖士、李华的异同，指出了元结散文"补偏救弊"的作用，并指出了元结的古文理论及创作实践对韩柳古文运动形成了一定影响。周艳菊著有《宋人对"漫家"元结的精神体认与宋人的吏隐》，该文对元结"漫家"思想进行了阐述，进而指出元结的漫家思想"为宋人提供了一种将仕与隐相勾连的人生范式"④，并进而探讨了"漫家"元结与宋人吏隐的关系。周艳菊另著有《少读漫叟文，晚寻次山迹——略论黄庭坚对元结的接受》⑤，该文从接受学的角度探讨了元结对黄庭坚思想、人品、文学等方面的影响。周艳菊另篇《宋代文人视域中元结的三重身份——以诗文中与人并举为观照点》，则把元结与不同类型士人并举为观照点，得出"在宋代文人视域中，元结的形象不是单一的，他至少兼具漫家、隐者、良吏三重身份"⑥。

---

① 张官妹：《三子与三溪》，人民日报出版社 2005 年版。

② 杨金砖：《周敦颐对元结、柳宗元文风人品的承继》，《现代语文》2006 年第 10 期，第 31 页。

③ 邹文荣：《略论元结在中唐古文运动中的地位和影响》，《重庆科技学院学报》（社会科学版）2010 年第 11 期，第 99—101 页。

④ 周艳菊：《宋人对"漫家"元结的精神体认与宋人的吏隐》，《齐齐哈尔大学学报》（哲学社会科学版）2013 年第 7 期，第 77 页。

⑤ 周艳菊：《少读漫叟文，晚寻次山迹——略论黄庭坚对元结的接受》，《九江学院学报》（社会科学版）2013 年第 2 期，第 24—28 页。

⑥ 周艳菊：《宋代文人视域中元结的三重身份——以诗文中与人并举为观照点》，《淮海工学院学报》（人文社会科学版）2019 年第 6 期，第 50 页。

五　地域研究日趋火热

人活动于一定地域空间之上，必然会在该地域上留下一定痕迹，特别是具有一定影响力的文化名人，对地域的影响更大。对于学者而言，把地域和研究对象结合起来研究，具有更多的实践价值。元结一生中经历了河南鲁山、江西瑞昌、湖北鄂州、湖南永州（包括唐代道州、永州）、广西梧州等地，留下了大量文学作品和摩崖石刻，对地方文化产生了较为重大影响。一般而言，地域文学研究的主体是地方学者，他们多关注该人物在该地域的活动，较少关注人物在其他地域的活动，因而研究大多是片段性的，但如果把不同地域研究者的研究成果结合起来看，仍能得到一个较为全面的人物形象。这一形象或许并不完全接近历史的真实，但人物更带情感性。而且相对而言，地域学者喜欢引用地志文献，准确性虽然不够，但考证往往更为细致，分析更为深刻。现分地域列研究成果如下：

（一）河南

河南鲁山为元结隐居之地，也有学者认为是出生之地，也是元结归葬之地。在河南鲁山，至今还保存了不少元结遗迹，如元子陵等，故学者对元结在鲁山活动也有一定研究。石随欣、王顺利《鲁山文史系列之三——元结》①，该文概述了元结一生的传奇经历，充分肯定了元结在为官、思想、文学上的成就及对河南鲁山文化的影响。王杰著有《由元次山碑解读元结清正廉洁的为官之道》②，该文从多维度对《次山碑》进行了解读，肯定了元结清正廉洁的为官之道。鲁山还多次召开元结研讨会，其中 2016 年5 月 23 日举行的"元结文化研讨会"及 2019 年 5 月 18 日举行的"元结学术研究座谈会"影响较大，对宣扬元结文化起到了较大的推动作用。

（二）湖北

元结在安史之乱后曾逃难猗玗洞（在今黄石，属古武昌），又曾在参

---

① 石随欣、王顺利：《鲁山文史系列之三——元结》，《协商论坛》2018 年第 5 期，第 41—43 页。

② 王杰：《由元次山碑解读元结清正廉洁的为官之道》，《文物鉴定与鉴赏》2020 年第 17 期，第 56—57 页。

荆南幕府后辞官隐居于武昌（今鄂州），在这里创作了不少诗文，学者对此也有一定研究。熊礼汇著有《由"猗玕子"到"漫叟"———浅论元结在武昌（今鄂州）的诗文创作》，该文对元结在武昌的两段人生经历进行了考证，并结合其作品，分析出了元结在武昌创作的诗文具有"关注现实社会、现实人生，敢于刺世疾邪，志在救时劝俗的特点"①，并进一步指出了元结诗文中蕴含的文化精神对今天鄂州地方传统文化的重要意义。

（三）湖南

元结曾两任道州刺史，经历过湖南岳州、衡州、永州、道州等地，其文化遗迹主要分布在今天的永州（在唐分属于永州、道州），学者对元结在该地域的文化活动既有从整体上进行研究的，也有分列研究的。其整体研究主要有：张官妹著有《元结在永州的创作地位和影响》②，该文就元结在永州创作的"补察时政的诗歌"和"开拓性的散文"对永州地方文学的影响进行了讨论，指出元结对永州地方文化具有斩棘披荆之功。翟满桂、蔡自新著有《元结湘南诗文论略》③，该文分析了元结道州诗文、朝阳岩诗文和浯溪诗文的审美艺术特征及文学艺术价值，揭示了"地以人传"和"人以地传"的道理。肯定了元结对永州地方文化的贡献。张官妹著有《试论元结柳宗元的园林思想对湘南古村建设的影响》，该文认为"在浯溪的建设充分利用自然环境，注重山水的合理和谐地利用，在建设中注入了他的人文理念，表现了'天人合一'的思想"④。并认为元结"因地制宜"的造园建屋方法对湘南古村建设产生了一定影响。张京华著有《元结与永州水石文化》⑤，该文概述了元结在永州的经历及著述情况，考证了元结在

---

① 熊礼汇：《由"猗玕子"到"漫叟"———浅论元结在武昌（今鄂州）的诗文创作》，《鄂州大学学报》2008 年第 5 期，第 27 页。

② 张官妹：《元结在永州的创作地位和影响》，《湖南科技学院学报》2008 年第 10 期，第20—21 页。

③ 翟满桂、蔡自新：《元结湘南诗文论略》，《湖南社会科学》2010 年第 2 期，第 137—141 页。

④ 张官妹：《试论元结柳宗元的园林思想对湘南古村建设的影响》，《湖南科技学院学报》2010 年第 10 期。

⑤ 张京华：《元结与永州水石文化》，《湖南科技学院学报》2011 年第 2 期，第 5—16 页。

永州留下的遗迹，凸显了元结对永州水石文化的贡献。李花蕾、张京华著
有《湖南地方文献与摩崖石刻研究》①，该书《唐宋永州摩崖石刻编年》
等篇章对于了解元结永州摩崖石刻创作年代有一定参考价值。彭敏著有
《元结〈湖南杂记〉初探》②，该文以元结七篇永州山水游记为研究对象，
揭示了这七篇文章的思想性与文学性，并认为元结《湖南杂记》开唐代游
记文之先声。彭敏等另著有《元结居湘诗文研究》，该书"选择以湖南为
中心来探讨元结诗文的文学影响、语言学价值及相关典故的运用，以考量
元结在中国文学及文化史上的重要地位"③。该书也从历代文人对元结的纪
咏来考察元结诗文的传播与接受。该书分为七章，前三章从文体的角度对
元结诗歌、杂记散文、序铭等展开研究；第四章为元结与石刻研究；第五
章为域外作家与元结的研究；第六、七章从艺术角度探讨元结的语言价值
与用典技巧。程章灿著有《方物：从永州摩崖石刻看文献生产的地方性》，
该文指出"元结是永州水石的发现者、欣赏者和开发者"④。并把元结和柳
宗元进行对比，指出"柳宗元自居'谪弃'之身，与元结自居的'隐沦'
之身截然不同"⑤，故其作品各具特色，并进一步阐述了永州摩崖石刻对于
永州文化景观建构的作用。周玉华著有《元结潇湘诗文研究》，该书共分
六章，第一章为潇湘流域行迹考，第二章论述元结潇湘哲学思想，第三、
四、五章主要论述了元结文学思想及诗文创作艺术，末章阐释元结对潇湘
文化的影响。该书"对元结的继续深入研究，对潇湘本土文化的繁荣，对
潇湘旅游事业的发展，起到很好的促进作用！"⑥（湛东飚语）该作者同时
著有《论元结隐逸思想与潇湘山水的完美契合》⑦，该文探讨了元结隐逸思

---

① 李花蕾、张京华：《湖南地方文献与摩崖石刻研究》，华东师范大学出版社 2011 年版。
② 彭敏：《元结〈湖南杂记〉初探》，《湖南科技学院学报》2011 年第 1 期，第 15—17 页。
③ 彭敏等著：《元结居湘诗文研究》，四川大学出版社 2014 年版，《前言》第 1 页。
④ 程章灿：《方物：从永州摩崖石刻看文献生产的地方性》，《武汉大学学报》（哲学社会科
学版）2021 年第 1 期，第 89 页。
⑤ 程章灿：《方物：从永州摩崖石刻看文献生产的地方性》，《武汉大学学报》（哲学社会科
学版）2021 年第 1 期，第 91 页。
⑥ 周玉华：《元结潇湘诗文研究》，汕头大学出版社 2018 年版，《序》第 2 页。
⑦ 周玉华：《论元结隐逸思想与潇湘山水的完美契合》，《湖南科技学院学报》2019 年第 1
期，第 27—29 页。

想的形成与内涵、隐与仕的矛盾心理及元结隐逸思想与潇湘山水精神上的契合。此外还有张金玉的《谈元结永州诗歌中的战乱文化特征》及其硕士论文《唐代诗人与永州文化关系的研究——以元结、柳宗元、吕温为中心》、彭敏的《元结在湖南的文学创作及影响研究》、梅柳的《元结道州山水诗文对湖南旅游文学的开掘》等论文也有所论述。

其分列研究主要为三地：

1. 道州

何家壬、黄福先著有《元结道州行迹传说》①，该文考察了元结在道州的生活历程，对于了解元结在道州存留遗迹提供了一定帮助。周玉华著有《纠结在敬仰与疑古之间——元结道州论"舜"文探究》②，该文就元结《论舜庙状》《舜祠表》《九疑山图记》三文展开讨论，探讨了元结对"舜"纠结在敬仰与疑古之间的原因在于其为人率性方直，秉心真纯，并指出了元结文中运用隐喻性手法的深意。陈尚君著有《元结在道州》③，该文对元结出守道州的经历进行了考证，并对元结在道州政绩及文学上的成就予以了充分肯定。另外，梅柳的《元结道州山水诗文对湖南旅游文学的开掘》④也揭示了元结山水诗文在旅游文化开发上的意义。

2. 祁阳

美国乔纳森·皮斯"Doubt and Faith at Yuan Jie's Creek：What Yang Wanli Found Beneath the Wu Xi Moss"⑤，该文简述了杨万里的浯溪经历，肯定了杨万里《题浯溪摩崖》《浯溪赋》中对元结《大唐中兴颂》主题的探讨。张蜀蕙著有《谁在地景上写字——由〈大唐中兴颂〉碑探究宋代地志书写的铭刻与对话》，该文探讨了《中兴颂碑》的文化地景与文本的形成，

① 何家壬、黄福先：《元结道州行迹传说》，《湖南科技学院学报》2008年第10期，第22—25页。

② 周玉华：《纠结在敬仰与疑古之间——元结道州论"舜"文探究》，《湖南科技学院学报》2013年第11期，第20—22页。

③ 陈尚君：《元结在道州》，《文史知识》2021年第8期，第69—80页。

④ 梅柳：《元结道州山水诗文对湖南旅游文学的开掘》，《黑河学院学报》2019年第3期，第156—157、192页。

⑤ ［美］乔纳森·皮斯，"Doubt and Faith at Yuan Jie's Creek：What Yang Wanli Found Beneath the Wu Xi Moss"，*Early Medieval China*，2005年第6期。

以唐宋地志作为考查对象，考察了与《大唐中兴颂》碑相关的地志书写与地景记忆，进而分析了元结对以黄庭坚为代表的宋代文人思想、人格方面影响及《大唐中兴颂》在两宋时期接受的差异性，从微观层面探讨了宋代地志书写阅读的核心问题。桂砺锋主编有《元结·浯溪·永州》①，该书为论文集，分为三部分，一是论述元结的民本思想，二是论证元结的廉政思想，三是论述元结湘南诗文的艺术审美价值。该书阐释了元结对永州文明的发展和推动作用。刘春霞著有《宋代文人"浯溪"赋咏的文化内涵》，该文指出因为元结的到来，使得浯溪之名由地名向诗文意象演变，进而指出"北宋文人侧重反思《大唐中兴颂》一文的写作意旨及文体本质，是儒学复兴后文人主体意识高扬的体现；南宋文人强化了《大唐中兴颂》一文的'中兴'意旨，多借赋咏唐朝史事表达中兴宋室的希望，是其'中兴'情结的体现"②。彭敏著有《元结纪咏诗文研究——以湖南浯溪碑林与越南燕行文献为中心》，该文分析了浯溪碑林吸引清朝越南使者的原因及题留浯溪碑林诗文的内容与情结，并进一步指出"越南使者在朝清途中对浯溪表现出不同于他处的热情与友好，对元结所代表的文化表现出认同与赞颂甚至于自觉继承，本质上在于华夏文明的强大"③。王星著有《"于世忘情"的隐逸世界——元结浯溪石刻作品解读》④，该文分析了元结经营浯溪的时间、动机及留下的作品，并对其中四铭进行了详细解读，揭示了作品中的隐逸主题。

3. 零陵

张京华著有《朝阳岩的几首唐代纪咏诗笺释》⑤，该文考证了元结《朝阳岩铭并序》及《朝阳岩下歌》的摹刻者及摹刻时间。张京华又著有《朝

---

① 桂砺锋：《元结·浯溪·永州》，湖南人民出版社2010年版。

② 刘春霞：《宋代文人"浯溪"赋咏的文化内涵》，《山西师大学报》（社会科学版）2011年第4期，第59页。

③ 彭敏：《元结纪咏诗文研究——以湖南浯溪碑林与越南燕行文献为中心》，《湖南科技学院学报》2012年第1期，第20页。

④ 王星：《"于世忘情"的隐逸世界——元结浯溪石刻作品解读》，《湖北师范学院学报》（哲学社会科学版）2012年第4期，第54—57、84页。

⑤ 张京华：《朝阳岩的几首唐代纪咏诗笺释》，《湖南第一师范学院学报》2010年第2期，第120—124页。

阳岩与寓贤祠》①，该文肯定了元结对朝阳岩摩崖石刻的开创之功，并对寓贤祠祭祀人物进行了考证，指出了寓贤祠尊元黜柳的原因。汤军著有《永州朝阳岩沿革述略》②，该文指出元结对朝阳岩的发现之功，并对历代朝阳岩景观沿革，作出系统而初步的梳理。李花蕾著有《明黄焯〈朝阳岩集〉校注》③，对元结《朝阳岩铭并序》及《题朝阳岩》进行了校注，对于了解元结作品提供了一定帮助。汤军编有《零陵朝阳岩小史》，该书肯定了元结对朝阳岩的开辟之功，对"茅阁"进行了考证，并提出维护意见。王浚海著有《元结与朝阳岩》④，该文也肯定了元结对朝阳岩摩崖石刻的创始之功。

（四）广东

元结在大历年间曾代摄连州刺史，在连州期间修筑了海阳湖，至今连州还保留了不少与元结相关遗迹。其研究成果主要有黄山长的《中日千年接力考证元结连州〈海阳湖〉组诗》⑤，该文罗列了国内文献关于元结与海阳湖的记载，结合地方文献和实地考察论证了《海阳湖》组诗为元结所作，补充了元结连州之行的经历。

（五）广西

元结代摄连州刺史后，在大历年间任容州刺史兼容管经略使，寄理梧州，在梧州创作了《冰泉铭》，又于容县修筑经略台，学者对此也有一定研究。如，彭匋著有《元结经略容州》⑥，该文考证了元结在容州的经历，肯定了经略台及《冰泉铭》的文化与经济价值。

---

① 张京华：《朝阳岩与寓贤祠》，《湖南科技学院学报》2010 年第 2 期，第 15—18 页。

② 汤军：《永州朝阳岩沿革述略》，《湖南科技学院学报》2010 年第 2 期，第 19—23 页。

③ 李花蕾：《明黄焯〈朝阳岩集〉校注》，《湖南科技学院学报》2011 年第 1 期，第 18—34 页。

④ 王浚海：《元结与朝阳岩》，《新教育》2011 年第 4 期，第 64 页。

⑤ 黄山长：《中日千年接力考证元结连州〈海阳湖〉组诗》，《岭南文史》2018 年第 2 期，第 11—19 页。

⑥ 彭匋：《元结经略容州》，《人事天地》2013 年第 7 期，第 50—51 页。

六 石刻研究备受重视

元结一生中创作了不少铭文，其中尤以山水铭文著称。又元结喜留名于后世，他常选择山水绝佳之处请书法名家书写并刻之于崖壁之上，围绕着元结的摩崖石刻，历代名人或议论，或凭吊，或感怀，逐渐形成了摩崖石刻艺术群，其中尤以元结在湘南地区的摩崖石刻著称。元结是湘南摩崖石刻艺术群的开创者，其影响达到整个南岭民族走廊地区。除南岭地区外，元结在江西瑞昌、湖北鄂州也留下了不少石刻。元结的石刻文从文体的角度而言，属于铭序一体；从风格的角度而言，有明显的地域文化特征。元结留下的摩崖石刻以其独特的文学艺术和书法艺术受到了 21 世纪研究者的重视，研究者从多方面进行了深入研究。

（一）石刻文献整理

桂多荪著有《浯溪志》①，该书分为四卷，其中第二卷主要论述了元结在浯溪的活动情况及存留石刻，第三卷则重点对元结《大唐中兴颂》碑进行了介绍，第四卷主要收录历代除元结以外的碑刻，尤以题咏类碑刻为多，且大多碑刻歌颂元结人品或对《大唐中兴颂碑》发表议论，该著作对于了解元结及《大唐中兴颂》的接受与传播提供了大量文献资料。浯溪文物管理处编有《湖湘碑刻·浯溪卷》②，该书分为六章，考证了元结与浯溪碑林形成的关系，并对浯溪碑林石刻情况进行了概述，选编了部分现存碑拓，对于了解元结与浯溪摩崖石刻艺术群的关系提供了帮助。杨宗君拓片《阳华岩铭》③，让世人更多了解了元结《阳华岩铭》。河南鲁山政协委员会编纂《原石拓本比对——颜真卿元次山碑》④，该书把《元次山碑》的清代拓片和原石进行对比，使研究者对《元次山碑》的书法艺术及思想内

---

① 桂多荪：《浯溪志》，湖南人民出版社 2004 年版。
② 浯溪文物管理处：《湖湘碑刻·浯溪卷》，湖南美术出版社 2009 年版。
③ 杨宗君拓片：《阳华岩铭》，《湖南科技学院学报》2015 年第 8 期，第 189 页。
④ 河南鲁山政协委员会编纂：《原石拓本比对——颜真卿元次山碑》，河南美术出版社 2019 年版。

容有了更深入了解。张京华、杨宗君等著有《永州摩崖石刻精选》①，该书对元结在永州摩崖石刻上的开拓性地位进行了阐述，并收录了元结《大唐中兴颂有序》《阳华岩铭有序》等作品的拓片，对于了解元结及其影响下的永州摩崖石刻提供了很大帮助。2021 年 9 月 18 日，"摩崖上的中兴颂——永州摩崖石刻拓片展"在中国国家博物馆展出，同月，拓片展图片以同名书由北京时代华文书局出版，其中就包括元结的《大唐中兴颂》等拓片，这使得永州摩崖石刻广为人知。

（二）石刻文本研究

熊礼汇著有《论元结山水铭文的修辞策略和美学风格》②，该文指出了元结铭文的两种类型，一是宣扬君子之道与德，一是表现作者耽于水石的人生之乐，并且进一步探讨了元结山水铭文的美学风格和修辞策略，肯定了元结铭文对韩、柳古文多方面的影响。彭敏著有《元结〈次山铭叙〉初探》③，该文揭示出了《次山铭叙》的思想性和文学文化价值，认为元结的《次山铭叙》，开创了湖湘的水石文化。邓小军著有《元结撰、颜真卿书〈大唐中兴颂〉考释》，该文讨论了《大唐中兴颂》的主题，认为《大唐中兴颂》是"以微言揭露了玄肃之际政治变局的真相以及肃宗之不孝玄宗"，是一篇"包含贬天子之微言的颂体诗"；该文又从书法者颜真卿的角度分析了《大唐中兴颂》是一篇"创造性的微言书法"④，其以左行正书同样也具有隐喻褒贬之意。邹志勇著有《元结〈大唐中兴颂〉创作意图考论》，该文首先对《大唐中兴颂》主旨讨论进行述评，并从《大唐中兴颂》文本、元结生平行事及颂体文学特征等角度分析出"元结创作《大唐中兴颂》的真实创作意图在于赞颂唐肃宗的盛德大业，而非宋人所谓的暗

---

① 张京华、杨宗君等：《永州摩崖石刻精选》，湖南美术出版社 2019 年版。
② 熊礼汇：《论元结山水铭文的修辞策略和美学风格》，《周口师范学院学报》2006 年第 1 期，第 22—26 页。
③ 彭敏：《元结〈次山铭叙〉初探》，《湖南科技学院学报》2011 年第 5 期，第 31—33 页。
④ 邓小军：《元结撰、颜真卿书〈大唐中兴颂〉考释》，《晋阳学刊》2012 年第 2 期，第 125 页。

含讥讽"①，观点与邓小军相左。张晓宇著有《小议元结铭文》②，该文概述了元结铭文的内容及"铭前作序""铭文组合化""自造新词"等方面的特色。王星著有《唐宋浯溪石刻的"中兴"话题》，该文从接受学角度探讨了《大唐中兴颂》在宋代的流播，指出"宋代石刻诗歌大致经历了颂扬唐代中兴之功、议论唐代中兴之政的得失和抒写大宋中兴之志愿与理想三个阶段，其内容和宋代政治史的发展相呼应"③。另有白云丽的《居庙堂济民，处江湖忧君——浅论元结山水铭文与寓言文》④，该文从元结山水铭文与寓言文中分析其思想情趣及政治追求。张津芝《文学视阈下的元结浯溪石刻析论》等文也揭示出元结在摩崖石刻上的开创性贡献。

（三）石刻书法研究

吴杰著有《浯溪与〈大唐中兴颂〉碑》，该文简要介绍了浯溪三铭及《大唐中兴颂》碑的书法艺术。迟志鸿著有《颜真卿〈元次山碑〉鉴赏》，该文"从研究分析颜真卿及其撰书的《元次山碑》入手，对有关史料进行梳理剖析，论证了《元次山碑》系颜真卿撰书及此碑刻制年代，并较为深入地对《元次山碑》的笔法、结构和章法进行了赏析"⑤。张同标著有《〈大唐中兴颂〉新访》⑥，该文对《大唐中兴颂》的文本价值、书写背景、书写特点及在书法史上的地位予以了充分肯定。林进忠著有《唐代篆书"浯溪三铭"的书写者》⑦，该文从书法的角度对浯溪三铭进行了鉴赏，并通过整理自宋代至今之相关文献，初步汇统了有关书写者之诸多记载，对浯溪三铭篆书研究者具有一定参考意义。周贤斌《元结浯溪遗迹的艺术和思想价值》论述了元结与浯溪碑林摩崖石刻艺术群的关系，揭示了元结浯

---

① 邹志勇：《元结〈大唐中兴颂〉创作意图考论》，《甘肃高师学报》2021 年第 6 期，第 3 页。

② 张晓宇：《小议元结铭文》，《内蒙古财经大学学报》2015 年第 4 期，第 76—78 页。

③ 王星：《唐宋浯溪石刻的"中兴"话题》，《文艺研究》2019 年第 1 期，第 58 页。

④ 白云丽：《居庙堂济民，处江湖忧君——浅论元结山水铭文与寓言文》，《湖北经济学院学报》（人文社会科学版）2019 年第 5 期，第 83—85 页。

⑤ 迟志鸿：《颜真卿〈元次山碑〉鉴赏》，《书画艺术》2001 年第 5 期，第 18 页。

⑥ 张同标：《〈大唐中兴颂〉新访》，《中国书画》2007 年第 2 期，第 113—115 页。

⑦ 林进忠：《唐代篆书'浯溪三铭'的书写者》，《书画艺术学刊》2007 年第 3 期。

溪遗迹的书法价值、文学价值、爱国思想价值和孝道思想价值，肯定了元结对浯溪碑林的创始之功。彭智恩著有《〈大唐中兴颂〉研究》①，该文对《大唐中兴颂》创作背景进行了介绍，对碑文及主题进行了探讨，并把《大唐中兴颂》与颜真卿其他楷书作品进行对比研究，肯定了其在书法史上的地位。鄢福初著有《浯溪〈大唐中兴颂〉的书法美学与盛唐精神》②，该文从笔法、结体、章法布局等方面充分探讨了《大唐中兴颂》的独创性，肯定了其书法价值及在书法史上的地位（从优美到壮美），而作品中蕴含的浩然之气，也成为我们民族灵魂、民族精神的一部分。邓鸿娟著有《永州浯溪碑林摩崖〈大唐中兴颂〉图像学分析》③，该文用潘诺夫斯基图像学理论对《大唐中兴颂》进行了研究和分析，并对碑文进行解读，从而探析其在历史上的伟大意义。另外还有毛全周的《碑林书法的文化艺术价值及审美意蕴研究——以湖南永州浯溪碑林为例》、肖先声等的《颜真卿书〈大唐中兴颂〉遒劲的风格特征》、夏楚婷等的《从浯溪碑林碑文看颜真卿书法家身份的确立》等论文也对《大唐中兴颂》的书法艺术给予了很高的评价。

由此可见，相比起 20 世纪元结研究，21 世纪学者的研究呈现出不同特点，也取得了重大成就。但元结研究仍存在一些亟待解决的问题：一是关于元结生平、作品的考订虽然精细化，但过于琐碎。随着域外文献的回流和地志文献的挖掘，元结生平的系统考证或者元结年谱的重新编订需提上日程。二是关于元结思想与文学思想方面的研究虽然已深入，但重复研究较为普遍，不少篇章难出新意。对于元结"漫家"思想的独创性及其对思想史的影响还有待进一步挖掘；文学思想中复古研究较多，创新研究偏少，还可以进一步深化研究。三是分体研究虽逐渐呈现出系统化倾向，乐府诗、《箧中集》、山水游记、序体文、表文等研究较多，但元结所涉及文

① 彭智恩：《〈大唐中兴颂〉研究》，硕士学位论文，湖南师范大学，2018 年。
② 鄢福初：《浯溪〈大唐中兴颂〉的书法美学与盛唐精神》，《书法》2021 年第 7 期，第188—192 页。
③ 邓鸿娟：《永州浯溪碑林摩崖〈大唐中兴颂〉图像学分析》，《美与时代》2020 年第 8 期，第8—9 页。

体极多，诸如楚辞体、七言诗、辞赋、谟、述、规、箴、书、策问、议、论、说、辩、赞、墓表、状等都有创新，但研究者甚少，还可以进一步全面研究。四是虽然比较研究新意迭出，但侧重在元结与柳宗元山水游记的比较。实际上元结与当时复古主义作家诸如独孤及、萧颖士等人的主张与创作还是呈现出较大差别；元结与宋代作家的比较较多，但与元明清时作家比较极少，元结在元明清时期的接受情况较少研究。就研究方法而言，视野还较闭塞，西方一些成熟的研究方法很少运用于元结研究中，如能运用新方法研究传统问题，必能产生新的思想火花。五是地域研究虽然火热，但呈现出极不平衡状态，部分地域的研究呈现出空档。诸如元结曾在安史之乱后避乱瀼溪，后在平刘展之乱时又领兵九江，在瀼溪创作了不少诗文，然江西瑞昌地区很少有学者对元结作深入研究；元结在鲁山、鄂州、连州、梧州的诗文创作也较少受到关注，在地域研究上还有较大空间。六是元结在永州摩崖石刻的地位得到了充分的肯定，但对于对整个南岭民族走廊摩崖石刻及地方文化影响的研究还欠深刻，缺乏大局观；同时，在研究元结摩崖石刻时仍偏重于文献整理和艺术研究，学者在推动摩崖石刻与地方人文景观重构上的影响力甚微，具有深厚人文底蕴的摩崖石刻相比起其他人文景观的建设严重滞后，尚需学者与地方政府部门紧密合作，推动摩崖景区的重新规划与构建，进而推动地方旅游经济的发展。

第一章　考证篇

　　20世纪对元结的相关考证较为成熟，孔德、孙望、杨承祖、李建昆等学者对元结的家世、生平、作品及交游作了全面考证，产生了一系列研究成果，如孙望编订的《元次山年谱》《元次山集》等，这为21世纪的元结研究打下了良好的基础。

　　但与元结相关的考证仍有较大的研究空间，一是关于元结传记的考证。传记是记录人物生平事迹的文字。可信度较高的传记文献主要有两类：一为碑传。中国古人重后世之名，他们去世之后，朋友或家人多为其撰写碑传。墓志铭、神道碑等皆属此类，又有行状、家传之属，虽或未著之于碑，然其性质与碑传无异，也可归属此类。由于撰写者为逝者之亲人或朋友，对逝者生平事迹了解颇为详细，其真实性远高于杂传，甚至高于史传。元结去世之后，好友颜真卿为其撰写的《唐故容州都督兼御史中丞本管经略使元君表墓碑铭并序》就属于碑传，这是元结生平最翔实、最可信的资料。二为史传。史传源于上古口头传说，先秦历史散文《尚书》《春秋》中就有人物的片段描写，至《左传》《国语》《战国策》人物形象渐为丰满。史传的最终定型与司马迁《史记》相关，司马迁一改以时间或国别叙事方式，创造了以人物为中心的叙事方式，本纪、世家、列传皆为史传文学。在《旧唐书》《资治通鉴》中，对元结生平史料有片段记载，然并不全面。正史中第一次为元结立传的是《新唐书》。《新唐书·元结传》与颜真卿《元君表墓碑铭并序》相比，人物活动背景介绍更充分、人物形象更丰富，有其独立存在的价值。由于以正史形式传播，更广为人知，故多为学者引用。同时，传记中的志传、杂传两类，更喜欢采用史传文献，故史传影响反而比碑传更大，但可信度不及碑传。《新唐书·元结传》中，就存在史序颠倒、语焉不详等问题，因而有必要进行考证。

二是关于遗迹的考证。人类活动在一定地域之上，必然会留下一定痕迹。人所留下的痕迹会朝不同方向发展：对于普通人物而言，他们在思想、道德、功业或文化上对社会做出贡献较小，其留下的痕迹会随着时间的流逝而逐渐为人淡忘，最终不着痕迹融入社会整体发展中；而少数杰出的人物，他们所创造的丰功伟绩在历史长河中经人口耳相传不断被放大，甚至神化，人们开始建陵墓、庙宇或亭台楼榭纪念他们，痕迹逐渐开始向遗迹转变。当痕迹转变为遗迹后，人们又通过凭吊、题咏进一步扩大人物的影响。元结遗迹的形成既有元结本身因素在内，又与特定历史阶段有一定关系。元结是一个道德完善的人，在当时就为人称道，颜真卿称其为"全德""全行"之人。在思想上，他自创"漫家"，对宋明理学和心学产生了一定影响；在事业上，元结虽然官仅至容管经略使，但他仁爱人民、体恤下情，当时的老百姓就建生祠纪念他；在文学上，元结提倡复古，对唐宋古文运动产生了一定影响；他把作品摹刻于石壁之上，对南岭走廊摩崖石刻产生了深远影响。元结在汝州、鄂州、江州、永州、道州、连州、梧州、容州留下的痕迹在唐代就已开始向遗迹转化，至宋代之后，更是大为接受。特别是浯溪碑林摩崖石刻，经历代文人题咏，形成了巨大的摩崖石刻艺术群，时至今天仍具有重大影响。对元结遗迹的考证是沟通历史和现实的桥梁，具有一定现实意义。

三是关于作品的辑考。自明代郭勋编订《元次山集》后，对元结作品的辑佚一直在进行，明代的夏镗、鲜知道人，清代的黄又、孙毓修，近代的傅增湘等都对元结作品有辑校，特别是 20 世纪下半叶孙望编订的《元次山集》更是集诸家之大成，成为收录作品最完备、考订最翔实的元结作品集，但仍有不少作品没有收录进来，如《海阳泉诗》十三首，《元德秀赞》《溇泉铭》等，另外存于地志、金石、摩崖石刻中的一些作品，如，《无为洞篆刻》等也未收录进来，还有一些存目作品、存疑作品也很难在元结作品集中找到，因而有必要对《元次山集》之外的作品进行辑佚、编年与考证，从而让读者对元结作品有一个全面的了解，同时对学者研究元结也能提供有效的帮助。

除此之外，杜甫的《送元二适江左》涉及元结与杜甫的交往，同时对元结生平经历有一定补充意义，本章也做了考证。

第一节 《新唐书·元结传》补考

关于元结生平，新、旧《唐书》均有记载，但《旧唐书》记载极为简略，没有给元结列专门传记，而欧阳修的《新唐书·元结传》（下文称《元结传》或《本传》）记载多达二千余字，长度超过了颜真卿的《元君表墓碑铭并序》，记载元结生平更为翔实。但由于传记的修订距离元结去世已有近三百年，且从《元结传》看，欧阳修在撰写该传记时并未参照《元君表墓碑铭并序》，致使《新唐书·元结传》中讹误重出，重大事件也存在遗漏。对于《新唐书·元结传》所引材料之谬误，南北宋之交的金石学家赵明诚就有关注，他曾指出："《唐书·列传》，结，后魏常山王遵十五世孙，而《碑》与《元氏家录序》皆云'十二世'，盖《史》之误。"①清嘉庆董作栋修纂的《鲁山县志》更是把《元君表墓碑铭并序》与《新唐书·元结传》对照起来读，利用碑传订正了本传的不少错误。此后，孙望1935年发表了《元次山年谱》②，孔德1948年发表了《唐元结年谱》③，2002年，台湾杨承祖出版了《元结研究》④，其中有"元结评传""元结年谱"，这些年谱或评传的编订者也多关注到了《新唐书·元结传》，他们部分订正了《元结传》的讹误，但同时也对《元结传》中不少错误视而不

---

① （宋）赵明诚撰，金文明校证：《金石录校证》卷二八《唐元结碑》，广西师范大学出版社2005年版，第486页。

② 孙望：《元次山年谱》，《金陵大学文学院季刊》1935年6月，第2卷第1号。该年谱1957年上海古典文学出版社、1962年中华书局曾以单行本出版。本书凡引自本年谱下文简称《孙谱》。

③ 孔德：《唐元结年谱》，《国立中心大学文史集刊》（第1册），国立中山大学出版组1948年版，第93—126页。

④ 杨承祖：《元结研究》，台湾"国立"编译馆2002年版，第3—278页。本书中凡引自该书中的《元结年谱》，皆称《杨谱》。

见，甚至还引以为证，导致了编订的年谱或评传可信度降低，年谱与评传的编订者尚且如此，普通研究者错误引用就更为普遍。为避免研究者误引《新唐书·元结传》，本文特对《元结传》全文进行订补与考辨，以期能部分弥补《元结传》带来的缺失。

一

本传：元结，后魏常山王遵十五代孙。

订补：元结，后魏常山王遵十二代孙。

考辨：颜真卿《元君表墓碑铭并序》："盖后魏昭成皇帝孙曰常山王遵之十二代孙。"[①] 宋晁公武《郡斋读书志》："右唐元结次山也，后魏之裔。"[②] 元马端临《文献通考·经籍考》所载同。案：宋郑樵《通志》载元姓："又拓跋氏，云黄帝子昌意之后。昌意少子悃，居北土，世为鲜卑君长。《宋书》云，李陵之后。自昌意三十九世至昭成皇帝什翼犍，始号代王，都云中。"[③]《魏书·昭成子孙传》："常山王遵，昭成子寿鸠之子也。少而壮勇，不拘小节。太祖初，有佐命勋，赐爵略阳公。慕容宝之败也，别率骑七百邀其归路，由是有参合之捷。及平中山，拜尚书左仆射，加侍中，领勃海之合口。及博陵、勃海群盗起，遵讨平之。迁州牧，封常山王。遵好酒，天赐四年，坐醉乱失礼于太原公主，赐死，葬以庶人礼。"[④] 拓跋遵（？—407），北魏拓跋寿鸠之子，昭成皇帝拓跋什翼犍之孙。以此上推，元结当为后魏昭成皇帝拓跋什翼犍十四世孙。

然《新唐书·元结传》载："元结，后魏常山王遵十五代孙。"[⑤] 宋章

---

① （清）董诰编：《全唐文》卷三四四颜真卿《唐故容州都督兼御史中丞本管经略使元君表墓碑铭并序》，中华书局1983年版，第3494页。凡引该文均出自《全唐文》卷三四四，第3494—3496页，简称《元君表墓碑铭并序》，不再另注明出处。

② （宋）晁公武撰，孙猛校证：《郡斋读书志校证》卷一七，上海古籍出版社2011年版，下册，第855页。

③ （宋）郑樵：《通志二十略》之《氏族略》第三，中华书局1995年版，第87页。

④ （北齐）魏收：《魏书》卷一五《昭成子孙列传》，中华书局1974年版，第374—375页。

⑤ （宋）欧阳修、宋祁：《新唐书》卷一四三《元结传》，中华书局1975年版，第4681页。凡引该文均出自《新唐书》卷一四三，第4681—4686页，不再另注明出处。

定《名贤氏族言行类稿》卷十三："唐元结后魏常山王遵十五代孙。"祝穆《方舆胜览·湖南路》："元结，后魏常山王十五代孙。"①皆与颜真卿《元君表墓碑铭并序》不合，对此宋赵明诚《金石录·唐元结碑》已作辩误："右《唐元结碑》，颜鲁公撰并书。案《唐书·列传》，结，后魏常山王遵十五世孙，而《碑》与《元氏家录序》皆云'十二世'，盖《史》之误。"赵明诚见过元结文集前的《元氏家录序》，则元结为拓跋遵十二世孙可信。又据 2020 年新出土《大唐故朝议郎行绛州龙门县令上护军元府君墓志铭》载，墓主人元大谦，北魏常山王拓跋寿鸠七代孙，开元六年（718）三月卒于绛州龙门县令任上，卒年 58 岁。元结较元大谦迟出生 59 年，但与其差距已达六代，应不存在差距九代之可能，故元结不可能为拓跋遵十五世孙，《本传》记载有误。

本传：曾祖仁基，字惟固，从太宗征辽东，以功赐宜君田二十顷，辽口并马牝牡各五十，拜宁塞令，袭常山公。

订补：[1] 高祖善祎（禕），代居太原，唐尚书都官郎中、常山郡公。[2] 曾祖仁基，字惟固，曾官朝散大夫，从太宗征辽东，以功赐宜君田二十顷，辽口并马牝牡各五十，拜宁塞令、褒信令，袭常山公。

考辨：[1] 颜真卿《元君表墓碑铭并序》："高祖善祎，皇朝尚书都官郎中常山郡公。"《元和姓纂》："唐都官郎中元善祎，称昭成帝后。"②《金石录·唐元结碑》："又《碑》与《元和姓纂》皆云'结高祖名善祎'，而《家录》作'善禕'，未知孰是也。"③"祎"三长物斋本又作"禕"，然吕无党本作"祎"，今姑且从"祎"。而"善禕"之名，源自《家录》，又为赵明诚所亲见，其可信度不低，故姑且存疑。又《唐尚书省郎官石柱题名考》卷七：（司勋郎中）"元玄祎"。活动于唐太宗、中宗年间，与元善祎

---

① （宋）祝穆撰，（宋）祝洙增订：《方舆胜览》卷二五《永州》，中华书局 2003 年版，第 461 页。

② （唐）林宝撰，岑仲勉校记：《元和姓纂》卷四《元》，中华书局 1994 年版，第 430 页。

③ （宋）赵明诚撰，金文明校证：《金石录校证》，广西师范大学出版社 2005 年版，第 486 页。

生活于同一时期。都官郎中属刑部，唐代郎中之间调动频繁，则元善袆又或元玄袆。《新唐书·元结传》未载元善袆。《元和姓纂》引《南宫故事》云："（元姓）代居太原，著姓。袆曾孙谷神，扶州刺史；堂侄俯，宋州刺史。元孙结，容府经略兼中丞；生友直，为京兆少府。"①

[2]《新唐书·元结传》："曾祖仁基，字惟固，从太宗征辽东，以功赐宜君田二十顷，辽口并马牝牡各五十，拜宁塞令，袭常山公。"太宗征辽东事《旧唐书·太宗纪》有载："十九年（645）春二月庚戌，上亲统六军发洛阳。……五月丁丑，车驾渡辽。甲申，上亲率铁骑与李世勣会围辽东城，因烈风发火弩，斯须城上屋及楼皆尽，麾战士令登，乃拔之。……秋七月，李世勣进军攻安市城，至九月不克，乃班师。"② 元仁基随太宗征辽东当在此时。颜真卿《元君表墓碑铭并序》："曾祖仁基，朝散大夫褒信令，袭常山公。"又《旧唐书·地理一》："陇右节度使，以备羌戎，统临洮、河源、白水、安人、振威、威戎、莫门、宁塞、积石、镇西等十军。"③ 同书同卷载："新蔡，隋旧。武德四年，于此置舒州，领新蔡、褒信二县。"④ 《旧唐书·职官一》："（从第五品下阶）朝散大夫、文散官。"⑤ 品阶较县令要高。

本传：祖亨，字利贞，美姿仪。尝曰："我承王公余烈，鹰犬声乐是习，吾当以儒学易之。"霍王元轨闻其名，辟参军事。

订补：祖元亨，字利贞，美姿仪。尝曰："我承王公余烈，鹰犬声乐是习，吾当以儒学易之。"为霍王元轨参军，随霍王镇改襄州，垂拱元年或稍后卒。

考辨：颜真卿《元君表墓碑铭并序》："祖利贞，霍王府参军，随镇改襄州。"《新唐书·元结传》："祖亨，字利贞，美姿仪。尝曰：'我承王公

① （唐）林宝撰，岑仲勉校记：《元和姓纂》卷四《元》，中华书局1994年版，第430页。
② （后晋）刘昫等：《旧唐书》卷三《太宗下》，中华书局1975年版，第57—58页。
③ （后晋）刘昫等：《旧唐书》卷三八《地理一》，中华书局1975年版，第1388页。
④ （后晋）刘昫等：《旧唐书》卷三八《地理一》，中华书局1975年版，第1435页。
⑤ （后晋）刘昫等：《旧唐书》卷四二《职官一》，中华书局1975年版，第1795页。

余烈，鹰犬声乐是习，吾当以儒学易之。'霍王元轨闻其名，辟参军事。"
颜真卿称元亨字，不称其名，乃为避肃宗李亨讳，《孙谱》与《杨谱》皆
有详考。明朱国祯《涌幢小品》载："元次山之祖曰元亨，字利贞，全用
《易》四字，可异。"①《旧唐书·李元轨传》："霍王元轨，高祖第十四子
也。……（贞观）十年，改封霍王，授绛州刺史，寻转徐州刺史。……垂
拱元年，加位司徒，寻出为襄州刺史，转青州。"②可知，元亨在垂拱元年
或稍后与霍王元轨随镇改襄州。据《新唐书·元结传》："父延祖，三岁而
孤，仁基敕其母曰：'此儿且祀我。'因名而字之。"元延祖乾元元年
（758）或稍后卒，卒年七十六，以此逆推七十三年，其卒年当在垂拱元年
（685）或稍后。

本传：父延祖，三岁而孤，仁基敕其母曰："此儿且祀我。"因名而字
之。逮长，不仕，年过四十，亲娅强劝之，再调春陵丞，辄弃官去，曰：
"人生衣食，可适饥饱，不宜复有所须。"每灌畦掇薪，以为"有生之役，
过此吾不思也"。安禄山反，召结戒曰："而曹逢世多故，不得自安山林，
勉树名节，无近羞辱"云。卒年七十六，门人私谥曰太先生。

订补：父延祖，弘道元年（683）前后生，三岁而孤，仁基敕其母曰：
"此儿且祀我。"因名而字之。不乐仕进，亲娅强劝之，四十始为官，任魏
成主簿，再调春陵丞，后弃官去，曰："人生衣食，可适饥饱，不宜复有
所须。"以鲁县商余山多灵药，遂家焉，每灌畦掇薪，以为"有生之役，
过此吾不思也"。安禄山反，召结戒曰："而曹逢世多故，不得自安山林，
勉树名节，无近羞辱"云。乾元元年或稍后卒，卒年七十六。及终，门人
谥曰太先生，宝应元年（762）追赠左赞善大夫。

考辨：颜真卿《元君表墓碑铭并序》："父延祖，清净恬俭，历魏成主
簿、延唐丞。思闲辄自引去，以鲁县商余山多灵药，遂家焉。及终，门人
谥曰太先生，宝应元年追赠左赞善大夫。"可知元延祖在任春陵丞前，曾

---

① （明）朱国祯撰，王根林校点：《涌幢小品》卷一八，上海古籍出版社2012年版，第
362页。

② （后晋）刘昫等：《旧唐书》卷六四，中华书局1975年版，第2429—2431页。

任魏成主簿之职。又元结《与李相公书》："中逢丧乱，奔走江海，当死复生，见有今日。"明本题下注曰："乾元二年，李揆为中书侍郎平章事。"乾元二年为 759 年，可知本年以前，元结家庭发生丧乱。《辞监察御史表》："臣老母多病，又无弟兄，漂流殊乡，孤弱相养。"此表下有自注："上元元年进"，上元元年即 760 年，从此二文可以看出，元结所经历丧乱与其父亲、弟弟去世相关。又《元结传》："安禄山反，召结戒曰：'而曹逢世多故，不得自安山林，勉树名节，无近羞辱'云。卒年七十六，门人私谥曰太先生。"则可知，元结之父在天宝十四载（755）安史之乱发生后，尚在世。又颜真卿《元君表墓碑铭并序》："祖利贞，霍王府参军，随镇改襄州。"《旧唐书·李元轨传》："霍王元轨，高祖第十四子也。……（贞观）十年，改封霍王，授绛州刺史，寻转徐州刺史。……垂拱元年，加位司徒，寻出为襄州刺史，转青州。"据《新唐书·元结传》："父延祖，三岁而孤，仁基救其母曰：'此儿且祀我。'因名而字之。"则元结祖父元亨至少在垂拱元年（685）尚在世。元延祖当在弘道元年（683）或稍后出生。以此顺推 76 年，当在为乾元元年（758）或稍后去世。

本传：结少不羁，十七乃折节向学，事元德秀。天宝十二载举进士，礼部侍郎阳浚见其文，曰："一第恩子耳，有司得子是赖！"果擢上第。复举制科。

订补：结少不羁，十七乃折节向学，事元德秀。天宝十二载（753），以进士获荐，名在礼部，作《文编》纳于有司。礼部侍郎阳浚见其文，曰："一第恩子耳，有司得子是赖！"天宝十三载（754），举进士，入为上第。

考辨：《新唐书·元结传》认为元结天宝十二载先举常科，及上第，天宝十三载复举制科。然元结《文编序》："天宝十二载，漫叟以进士获荐，名在礼部。会有司考校旧文，作《文编》纳于有司。……明年，有司于都堂策问群士，叟竟在上第！"另《元君表墓碑铭并序》："天宝十二载举进士，作《文编》。礼部侍郎阳浚曰：'一第污元子耳，有司得元子是赖。'遂登高第。"均无两次及第记载，则可知《元结传》乃结合《文编序》和《元君表墓碑铭并序》所作推断。然《文编序》和《元君表墓碑铭并序》并无矛盾之处，《元君表墓碑铭并序》不过省略了中进士时间。据《元君表墓碑铭并序》，举进士在作《文编》之前，则所谓举进士并非中进士，而是参与进士考试。这与元结《文编序》"天宝十二载，漫叟以进士获荐，名在礼部"一致，《新唐书·元结传》误以为元结为天宝十二载中进士，而实际上元结中进士乃在"明年"，即天宝十三载。

又《新唐书·选举上》："十二载，乃敕天下罢乡贡，举人不由国子及郡、县学者，勿举送。是岁，道举停《老子》，加《周易》。十四载，复乡贡。"①《登科记考补正》卷九："（天宝十二载）七月壬子，诏天下举人，不得充乡试，皆须补国子学生及郡县学生，然后听举。"②元结《与李相公书》："辱在乡选，名污上第。"唐人参加进士考试，有多途径。《新唐书·选举上》："唐制，取士之科，多因隋旧，然其大要有三。由学馆者曰生徒，由州县者曰乡贡，皆升于有司而进退之。"③《新唐书·选举上》："每岁仲冬，州、县、馆、监举其成者送之尚书省；而举选不由馆、学者谓之乡贡，皆怀牒自列于州、县。试已，长吏以乡饮酒礼，会属僚，设宾主，陈俎豆，备管弦，牲用少牢，歌《鹿鸣》之诗，因与耆艾叙长少焉。既至省，皆疏名列到，结款通保及所居，始由户部集阅，而关于考功员外郎试之。"④天宝十二载唐玄宗罢乡贡，十四载复乡贡，元结天宝十三载中进士，则其举进士非由乡贡。然据元结《与李相公书》："辱在乡选。"则必然入州郡学馆，通过参与考试而获得荐举进士资格。

又据《登科记考》："唐制，进士……正月乃就礼部，……二月放榜。"此即常科。常科主要有明经和进士，元结不以孔氏为师，不大可能参与明经科考试；又进士科主要考诗赋。除常科外，唐代另有制科。《册府元龟》记载了天宝十三载的制科："十月，御含元殿亲试博通坟典，洞晓玄经，词藻宏丽，军谋出众等举人，命有司供食，既而暮罢。其词藻宏丽科，问

① （宋）欧阳修、宋祁：《新唐书》卷四四《举志上》，中华书局1975年版，第1164页。
② （清）徐松撰，孟二冬补正：《登科记考补正》卷九，北京燕山出版社2003年版，第376页。
③ （宋）欧阳修、宋祁：《新唐书》卷四四《选举志上》，中华书局1975年版，第1159页。
④ （宋）欧阳修、宋祁：《新唐书》卷四四《选举志上》，中华书局1975年版，第1161页。

策外更试律赋各一首。制举试诗赋,自此始也。时登甲科者三人,太子正字杨绾最为所称。乙第者凡三十余人。"① 制科由皇帝亲试,天宝十三载十月的制科在含元殿进行,然据《文编序》:"明年,有司于都堂策问群士,叟竟在上第。"唐尚书省署居中,东有吏、户、礼三部,西有兵、刑、工三部,尚书省的左右仆射总辖各部,称为都省,其总办公处称为都堂。可见元结并非参加制科,参加尚书省礼部举行的常科考试也由此可知。而常科主要为明经和进士两科,乾元二年元结所作《与韦尚书书》:"不望尚书不以结齿之于龟,以士君子见礼,问及词赋,许且休息。"韦陟只问元结词赋,则元结当为进士科。《登科记考》载,本年进士三十五人,元结为其中之一。又《孙谱》以为元结所中为词藻宏丽科,孟二冬补正《登科记考》时,引《新唐书·元结传》,并以为"绾首登词藻宏丽科,或结亦其一也"②。本年词藻宏丽科同样试诗赋,但为玄宗亲试,与元结自述不符,且据元结《元鲁县墓表》:"天宝十三载,元子从兄前鲁县大夫德秀卒。"《唐故鲁山县令河南元府君墓志铭并序》:"君讳德秀,字紫芝,……春秋六十,薨于陆浑南郭草堂之所,梁木其坏,今为古焉。……天宝甲午载冬十月甲申日,葬于草堂南原之野。"③ 元德秀天宝十三载九月去世,元结和他是亦师亦友关系,当奔丧,不大可能参加十月举行的制科考试,故元结当于天宝十三载春参加进士科考试,《元结传》记载有误。

二

本传:会天下乱,沉浮人间。国子司业苏源明见肃宗,问天下士,荐结可用。时史思明攻河阳,帝将幸河东,召结诣京师,问所欲言,结自以始见轩陛,拘忌讳,恐言不悉情,乃上时议三篇。(文见元结本集,略)

---

① (宋)王钦若等编纂:《册府元龟》卷六四三《贡举部》,凤凰出版社 2006 年版,第7428 页。

② (清)徐松撰,孟二冬补正:《登科记考补正》卷九,北京燕山出版社 2003 年版,第382 页。

③ 吴钢主编:《全唐文补遗》(第六辑)之《唐故鲁山县令河南元府君(德秀)墓志铭》,三秦出版社 1999 年版,第 445 页。

帝悦曰："卿能破朕忧。"

订补：天宝十四载（755），安禄山以诛杨国忠为名，率兵自幽州南下，安史之乱起。结带领族人逃难至武昌猗玕洞，后召集邻里二百余家奔襄阳抗击叛军。乾元元年（758）移居瀼溪。乾元二年（759），国子司业苏源明荐结于朝。同年九月，肃宗欲幸河东，闻结有谋略，招之。结献《时议》三篇，帝嘉之，悦曰："卿能破朕忧。"

考辨：《旧唐书·玄宗纪》："（天宝十四载）十一月……丙寅，范阳节度使安禄山率蕃、汉之兵十余万，自幽州南向诣阙，以诛杨国忠为名，先杀太原尹杨光翙于博陵郡。"[1] 元结《大唐中兴颂》："噫嘻前朝，孽臣奸骄，为昏为妖。边将骋兵，毒乱国经，群生失宁。"元结《自释》："天下兵兴，逃乱入猗玕洞，始称猗玕子。后家瀼滨。"颜真卿《元君表墓碑铭并序》："及羯胡首乱，逃难于猗玕洞。……兵起，逃难于猗玕洞，著《猗玕子》三篇。"颜真卿《元君表墓碑铭并序》："（结）逃难于猗玕洞，因招集邻里二百余家奔襄阳，元宗异而征之。值君移居瀼溪，乃寝。"李肇《唐国史补》卷上："元结，天宝之乱，自汝溃大率邻里，南投襄汉，保全者千余家。乃举义师，宛叶之间，有婴城捍寇之功。"[2] "襄汉"指襄水和汉水共同流经区域的统称。时元结已自鲁山南逃猗玕洞，然后又自猗玕洞沿汉水北上至襄阳，临近前线抗击安史叛军。在民众纷纷南下逃难时，元结能带领邻里北上襄阳，在当时造成了一定影响。

《文编序》："叟少师友仲行公，公闻之，谕叟曰：'于戏！吾常恐直道绝而不续，不虞杨公于子相续如缕。'"《新唐书·苏源明传》："源明雅善杜甫、郑虔，其最称者元结、梁肃。"[3] 仲行公即苏源明，元结少时与苏源明是师友关系，故元结得以荐。《资治通鉴》："（乾元二年）国子司业苏源明称病不受禄山官，上擢为考功郎中、知制诰。"可知乾元二年前苏源明在国子司业任上。又据元结《时议三篇》（并表）："臣实不能当君子之

① （后晋）刘昫等：《旧唐书》卷九《玄宗下》，中华书局1975年版，第230页。
② （唐）李肇：《唐国史补》卷上《鲁山乳兄子》，上海古籍出版社1979年版，第21页。
③ （宋）欧阳修、宋祁：《新唐书》卷二〇二《苏源明传》，中华书局1975年版，第5773页。

羞，受小人之辱，故编舆皂之说为三篇，名曰《时议》，敢以上闻，抵冒
天威，谨伏待罪。臣结顿首谨上。乾元二年九月日，前进士元结表上。"
元结后在《丞官引》中提及："往在乾元初，圣人启休运。公车诣魏阙，
天子垂清问。"当指此次征召。元结《与韦尚书书》："昨者有诏，使结得
诣京师，至汝上，逢山龟亦承诏诣京师，结与山龟俱得乘邮而来。邮长待
结，颇如龟者。……不望尚书不以结齿之于龟，以士君子见礼，问及词
赋，许且休息。"郭本《元次山集》："乾元二年，韦陟为礼部尚书东都留
守。"《旧唐书·肃宗纪》："（乾元二年）秋七月乙丑朔，以礼部尚书韦陟
充东京留守。……（乾元三年四月）甲辰，以礼部尚书、东京留守韦陟为
吏部尚书。"[1] 则可知苏源明荐元结于朝在乾元二年七月至九月间，上《时
议三篇》在九月。

本传：擢右金吾兵曹参军，摄监察御史，为山南西道节度参谋。募义
士于唐、邓、汝、蔡，降剧贼五千，瘗战死露骴于泌南，名曰哀丘。史思
明乱，帝将亲征，结建言："贼锐不可与争，宜折以谋。"帝善之，因命发
宛、叶军挫贼南锋，结屯泌阳守险，全十五城。以讨贼功迁监察御史
里行。

订补：乾元二年（759）九月，拜结为右金吾兵曹，摄监察御史，充
山南东道节度参谋，仍于唐、邓、汝、蔡等州招缉义军。山棚高晃率五千
余人来降，十月，肃宗制亲征史思明，结建言"贼锐不可与争，宜折以
谋"，苏源明亦极谏不可，事遂寝。结屯兵泌阳守险，思明不敢南侵，全
十五城。乾元三年（760），公理兵泌南，有伤安史之乱给百姓带来的灾
难，收街郭乱骨而藏之，命曰哀丘，作《哀丘表》。四月，襄州军乱，部
将张维瑾杀山南东道节度使史翔，结请表用兵。闰四月，张维瑾等皆降，
襄州平。结特蒙嘉纳，真拜监察御史，仍授部将张远帆、田瀛等十数人
将军。

考辨：考《元君表墓碑铭并序》原石作"乃拜君右金吾兵曹"，《新

---

① （后晋）刘昫等：《旧唐书》卷一〇《肃宗纪》，中华书局1975年版，第256—258页。

唐书·元结传》载："擢右金吾兵曹参军，摄监察御史，为山南西道节度参谋。"明嘉靖锡山安氏馆铜活字印本《颜鲁公文集》"乃拜君右金吾兵曹"与《本传》合，然《全唐文》载《元君表墓碑铭并序》："乃拜君左金吾兵曹。"当误。《旧唐书·职官三》："节度使：……参谋，无员数也。"①

颜真卿《元君表墓碑铭并序》："山棚高晃等率五千余人，一时归附，大压贼境，于是思明挫锐，不敢南侵。"元结《漫酬贾沔州》："往年壮心在，尝欲济时难。奉诏举州兵，令得诛暴叛。"《本传》："募义士于唐、邓、汝、蔡，降剧贼五千"，则《本传》中所谓剧贼即指《元君表墓碑铭并序》中的义军山棚高晃等。又《唐会要》卷六七："东都西南联邓虢，山谷旷远。多麋鹿猛兽。人习射猎，不务耕稼。春夏以其族党迁徙无常，俗呼为山棚。"②《新唐书·吕元膺传》所载同。元结及其族人长期居于汝州，安史战乱爆发后多次于唐、邓、汝、蔡招缉义军，故高晃等得以来归。

又《旧唐书·肃宗纪》："（乾元二年）冬十月丁酉，制亲征史思明，竟不行。"③《新唐书·苏源明传》："及史思明陷洛阳，有诏幸东京，将亲征。源明因上疏极谏曰：'……臣闻子不诤于父，不孝也；臣不诤于君，不忠也。不孝不忠，为苟荣冒禄，圈牢之物不若也。臣虽至贱，不能委身圈牢之中，将使樵夫指而笑之。'帝嘉其切直，遂罢东幸。"④《新唐书·元结传》："史思明乱，帝将亲征，结建言：'贼锐不可与争，宜折以谋。'帝善之。"而《元君表墓碑铭并序》："大压贼境，于是思明挫锐，不敢南侵。"及《本传》所载"命发宛、叶军挫贼南锋，结屯泌阳守险，全十五城"，当是元结向皇帝建言之后的事。

元结《哀丘表》："乾元庚子，元子理兵于有泌之南。泌南至德丁酉为

① （后晋）刘昫等：《旧唐书》卷四四《职官三》，中华书局1975年版，第1922页。
② （宋）王溥：《唐会要》卷六七，中华书局1960年版，第1185页。
③ （后晋）刘昫等：《旧唐书》卷一○《肃宗纪》，中华书局1975年版，第257页。
④ （宋）欧阳修、宋祁：《新唐书》卷二○二《苏源明传》，中华书局1975年版，第5772—5773页。

陷邑，乾元己亥为境上，杀伤劳苦，言可极耶！街郭乱骨，如古屠肆，于是收而藏之，命曰哀丘。或曰：'次山之命哀丘也，哀生人将尽而乱骨不藏者乎？哀壮勇已死而名迹不显者乎？'对曰：'非也。吾哀凡人不能绝贪争毒乱之心，守正和仁让之分，至令吾有哀丘之怨欤！'"《表》称"乾元庚子"，则表作于乾元三年四月改元之前。颜真卿《元君表墓碑铭并序》："前是泌南战士积骨者，君悉收瘗，刻石立表，命之曰哀丘。将吏感焉，无不勇励。玺书频降，威望日崇。"

元结《辞监察御史表》："又逢张瑾奸凶，再惊江汉。臣恐陛下忧无制变，遂曾表请用兵。"颜真卿《元君表墓碑铭并序》："时张瑾杀史翙于襄州。"《旧唐书·肃宗纪》："四月……戊申，襄州军乱，杀节度使史翙，部将张维瑾据州叛。……己未，以陕州刺史来瑱为襄州刺史，充山南东道襄邓等十州节度、观察处置等使。"[①]《旧唐书·来瑱传》："乾元三年四月十三日，襄州军将张维瑾、曹玠率众谋乱，杀刺史史翙。"[②]《资治通鉴·上元元年》："（四月）襄州将张维瑾、曹玠杀节度使史翙，据州反。"[③] 则乾元三年四月张维瑾等反可知。又《新唐书·肃宗纪》："闰月……己卯，大赦，改元，赐文武官爵。……是月，大饥。张维瑾降。"[④]《资治通鉴》："瑱至襄州，张维瑾等皆降。"[⑤] 闰四月，叛乱平。颜真卿《元君表墓碑铭并序》："时张瑾杀史翙于襄州，遣使请罪，君为奏闻，特蒙嘉纳，乃真拜君监察，仍授部将张远帆、田瀛等十数人将军。"《本传》"迁监察御史里行"当即《元君表墓碑铭并序》"乃真拜君监察"，但《本传》以升迁原因为讨史思明有功，而《元君表墓碑铭并序》以为平张维瑾乱故，《本传》叙事多省略，今从《元君表墓碑铭并序》。

---

① （后晋）刘昫等：《旧唐书》卷一〇《肃宗纪》，中华书局 1975 年版，第 528 页。
② （后晋）刘昫等：《旧唐书》卷一一四《来瑱传》，中华书局 1975 年版，第 3366 页。
③ （宋）司马光编著，（元）胡三省音注：《资治通鉴》卷二二一《唐纪》三七，中华书局 1956 年版，第 7091 页。
④ （宋）欧阳修、宋祁：《新唐书》卷六《肃宗纪》，中华书局 1975 年版，第 163 页。
⑤ （宋）司马光编著，（元）胡三省音注：《资治通鉴》卷二二一《唐纪》三七，中华书局 1956 年版，第 7091 页。

本传：荆南节度使吕諲请益兵拒贼，帝进结水部员外郎，佐諲府。又参山南东道来瑱府，时有父母随子在军者，结说瑱曰："孝而仁者，可与言忠；信而勇者，可以全义。渠有责其忠信义勇而不劝之孝慈邪？将士父母，宜给以衣食，则义有所存矣。"瑱纳之。

订补：上元元年（760）四月或稍后，结作《请给将士父母粮状》《请收养孤弱状》上来瑱，来瑱纳之。八月，吕諲以荆南无兵，结拜水部员外郎兼殿中侍御史，充吕諲节度判官，结起家十月，超拜如此，时论荣之。

考辨：元结《请给将士父母粮状》《请收养孤弱状》两状题后均有自注："上元元年上来大夫。"乾元三年（760）闰四月，改元为上元元年。颜真卿《元君表墓碑铭并序》："时张瑾杀史翙于襄州，遣使请罪，君为奏闻，特蒙嘉纳，乃真拜君监察，仍授部将张远帆、田瀛等十数人将军。属荆南有专杀者，吕諲为节度使，諲辞以无兵。上曰：'元结有兵在泌阳。'乃拜君水部员外郎兼殿中侍御史，充諲节度判官。"本年八月，元结真拜水部员外郎兼殿中侍御史，充吕諲节度判官。可见此两状作于上元元年（760）闰四月至八月间。《新唐书·元结传》："又参山南东道来瑱府，时有父母随子在军者，结说瑱曰：……瑱纳之。"又《本传》以为元结参山南东道府在参荆南幕府后，则误。此二表皆作于上元元年，则元结此后参荆南幕府可知。

元结《与韦洪州书》："某月日，荆南节度判官水部员外郎兼殿中侍御史元结顿首。"可知，元结是以水部员外郎兼殿中侍御史充諲节度判官。水部员外郎：官名，为工部四司之一，掌有关水道之政令。《旧唐书·职官二》："水部郎中一员，从五品上。龙朔为司川大夫。员外郎一员，从六品上。……郎中、员外郎之职，掌天下川渎陂池之政令，以导达沟洫，堰决河渠。凡舟楫溉灌之利，咸总而举之。"① 又唐代殿中侍御史属御史台，掌殿廷仪卫及京城纠察。《旧唐书·职官三》："（御史台）殿中侍御史六人，从七品下。……殿中侍御史掌殿廷供奉之仪式。凡冬至、元正大朝会，则具服升殿。若郊祀、巡幸，则于卤簿中纠察非违，具服从于旌门，

---

① （后晋）刘昫等：《旧唐书》卷四三《职官二》，中华书局1975年版，第1841页。

视文物有所亏阙，则纠之。凡两京城内，则分知左右巡，各察其所巡之内有不法之事。"① 又节度判官，即节度使判官，负责掌管文书事务。《旧唐书·职官三》："节度使……判官二人……。皆天宝后置。检讨未见品秩。"② 颜真卿《元君表墓碑铭并序》："属荆南有专杀者，吕諲为节度使，諲辞以无兵。上曰：'元结有兵在泌阳。'乃拜君水部员外郎兼殿中侍御史，充諲节度判官。君起家十月，超拜至此，时论荣之。"《新唐书·元结传》："荆南节度使吕諲请益兵拒贼，帝进结水部员外郎，佐諲府。"可知，元结拜水部员外郎兼殿中侍御史与充吕諲节度判官为同一时期。又元结《与吕相公书》："自布衣历官，不十月官至尚书郎。"元结自去年九月授官，至今正好十月。又元结《请节度使表》："今臣起家数月之内，官忝台省。"亦当是指此次拜官。

本传：瑱诛，结摄领府事。会代宗立，固辞，丐侍亲归樊上。授著作郎。益著书，作《自释》。（文见元结本集，略）

订补：宝应元年（762），会代宗立，结作《乞免官归养表》，以侍亲为由辞官，辞去荆南节度使留后之任，特蒙褒奖，以著作郎身份归隐于武昌樊口。益著书，作《自释》。结知节度观察使事八月，境内晏然。

考辨：元结《乞免官归养表》："臣无兄弟，老母久病，所愿免官奉养，生死愿足。上不敢污陛下朝列，是臣之忠；下不欲贻老母忧惧，是臣之孝。愿全忠孝于今日，免祸辱于将来。伏惟陛下许臣免官，许臣奉养。在臣庆幸，无以比喻。谨遣某官奉表陈请以闻。"又元结《漫酬贾沔州》："出入四五年，忧劳忘昏旦。无谋静凶丑，自觉愚且懦。……去年辞职事，所惧贻忧患。天子许安亲，官又得闲散。自家樊水上，性情尤荒慢。"元结《漫歌八曲序》："壬寅中，漫叟得免职事，漫家樊上，修耕钓以自资，作《漫歌八曲》。"均提及此次辞官。元结《樊上漫作》："漫家郎亭下，复在樊水边。去郭五六里，扁舟到门前。"其安家樊上亦可知。颜真卿

① （后晋）刘昫等：《旧唐书》卷四四《职官三》，中华书局1975年版，第1863页。
② （后晋）刘昫等：《旧唐书》卷四四《职官三》，中华书局1975年版，第1922页。

《元君表墓碑铭并序》："今上登极，节度使留后者例加封邑，君逊让不受，遂归养亲。特蒙褒奖，乃拜著作郎。遂家于武昌之樊口。"《新唐书·元结传》："会代宗立，固辞，丐侍亲归樊上。授著作郎。益著书。"著作郎属秘书省。《新唐书·百官二》："（秘书省）著作局：郎二人，从五品上……著作郎掌撰碑志、祝文、祭文，与佐郎分判局事。"① 此前元结任水部员外郎，为从六品上。就官秩而言有所上升，然著作郎在唐为清官，其对权力的掌控远不如浊官。此后元结并没有实际就任，只是以著作郎身份隐居于武昌。武昌，唐县名，属鄂州江夏郡。《新唐书·地理五》："鄂州江夏郡，……武昌、紧。"清刘献廷《广阳杂记》："武昌县城甚小，即古之武昌也，孙吴之所都，庾亮、陶侃之镇皆此地。今之武昌府，则江夏也。县城临江，庾楼在焉。元次山之退谷，苏长公之九曲亭，皆在县城西。"② 解缙《永乐大典残卷·兴国州志》："猗玗洞，在湖广武昌府兴国州大冶县东五十里。地名回山，有飞云洞，在道士矶侧，唐元次山结屋读书处，号猗玗子，故曰猗玗洞。"③ 又考元结之所以归于武昌樊上，主要原因在于元结曾在安史之乱后逃难武昌境内的猗玗洞，元结有恋旧情结，同时可能与孟士源时为武昌令有一定关系。

《新唐书·元结传》："瑱诛，结摄领府事。会代宗立，固辞，丐侍亲归樊上。"来瑱被诛已是宝应二年，《资治通鉴·宝应二年》："初，来瑱在襄阳，程元振有所请托，不从；及为相，元振潜瑱言涉不顺。王仲升在贼中，以屈服得全，贼平得归，与元振善，奏瑱与贼合谋，致仲升陷贼。（正月）壬寅，瑱坐削官爵，流播州，赐死于路，由是藩镇皆切齿于元振。"④ 时元结已隐居武昌，则结不可能摄领府事，且据《旧唐书·代宗纪》："宝应元年四月，……丁卯，肃宗崩，元振等始迎上于九仙门，见群臣，行监国之礼。己巳，即皇帝位于枢前。"⑤ 代宗即位在来瑱被诛之后，

---

① （宋）欧阳修、宋祁：《新唐书》卷四七《百官二》，中华书局 1975 年版，第 1215 页。

② （清）刘献廷撰，汪北平等点校：《广阳杂记》卷二，中华书局 1957 年版，第 92 页。

③ 马蓉等点校：《永乐大典方志辑佚》之《兴国州志》，中华书局 2004 年版，第 2150 页。

④ （宋）司马光编著，（元）胡三省音注：《资治通鉴》卷二二二《唐纪》三八，中华书局 1956 年版，第 7138 页。

⑤ （后晋）刘昫等：《旧唐书》卷一一《代宗纪》，中华书局 1975 年版，第 268 页。

可见《本传》记载有误。据颜真卿《元君表墓碑铭并序》："君知（荆南）节度观察使事，经八月，境内晏然。"可知《元结传》误把知荆南节度观察使事移接至山南东道节度府上了。

三

本传：久之，拜道州刺史。初，西原蛮掠居人数万去，遗户裁四千，诸使调发符牒二百函，结以人困甚，不忍加赋，即上言：（参见元结《奏免科率状》）帝许之。明年，租庸使索上供十万缗，结又奏："岁正租庸外，所率宜以时增减。"诏可。结为民营舍给田，免徭役，流亡归者万余。

订补：广德元年（763）九月，上以结居贫，授结道州刺史，逢西原蛮入侵道州，不得行。广德二年（764）五月，结始抵道州。结到任后，招辑流亡，率劝贫弱，保守城邑，畲种山林，又上《奏免科率状》，帝许之，道州之民得以生息。永泰二年（766）夏秋之交，公奏《免科率等状》，敕依。结为民营舍给田，免徭役，流亡归者万余。张谓作《甘棠颂》美之，道州之民立生祠乞留。

考辨：广德元年（763）九月前后，西原蛮攻陷道州。颜真卿《元君表墓碑铭并序》："州为西原贼所陷，人十无一，户才满千。"《新唐书·代宗纪》："（广德元年）西原蛮陷道州。"[1] 十一月左右，桂管经略使邢济平西原蛮，执其酋长吴功曹等。《新唐书·西原蛮传》："其种落张侯、夏永与夷獠梁崇牵、覃问及西原酋长吴功曹复合兵内寇，陷道州，据城五十余日。桂管经略使邢济击平之，执吴功曹等。"[2]《新唐书·代宗纪》："（上元元年）西原蛮寇边，桂州经略使邢济败之。"[3] 西原蛮攻道州在九月，十月（元结谓冬）左右道州城陷，据城五十余日，则到了十一月左右。元结《谢上表》："臣某言：去年九月敕授道州刺史，属西戎侵轶，至十二月，臣始于鄂州授敕牒，即日赴任。"元结十二月赴道州刺史任，则十二月前

---

① （宋）欧阳修、宋祁：《新唐书》卷六《代宗纪》，中华书局 1975 年版，第 169 页。

② （宋）欧阳修、宋祁：《新唐书》卷二二二下《西原蛮传》，中华书局 1975 年版，第 6329 页。

③ （宋）欧阳修、宋祁：《新唐书》卷六《肃宗纪》，中华书局 1975 年版，第 163 页。

邢济已平西原蛮。

颜真卿《元君表墓碑铭并序》："君下车行古人之政。"元结《谢上表》："臣见招辑流亡，率劝贫弱，保守城邑，畲种山林，冀望秋后少可全活。"又《奏免科率状》："伏望天恩，自州未破已前，百姓久负租税，及租庸等使所有征率和市杂物，一切放免。自州破已后，除正租、正庸，及准格式合进奉征纳者，请据见在户征送，其余科率，并请放免。容其见在百姓产业稍成，逃亡归复，似可存活，即请依常例处分。"《奏免科率状》还论及道州之民遭战争破坏之惨状："臣当州被西原贼屠陷，贼停留一月余，日焚烧粮储屋宅，俘掠百姓男女，驱杀牛马老少，一州几尽。贼散后，百姓归复，十不存一，资产皆无，人心嗷嗷，未有安者。"又论及未敢征率原因："若依诸使期限，臣恐坐见乱亡，今来未敢征率，伏待进止。又岭南诸州，寇盗未尽，臣州是岭北界，守捉处多，若臣州不安，则湖南皆乱。"《奏免科率状》题后有原注："广德二年奏，敕依。"则元结所奏，帝许之。《奏免科率状》："臣自到州，见庸租等诸使文牒，令征前件钱物送纳。"与《舂陵行》其序言："承诸使征求符牒二百余封，皆曰：'失其限者，罪至贬削。'"一致，故结之所奏，当于《舂陵行》相前后。《新唐书·元结传》所载文，与元结《奏免科率状》文字有所不同，糅合《奏免科率等状》而成，如"岭南诸州，寇盗不尽，得守捉候望四十余屯，一有不靖，湖南且乱"就意引了《奏免科率等状》，但引文主体来自《奏免科率状》。

元结《免科率等状》："臣一州当岭南三州之界，守捉四十余处，岭南诸州，不与贼战，每年贼动，臣州是境上之州。若臣州陷破，则湖南为不守之地。……臣当州每年除正租正庸外，更合配率几钱，庶免使司随时加减，庶免百姓每岁不安。其今年轻货及年支米等，臣请准状处分。谨录奏闻。"题后有原注："永泰二年奏，敕依。"户部员外郎何昌裕因收赋出使湖南，结奏《免科率等状》当在其后，又元结《别何员外》诗中说："公能独宽大，使之力自输。"也可见敕依了元结所奏。又《新唐书·元结传》："明年，租庸使索上供十万缗，结又奏：'岁正租庸外，所率宜以时增减。'诏可。"据《新唐书·元结传》"明年"指永泰元年（765），实际上该文当作于永泰二年，《本传》所载误。

永泰二年夏秋之交，户部员外郎何昌裕因收赋出使湖南，独孤及有诗相送。独孤及《送何员外使湖南》："凫昔皆黄绶，差池复琐闱。上田无晚熟，逸翮果先飞。前路舟休系，故山云不归。王程傥未复，莫遣鲤书稀。"[①] 湖南地区，稻一般两熟。早稻成熟时间一般在七月；晚稻十月成熟。诗言"上田无晚熟，逸翮果先飞"。如是早稻，则何昌裕出使湖南当在春夏之交，永泰元年夏，元结即离道州刺史任往衡阳，不可能有送别何昌裕机会，也不可能作《别何员外》诗。又本年秋，何昌裕送元结皮弁，故何昌裕出使湖南当在本年春夏之交。何昌裕出使湖南，主要是为了收赋。元结《别何员外》："犹是尚书郎，收赋来江湖。"可证。

《新唐书·元结传》："结为民营舍给田，免徭役，流亡归者万余。进授容管经略使。"公离道州刺史任，张谓为潭州刺史，作《甘棠颂》美元结。颜真卿《元君表墓碑铭并序》："仍请礼部侍郎张谓作《甘棠颂》以美之。"又曰："既受代，百姓诣阙，请立生祠，仍乞再留。"考今道县北门村九井塘边有黄龙庙，祠黄龙娘娘和刺堂公公，又黄龙庙前有石碑曰《刺史元公祠记》，则刺堂公公为元结。又"道州城东有左湖"，则左湖即今九井塘，元结又有《七泉铭并序》："道州东郭，有泉七穴"，其中《漫泉铭》："谁爱漫泉，自成小湖。能浮酒舫，不没石鱼。"《东泉铭》："泉在山东，以东为名。爱其悬流，溶溶在庭。作铭者何？吾意未尽。将告来世，无忘畎引。"又有《引东泉作》："东泉人未知，在我左山东。引之傍山来，垂流落庭中。"则元结安家于东泉附近，东泉与其他六泉相隔很近，故七泉之铭能合一。又《五如石铭》："浐泉之阳，得怪石焉。"此怪石在左溪入潇水处，与左溪相连者必为左湖，则可知九井塘即左湖，元结安家其附近，则今之黄龙庙，或即元结生祠所在地。

本传：进授容管经略使，身谕蛮豪，绥定八州。会母丧，人皆诣节度府请留，加左金吾卫将军。民乐其教，至立石颂德。

---

① （唐）独孤及撰，刘鹏、李桃校注：《毗陵集校注》卷二，辽海出版社2006年版，第40页。

订补：大历二年（767）冬，结代摄连州刺史。大历三年（768）四月，结自连州刺史转容管经略使。结以老母病重为由，作《让容州表》辞之，然未从。结身谕蛮豪，乃驾辎车，以问疾苦，六旬而叛乱八州归顺。大历四年（769）四月，结丁母忧。结以亡母旅榇未归葬，有违礼法，作《再让容州表》再次辞让，帝允所奏。结回祁阳，居家守制。结在容管经略使任，民乐其教，立石颂其德。

考辨：刘禹锡《吏隐亭述》云："元和十年，再牧于连州、作吏隐亭海阳湖壖。……海阳之名，自元先生。先生元结，有铭其碣。元维假符，予维左迁。其间相距，五十余年。"①《刘梦得文集外集》中也载"元次山始作海阳湖"②，宋祝穆《方舆胜览·连州》载："海阳湖。在桂阳东北二里。唐大历间，元结到此，创湖通小舟游泛，刘禹锡赋《海阳湖》十咏。"③元结大历二年冬道州刺史任满，其代摄连州刺史当在此稍后。又元结《海阳湖》诗十三首，分别为《海阳泉》《曲石崀》《望远亭》《石上阁（两首）》《海阳湖（两首）》《盘石（两首）》《湖下溪（两首）》《夕阳洞》《游海门峡》，又有《浸泉铭有序》一篇，皆可知在离任道州刺史和进授容管经略使间还有代摄连州刺史经历。

元结《让容州表》："臣结言：臣伏奉今月二十二日敕，授臣使持节都督容州诸军事，守容州刺史、御史中丞、充本管经略守捉使。四月十六日敕到，二十一日发付本道行营。"《表》言："四月十六日敕到。"然又曰："臣伏奉今月二十二日敕"，则敕命结自连州刺史转容管经略使当在三月二十二日或稍前。又《表》言："前在道州，黾勉六岁，实无政理，多是假名，频请停官，使司不许。"元结自广德元年（763）赴道州刺史任，至大历三年（768），正好六年，故元结自道州刺史转容管经略使在本年。从元结后来作《再让容州表》看，元结此次上表未得如愿。

---

① （唐）刘禹锡撰，瞿蜕园笺证：《刘禹锡集笺证》《外集》卷九，上海古籍出版社 1989 年版，下册，第 1493—1494 页。

② （唐）刘禹锡撰，瞿蜕园笺证：《刘禹锡集笺证》《外集》卷八《海阳十咏并引》，上海古籍出版社 1989 年版，下册，第 1453 页。

③ （宋）祝穆撰，（宋）祝洙增订：《方舆胜览》卷三七《连州》，中华书局 2003 年版，第 667 页。

《旧唐书·地理四》："容州下都督府：……天宝元年，改为普宁郡。乾元元年，复为容州都督府。仍旧置防御、经略、招讨等使，以刺史领之。"① 《旧唐书·职官一》："从第三品：……下都督。"又同书同卷："正第五品上阶：……御史中丞。"又《旧唐书·地理一》："容管经略使，治容州，管兵千一百人。"② 元结自道州刺史转容管经略使从正四品升为从三品，然就实际情况看，元结在道州刺史任，道州尚未被西原蛮攻破，但容州却为西原蛮占领，元结不得不寄理他州，元结之任容管，未必不是明升实降。

元结《让容州表》："今臣所属之州，陷贼岁久，颓城古木，远在炎荒，管内诸州，多未宾伏，行营野次，向十余年。"《旧唐书·王翃传》："岭南溪洞夷獠乘此相恐为乱，……前后经略使陈仁琇、李抗、侯令仪、耿慎惑、元结、长孙全绪等，虽容州刺史，皆寄理藤州，或寄梧州。"③ 时元结寄理梧州，有《冰泉铭》为证。颜真卿《元君表墓碑铭并序》："君单车入洞，亲自抚谕，六旬而收复八州。"《新唐书·元结传》："身谕蛮豪，绥定八州。"《旧唐书·地理一》："容管经略使。治容州，管容、辩、白、牢、钦、岩、禺、汤、瀼、古等州。"④ 也正因为元结收复八州，使得容州叛军成为孤军，所以大历六年，容管经略使王翃与义州刺史陈仁璀、藤州刺史李晓庭攻容州，拔之，擒梁崇牵，才尽复容州故地。陈洙《漫泉亭赋》："天与贞良，七叶中唐，令闻令望，漫叟漫郎。系大历之初载，驻玉节于南荒，谕蛮酋而王化洽，绥八州而民事康。爰顾以瞻，曰此边土，政虽少纾，俗或未煦。乃驾辒车，乃历险阻，乃采风谣，以问疾苦。"⑤

元结《再让容州表》："草土臣结言：伏奉四月十三日敕，以臣前在容州，殊有理政，使司乞留，以遂人望。起复臣守金吾卫将军、员外置同正

---

① （后晋）刘昫等：《旧唐书》卷四一《地理四》，中华书局1975年版，第1743页。
② （后晋）刘昫等：《旧唐书》卷三八《地理一》，中华书局1975年版，第1389页。
③ （后晋）刘昫等：《旧唐书》卷一五七《王翃传》；中华书局1975年版，第4143—4144页。
④ （后晋）刘昫等：《旧唐书》卷三八《地理一》，中华书局1975年版，第1389、第1392页。
⑤ 曾枣庄、刘琳主编：《全宋文》卷一〇三一《陈洙》，上海辞书出版社、安徽教育出版社2006年版，第48册，第34页。

员、兼御史中丞，使持节都督容州诸军事兼容州刺史、充本管经略守捉使，赐紫金鱼袋。"颜真卿《元君表墓碑铭并序》："丁陈郡太夫人忧，百姓诣使请留，大历四年夏四月，拜左金吾卫将军兼御史中丞，管使如故。"《新唐书·元结传》："会母丧，人皆诣节度府请留，加左金吾卫将军。"元结《再让容州表》："草土臣结言：伏奉四月十二日敕，……特乞圣慈，允臣所请，收臣新授官诰，令臣终丧制，免生死羞愧，是臣恳愿。"又曰："臣闻苟伤礼法，妄蒙寄任，古人所畏，臣敢不惧？国家近年切恶薄俗，文官忧免，许终丧制。臣素非战士，曾忝台省，墨缞戎旅，实伤礼法。"颜真卿《元君表墓碑铭并序》："大历四年夏四月，拜左金吾卫将军兼御史中丞，管使如故。君矢死陈乞者再三，优诏褒许。"

《新唐书·元结传》："民乐其教，至立石颂德。"《宝刻丛编》卷十九《容州》："《唐元结德政碑》：唐大历中立。"① 清光绪封祝唐等修《容县志》卷二十四："《容管经略使元结德政碑》：佚，唐大历中立在容县。"后人也曾于容县修建思元堂、思贤堂以纪念之。清同治十二年吴九龄《梧州府志》："思元堂：在旧州治中，宋守王庆曾建有记，有诗碑。"同卷又载："思贤堂：在县治，南宋知州谭惟寅建，祀唐守元结、王翃、戴叔伦、韦丹及前守王次翁。"《大明一统志》："王次翁。建炎中知容州，尝慕元结之为人，取结在道州时《乞免科率二奏》刻之石，并刻其遗像以便观省，且曰：'庶不坠元子之政也'"②

本传： 罢还京师，卒，年五十，赠礼部侍郎。

订补： 罢还京师，卒，年五十四，赠礼部侍郎。

考辨： 颜真卿《元君表墓碑铭并序》："（大历）七年正月朝京师，上深礼重，方加位秩，不幸遇疾，中使临问者相望。夏四月庚午，薨于永崇坊之旅馆，春秋五十，朝野震悼焉。"《新唐书·元结传》："罢还京师，卒，年五十，赠礼部侍郎。"如以此推算，则元结出生于开元十一年。但

---

① （南宋）陈思编著：《宝刻丛编》卷一九《容州》，浙江古籍出版社 2012 年版，第 1142—1143 页。

② 方志远等点校：《大明一统志》卷八四《梧州府》，巴蜀书社 2017 年版，第 3734 页。

据王国维《观堂别集》卷二考："颜公《次山墓表》：'次山卒于大历七年夏四月庚午，春秋五十。'然据次山《别王佐卿序》云：'癸卯岁，京兆王契佐卿年四十六，河南元结次山年四十五。'案癸卯为代宗广德元年，则下讫大历七年壬子，次山之卒得年五十有四，非五十也。以此推之，次山实生于开元七年己未。《新唐书·本传》亦仍颜《表》之误，附正于此。"① 又元结《唐庼铭》，据浯溪原石："唐大历三年岁次戊申闰六月九日林云刻。"其铭曰："功名之位，贵得茅土。林野之客，所眈水石。年将五十，始有唐庼。"唐大历三年为公元 768 年，《唐庼铭》中元结自己说年将五十，以此逆推五十年，正好开元七年出生。元结另有《漫酬贾沔州》《与韦尚书书》《与吕相公书》《别崔漫序》四文，也提及自己年岁，虽不如《别王佐卿序》《唐庼铭》精确，但也与元结卒年五十四不相违背，而明显与《墓碑铭》和《本传》所载年五十不合。但颜真卿毕竟是元结生前好友，不大可能在《墓碑铭》中出现如此错误，考颜真卿《元君表墓碑铭并序》，宋元时有过多次毁损，尤其是元代历经兵火之后，碑刻原文所剩无几，今所见《次山碑》为后人多次重刻；而后人校勘文本时，又常以碑刻为准。故颜真卿《元君表墓碑铭并序》或有文字脱落，应为"五十四"，又"十""四"音近，或为音误，今从王说。

由此可见，《新唐书》为元结单独列传，对于全面了解元结生平提供了一定帮助，但其讹误之处也为学者研究元结带来一定困惑。本节通过对《元结传》进行全面订正，力图为研究者展现一个完整而又准确的元结家世与生平，进而弥补《元结传》带来的缺失。

第二节　元结祁阳行迹与遗迹考

元结自安史之乱离开河南鲁山之后，长期处于仕途奔波之中，虽曾寓居于江西瑞昌、湖北武昌等地，然皆临时安置之所，未曾大肆营构其家。

---

① 王国维撰，彭林整理：《观堂集林·观堂别集》卷二，河北教育出版社 2001 年版，第 824—825 页。

广德、永泰年间，元结两任道州刺史，因母老年迈，又有强烈隐居愿望，营家之想一直念念不忘。他在诗文中多有表示："谁能家此地，终老可自全。"（《招陶别驾家阳华作》）"吾今欲作洄溪翁，谁能住我舍西东？"（《说洄溪招退者》）"吾将求退与翁游，学翁歌醉在鱼舟。"（《宿丹崖翁宅》）他还曾委托永州刺史窦必为其在朝阳岩创制茅阁。然元结最终决定安家祁阳浯溪，在他离任道州刺史稍前，他可能已意识到自己任官之所会在更为遥远的南方，而其母年迈，不宜远行，故选择祁阳浯溪为其安家之所。

元结选择浯溪为安家之所有多方面原因：一是祁阳浯溪有山、有水、有泉，与阳华岩、丹岩崖、朝阳岩相比，自然环境更为优越；二是其时西原蛮尚未完全平息，时常骚乱湘南之地，湘江自南向北流，横贯祁阳之境，交通极为便利，便于战乱时及时退避；浯溪附近的平阳戍有军队驻守，也可保一家平安。故元结在大历二年（767）四月，举家迁于此，开始营构其家。据清刘道著修纂的《祁阳县志》载："漫郎即元道州次山先生。唐大历年家于此。傍山临水，在浯溪书院之左。又买舍三百六十橼，一岁之中，日收一橼为供，以助选胜。"[①] 虽或有夸张，但从元结诗文推断，元结在浯溪当修有三堂，又费巨资摩其诗文于崖壁之上，元结对浯溪家的经营，要远超鲁山、瑞昌、武昌之家的经营。

元结在浯溪留下的遗迹成了今天祁阳人丰富的文化遗产，即使置于整个中华文化之中，浯溪碑林仍能占据一席之地。本节将对元结在祁阳的行迹及遗迹进行详细考证，以期读者对元结与浯溪碑林的关系有更深入了解。

一

浯溪在今湖南永州祁阳县，乃湘水旁一小溪流，溪旁山石嶙峋怪异。其山水之异，湘南少有，故元结曾家于此。元结一生中至少十三次过浯

---

① （清）刘道著等修，祁阳县史志办编：《清康熙十九年祁阳县志校注》卷二《建置志》，湖南人民出版社 2015 年版，第 126 页。

溪，在浯溪留下大量诗文和石刻。早在开元十年（722）稍后，元结之父元延祖任延唐丞，元结或随从。颜真卿《元君表墓碑铭并序》："父延祖，清净恬俭，历魏成主簿、延唐丞。"《新唐书·元结传》："（延祖）年过四十，亲娅强劲之，再调春陵丞，辄弃官去。……卒年七十六，门人私谥曰太先生。"元延祖任魏成主簿在开元七年或稍后，调延唐丞则在其后。《旧唐书·地理三》："延唐……属零陵郡，古城在今县东界南四十里。……神龙元年，复为唐兴。天宝元年，改为延唐。"① 元结《春陵行》序言："癸卯岁，漫叟授道州刺史。……此州是春陵故地，故作《春陵行》以达下情。"延唐和春陵是同一地方，称春陵丞乃称其故地。颜真卿《墓碑铭》则是称当时名。又《新唐书·元结传》："再调春陵丞，辄弃官去，曰：'人生衣食，可适饥饱，不宜复有所须。'每灌畦掇薪，以为'有生之役，过此吾不思也'。"颜真卿《元君表墓碑铭并序》："父延祖，清净恬俭，历魏成主簿、延唐丞。思闲，辄自引去。以鲁县商余山多灵药，遂家焉。"则元延祖归隐山林当在任春陵丞后，归隐之处为鲁县商余山。元延祖任延唐丞，元结当随从。元结《系乐府十二首序》："天宝辛未中，元子将前世尝可称叹者，为诗十二篇。"其中第一篇为《思太古》："东南三千里，沅湘为太湖。湖上山谷深，有人多似愚。婴孩寄树颠，就水捕鳣鲈。所欢同鸟兽，身意复何拘。吾行遍九州，此风皆已无。吁嗟圣贤教，不觉久踟蹰。"从诗中看，诗人对沅、湘一带的风物描写相当逼真，又说"吾行遍九州"，当经历过这一地区，而最大可能性便是随其父亲到过春陵，故往返两次经过浯溪。

第三次，在广德二年（764）年五月前后。广德元年（763），元结授道州刺史，逢道州战乱，不得行，直到广德二年（764）才得以成行。颜真卿《元君表墓碑铭并序》："及家樊上，渔者戏谓之聱叟，（阙八字）又以君漫浪于人间，或谓之漫叟。'岁余，上以君居贫，起家为道州刺史。州为西原贼所陷，人十无一，户才满千。"元结《谢上表》："臣某言：去年九月敕授道州刺史，属西戎侵轶，至十二月，臣始于鄂州授敕牒，即日

---

① （后晋）刘昫等：《旧唐书》卷四〇《地理三》，中华书局1975年版，第1617页。

赴任。"又元结《舂陵行》："癸卯岁，漫叟授道州刺史。"又据《谢上表》："臣州先被西原贼屠陷，节度使已差官摄刺史，兼又闻奏。臣在道路，待恩命者三月。臣以五月二十二日到州上讫。"从鄂州至道州，当沿洞庭而入湘水，然后入潇水，最后到道州，故必然过祁阳。此次过祁阳大约在广德二年（764）五月前后。

第四次，在永泰元年（765）夏。元结罢道州刺史北归，夏在衡阳，与刘湾月夜宴会，自道州至衡阳，必然经过浯溪。元结《刘侍御月夜宴会序》："兵兴已来，十一年矣。获与同志欢醉达旦、咏歌取适，无一二焉。乙巳岁，彭城刘灵源在衡阳，逢故人或有在者，日昔相会，第欢远游。"安史之乱在天宝十四年（755）爆发，至永泰元年正好十一年，又曰"乙巳岁"，当作于永泰元年。又诗中有"愚爱凉风来，明月正满天。河汉望不见，几星犹粲然"之句，当作于本年夏。其诗中有"我从苍梧来，将耕旧山田"，则指元结罢道州刺史北归。此次过浯溪，或有铭作。《寒泉铭》其序曰："湘江西峰直平阳江口，有寒泉出于石穴。峰上有老木寿藤，垂阴泉上。近泉堪碱维大舟，惜其蒙蔽，不可得见。踟蹰行循，其水本无名称也。为其当暑大寒，故命曰寒泉。"又其铭曰："于戏寒泉，瀛瀛江渚。堪救渴喝，人之不知。当时大暑，江流若汤。寒泉一掬，能清心肠。谁谓仁惠，不在兹水？舟楫尚存，为利未已。"《序》言及湘江，另有平阳江，平阳江当在祁阳浯溪附近，与《序》所记"湘江西峰"颇合，元结夏经湘水一次在广德二年（764），一次在永泰元年（765），现姑系于永泰元年。

第五次，在永泰二年（766），正月或稍后，元结再任道州刺史，作谢上表。元结《再谢上表》题下有注："永泰二年进。"《表》曰："臣某言：某伏奉某月日敕，再授臣道州刺史，以某月日到州上讫。"不具具体日期。今据元结《奏免科率等状》所作时间及《状》中"今年贼过桂州，又团练六七十日"推断大约在本年正月或稍后，元结已在道州刺史任。前年元结辞官在永泰元年已至衡州，要再任道州刺史，必然要经过祁阳。

第六、七次，在永泰二年（766）夏秋之际，元结自道州诣都使计兵至衡阳。元结《朝阳岩铭》（并序）："永泰丙午中，自舂陵诣都使计兵。"永泰丙午即永泰二年。时湖南观察使治所在衡阳，秋冬之际，元结已在道州，故必在本年夏秋之际往返于祁阳。然在祁阳并无诗文，仅过零陵时留下《朝阳岩铭》《朝阳岩下歌》。

第八、九次，在大历二年（767）二月。元结由道州刺史任赴衡州计事，归途中作《欸乃曲》五首。元结《欸乃曲五首》序言："大历丁未中，漫叟结为道州刺史，以军事诣都。使还州，逢春水，舟行不进，作《欸乃》五曲，舟子唱之，盖欲取适于道路耳。"大历丁未年即大历二年。"逢春水"当在春天，其二有句："湘江二月春水平，满月和风宜夜行。"其二又曰："唱桡欲过平阳戍，守吏相呼问姓名。"平阳戍当在浯溪附近。其四曰："零陵郡北湘水东，浯溪形胜满湘中。溪口石颠堪自逸，谁能相伴作渔翁？"此次当在浯溪有逗留。

第十次，在大历二年（767）四月。元结至祁阳，见浯溪景美胜异，遂家于此，作《浯溪铭》。刻于西峰龟石之上。石刻文尾有："有唐大历二年岁次丁未四月日。"刻石之时，元结当在浯溪。

第十一次，在大历二年（767）六月前后。元结又作《峿台铭》，刻于石上。欧阳修《集古录跋尾》卷七："唐元结《峿台铭》〈大历二年〉。"[1]《金石录》卷八《唐峿台铭》："元结撰。篆书，无姓名。大历二年六月。"[2] 又元结《峿台铭》后有："有唐大历二年岁次丁未六月十五日刻。"元结有老母，年迈多病，可能出于这方面原因，故家于此。元结在大历三年作《让容州表》其表曰："臣欲扶持版舆，南之合浦，则老母气力，艰于远行。臣欲奋不顾家，则母子之情，禽畜犹有"可证。

第十二次，大历三年（768）闰六月或稍前。元结于浯溪之口异石上作庼，临湘江、枕浯溪，又作《庼庼铭》，六月九日，林云刻之于石上。元结《庼庼铭》其序曰："浯溪之口，有异石焉。高六十余丈，周回四十余步。西面在江中，东望峿台，北面临大渊，南枕浯溪。庼庼当乎石上，异木夹户，疏竹傍檐。瀛洲言无，谓此可信。若在庼上，目所厌者，远山清川；耳所厌者，水声松吹；霜朝厌者寒日，方暑厌者清风。于戏！厌，

---

[1]　（宋）欧阳修：《集古录跋尾》卷七，江苏古籍出版社1998年版，第72页。

[2]　（宋）赵明诚撰，金文明校证：《金石录校证》卷八，广西师范大学出版社2005年版，第137页。

不厌也。厌犹爱也，命曰'唐庼'，旌独有也。"当元结应景而作，其铭曰："年将五十，始有唐庼。"本年元结也正好五十。又曰："有唐大历三年岁次戊申闰八月九日林云刻。"该年未闰八月，仅闰六月，则石刻作"闰八月"为脱笔。

第十三次，大历四年（769），四月，元结丁母忧，辞去容管经略使兼容州刺史，返回祁阳守孝。直至大历七年（772）元结离开祁阳，朝京师，七年四月庚午，薨于永崇坊之旅馆。元结《再让容州表》："今陛下又夺臣情，礼授容州。臣遂行，则亡母旅榇，归葬无日，几筵漂寄，奠祀无主。捧读诏书，不胜悲惧。臣旧患风疾，近转增剧，荒忽迷忘，不自知觉。余生残喘，朝夕殒灭，岂堪金革，能伏叛人？特乞圣慈，允臣所请，收臣新授官诰，令臣终丧制，免生死羞愧，是臣恳愿。"又曰："臣闻苟伤礼法，妄蒙寄任，古人所畏，臣敢不惧？国家近年，切恶薄俗，文官忧免，许终丧制。臣素非战士，曾忝台省，墨缞戎旅，实伤礼法。"颜真卿《元君表墓碑铭并序》："大历四年夏四月，拜左金吾卫将军兼御史中丞，管使如故。君矢死陈乞者再三，优诏褒许。"元结《再让容州表》结尾曰："臣今寄住永州，请刺史王庭璈为臣进表陈乞以闻。"颜真卿《元君表墓碑铭并序》："夏四月庚午，薨于永崇坊之旅馆，春秋五十，朝野震悼焉。"《新唐书·元结传》："罢还京师，卒，年五十，赠礼部侍郎。"

元结在十三次过祁阳过程中，留下了大量诗文，由于晚年元结家于祁阳，他把这些诗文用篆书刻于石上，后世文人在经过浯溪时，有感于元结道德人品之高尚，也多于其铭文傍石刻诗文颂赞元结，从而形成了今天的浯溪碑林。

二

元结在多次经历祁阳浯溪，特别是安家浯溪后，对浯溪进行了较大规模经营，在浯溪及其附近留下了不少遗迹，包括石刻遗迹和建筑遗迹等。本部分主要对元结石刻予以考证，考虑到石刻经风雨剥蚀部分磨灭不可见，故明郭勋刻本《唐元次山文集》录有者以《文集》为底本，结合石刻、相关版本和其他方志及金石著作对元结摩崖作品予以校勘和考证；《文集》未录者，则以石刻为底本，他本校之。

(一) 元结《大唐中兴颂》

大唐中兴颂 ［文粹］〔他本无此注〕

〔《全唐文》题下注"并序"；石刻及《四库》作"有序"；石刻题下有："尚书水部员外郎兼殿中侍御史荆南节度判官元结撰，金紫光禄大夫前行抚州刺史柱国鲁郡开国公颜真卿书。"〕

天宝十四载〔石刻作"年"〕，安禄山陷洛阳。明年，陷长安。天子幸蜀，太子即位于灵武。明年，皇帝移军凤翔，其年复两京，上皇还京师。于戏！前代帝王有盛德大业者，必见于歌颂，若今歌颂大业，刻之金石，非老于文学，其谁宜为。颂曰：

噫〔《四库》作"嘻"〕噫前朝，孽臣奸骄，为昏〔石刻作"惽"〕为妖。边将骋兵，毒乱国经，群生失宁。大驾南巡，百寮窜身，奉贼称臣。天将昌唐，繄晓〔《全唐文》作"晓"，石刻作"睨"，鲜题本注"晓，一作睨"〕我皇，匹马北方。独立一呼，千麾万旟，我〔石刻、《全唐文》作"戎"〕卒前驱。我师其东，储皇抚戎，荡攘群凶。复服〔石刻作"复"〕指期，曾不逾时，有国无之。事有至难，宗庙再安，二圣重欢。地辟天开，蠲除祅灾，瑞庆大来。凶徒逆俦，涵濡天休，死生堪羞。功劳位尊，忠烈名存，泽流子孙。盛德之兴，山高日升，万福是膺。能令大君，声容沄沄，不在斯文。湘江东西，中直浯溪，石崖天齐。可磨可镌，刊此颂焉，何千万年！〔石刻文尾有："上元二年秋八月撰　大历六年夏六月刻"〕

考一　《金石录》卷八载："唐中兴颂上（元结撰，颜真卿正书。大历六年六月）。"[1] 南宋吴曾《能改斋漫录》卷十四载："湖南浯溪，在永州北一百余里，流入湘江，其溪水石奇绝。唐上元中，邕管经略使元结罢任

---

① （宋）赵明诚撰，金文明校证：《金石录校证》卷八，广西师范大学出版社 2005 年版，第140 页。

居焉，以其所著《中兴颂》刻之崖石，抚州刺史颜真卿书。"① 《元丰九域志·新定九域志》："浯溪，石崖上有元结《中兴颂》。"② 《四库全书总目·订补浯溪集》："浯溪在祁阳县南五里，为唐道州刺史元结故迹。结所撰《中兴颂》，颜真卿书者，即磨厓刻溪上。"③

今湖南祁阳有浯溪公园，内有浯溪碑林，碑林中有摩崖石刻数百方。《大唐中兴颂》乃其中一方。碑文后署"上元二年（761）秋八月撰，大历六年（771）夏六月刻"，然考元结行迹，上元二年无湖南之行。清陈玉详《祁阳县志》："上元二年（761），结撰《大唐中兴颂》，爱祁之湘江南岸石壁，欲刻之；至大历六年（771），鲁郡颜真卿过祁，为大书，刻之石。"则《颂》之结尾："能令大君，声容沄沄，不在斯文。湘江东西，中直浯溪，石崖天齐。可磨可镌，刊此颂焉，何千万年！"非上元二年《颂》中所有，乃大历六年石刻《颂》时，元结即景而作。

考二 《金石萃编》卷九六载："尚书水部员外郎兼殿中侍御史荆南节度判官元结撰，金紫光禄大夫前行抚州刺史上柱国鲁郡开国公颜真卿书。"又曰："上元二年秋八月撰，大历六年夏六月刻。"又目下有注："正书，在祁阳县石崖。"言"前行抚州刺史"，颜真卿《乞御书题额恩敕批答碑阴记》："大历三年夏五月蒙除抚州刺史，六年闰三月代到，秋八月至上元。"则颜真卿正书《大唐中兴颂》当在闰三月至六月间。

考三 宋孙适《浯溪三绝堂记》："永州祁阳县南浯溪之北，有奇石焉，元次山颂唐中兴，颜鲁公书，世名三绝。次山去道州，即家溪上，作亭二峰。垂三百年，碑缺亭圮，吏于县者莫能兴。皇祐五年，平乐齐君术始来为令，期月称治，行视其亭，闵然惜之，乃作堂以护其文，又复东西峰庲亭。二公之迹，江山之观，洗然复新。觞寮寀以落之，而属予为记。夫鲁公之方，元子之介，文翰之劲，发于其心，至者莫不慕焉，传而习之，周于天下。岂贵其人而珍其粕哉？然不心其中，而徒迹其外，吾未见其得也。齐君所以振饰夸耀，风劝来者，其志不亦美哉！东崖之岭，次山

---

① （宋）吴曾：《能改斋漫录》卷一四，上海古籍出版社1979年版，第403页。
② （宋）王存：《元丰九域志》，中华书局1984年版，第644页。
③ （清）永瑢等：《四库全书总目》卷一九二《总集类存目》，中华书局1965年版，第1748页。

尝铭右堂颂之，左皇甫湜诗文，漶漫不明，浚而新之。傍有徐彦若题石，水发其光，洞鉴百里，因并列之，以示观者。皇祐六年三月一日记。"①

明董其昌《画禅室随笔》卷四："余至衡州，欲观《大唐中兴颂》。永州守以墨刻进，亦不甚精。盖彼中称为三绝碑，曰元漫郎颂，颜平原书，并祁阳石为三，殊可嗤恨。石何足绝也？盖两公书与文与其人为三绝耳。"②

明徐弘祖《徐霞客游记·楚游日记》则对石之奇有载："浯溪由东而西入于湘，其流甚细。溪北三崖骈峙，西临湘江，而中崖最高，颜鲁公所书《中兴颂》高镌崖壁，其侧则石镜嵌焉。石长二尺，阔尺五，一面光黑如漆，以水喷之，近而崖边亭石，远而隔江村树，历历俱照彻其间。不知从何处来，从何时置此，岂亦元次山所遗，遂与颜书媲胜耶！"③

可见，三绝堂北宋时始建，其目的是作堂以护其文。三绝之称在建亭前已存在，为奇石、元次山文、颜鲁公书，其后有异说。

（二）峿台铭

峿台铭 ［有序］〔原本未录此篇，据石刻辑录〕
〔石刻题下有："河南元结字次山撰"〕

浯溪东北廿〔《四库》、《全唐文》、黄刻本及傅跋本"廿"皆作"二十"〕余丈，得怪石焉。周行三四百〔《全唐文》及黄刻本皆作"三百余"〕步，从未申至丑寅，涯〔《全唐文》作"厓"；《四库》、黄刻本及傅跋本皆作"崖"〕壁斗绝，左属回鲜，前有磴道，高八九十尺，下当洄潭。其势硐磳，半出水底，苍〔苍〕〔原本有"苍"字，据《四库》、《全唐文》、黄刻本及傅跋本删〕然泛泛，若在波上。石巅胜异之处，悉为亭堂。

---

① 曾枣庄、刘琳主编：《全宋文》（第75册），上海辞书出版社、安徽教育出版社2006年版，第41—42页。

② （明）董其昌撰，印晓峰点校：《画禅室随笔》卷四《楚中随笔》，华东师范大学出版社2012年版，第142页。

③ （明）徐弘祖著，褚绍唐、吴应寿整理：《徐霞客游记》卷二，上海古籍出版社1987年版，第211页。

小峰欹窦，宜间松竹，掩映轩户，毕皆幽奇。于戏！古人有〔《四库》、黄刻本、傅跋本无此字〕畜愤闷与病于时俗者，力不能筑高台以瞻眺，则必山颠海畔，伸颈歌吟，以自畅达。今取兹石，将为峿台，盖非愁怨，乃所好也。铭曰：

湘渊清深，峿台峭峻。登临长望，无远不尽。谁厌朝市〔《四库》、黄刻本及傅跋本皆作"士"〕，羁牵局促。借君此台，一纵心目。阳崖〔《全唐文》作"厓"，同〕砻琢，如瑾如珉。作铭刻之，彰示后人。

有唐大历二年岁次丁未六月十五日刻。〔《全唐文》及黄刻本无此句〕

考一　宋欧阳修《集古录跋尾》卷七："唐元结《峿台铭》（大历二年）。"[1] 宋赵明诚《金石录·目录八》："《唐峿台铭》，元结撰。篆书，无姓名。大历二年六月。"[2]

桂多荪《浯溪志》："经考定当是瞿令问书。"又言"（瞿令问）传为次山内弟，当是次山道州续娶夫人之弟，友让之母。"《漫歌八首》注："直者，漫叟长子也。""正者，漫叟次子也。"唐韦辞《修浯溪记》："今年春，公季子友让，以逊敏知治术，为观察使袁公所厚，用前宝鼎尉假道州长史。路出亭下，维舟感泣，以简书程责之不遑也。""元和十三年十二月六日，江州员外司马韦辞记。"[3] 元和十三年为818年，据元结去世大历七年（772）有46年，距广德元年（763）元结为道州刺史已55年。《与吕相公书》："某又三世单贫，年过四十，弱子无母，年未十岁，孤生嫁娶者一人。"根据年龄推算弱子当为"正者"，而此时元结已丧妻。则友让为元结道州续娶夫人所生可信。然瞿令问是否为次山内弟、《峿台铭》是否为瞿令问所书还只是推测。又"浯溪东北二十余丈"，《峿台铭》创作时间当在《浯溪铭》后。

① （宋）欧阳修：《集古录跋尾》卷七，《历代碑志丛书》，江苏古籍出版社1998年版，第72页。

② （宋）赵明诚撰，金文明校证：《金石录校证》卷八，广西师范大学出版社2005年版，第137页。

③ （清）董诰编：《全唐文》卷七一七韦辞《修浯溪记》，中华书局1983年版，第8册，第7373页。

又明陆容《菽园杂记》卷六："浯溪、峿台、㾅亭，皆在今永州祁阳县治南五里。唐元结次山爱其胜异，遂家其处。命名制字，皆始于结字，从水，从山，从广，皆曰吾者，旌吾独有也。今按峿、㾅字，韵书无之，盖制自次山。浯本琅琊水名，古有此字。湘江之溪，命名曰浯，则自次山耳。"①

考二 在今宝篆亭内，也有一方《峿台铭》，然并非元结作品，乃清代诗人和书法家吴大澂游览浯溪峿台后，写的一篇铭文，其文曰：

湘江之水自南而北流，衡山之脉自北而南迤。奇峰怪石错立于湘滨。若熊罴，若虎豹，若麟，若狮，若古柏之皮裂而莽缠，可惊可愕，可图可咏。舟行三百里，不可殚述。峿台其最著也。远而望之，栈岩峻巇，如斧削成。右江左溪，隐相回抱；古木阴森，松竹相间。环翠耸青，幔岩塞窦，峦壑清幽之致，或为所掩。台踞其颠，乃次山之旧址也。地以人传，兹山之幸矣。鲁公书《中兴颂》，刻于崖壁，后有山谷诗刻。次山之铭，去台后百余步，字多完好，无风雨剥蚀之难。余抚是邦，有愧前贤，惟于篆籀古文习之有年。铭而刻之，以志向往。铭曰：

园林之美，豪富所私。山川之胜，天下公之。公者千古，私者一时。大贤已往，民有去思。思其居处，思其文辞。次山私之，谁曰不宜？

光绪癸巳夏五月乐炳元刻

因吴大澂《峿台铭》置于宝篆亭内，元结《峿台铭》在宝篆亭外，似乎宝篆亭为吴大澂《峿台铭》而修。但据清宋溶《浯溪新志》载："（宝篆亭）在《峿台铭》之前。予既得玉箸篆后建此亭。有如欧阳率更之爱《索靖碑》者，当坐卧其中而弗去矣。"又清陈玉祥《祁阳县志》："（宝篆亭）在峿台前，乾隆己丑知县宋溶建。"可知宝篆亭建在吴大澂《峿台铭》

① （明）陆容：《菽园杂记》卷六，中华书局1985年版，第76页。

前，为元结铭文所建。但《峿台铭》为悬针篆，而《浯溪铭》为玉箸篆，《唐庼铭》为钟鼎篆。则此亭当为纪念元结浯溪三铭而建，并非仅《峿台铭》。

（三）《浯溪铭》与《唐庼铭》

浯溪铭［有序］〔《全唐文》注作"并序"〕

〔石刻题下有："道州刺史河南元结次山撰 季康篆"〕

浯溪在湘水之南，北汇于湘。爱其胜异，遂家溪畔。溪，世无名称者也〔石刻作"焉"〕，为自爱之故，命曰〔《全唐文》无此字〕浯溪。铭于溪口〔《全唐文》无此句〕，《铭》曰：

湘水一曲，渊洄傍山。山开石门，溪流潺潺。山开如何？巉巉双石。临渊断（崖）［岸］〔原本作"岸"，据石刻及《全唐文》改〕，夹〔石刻作"隔"〕溪绝壁。水〔石刻作"山"〕实殊怪，石又尤异。吾欲求退，将老兹地。溪古（荒芜）［荒溪］〔原本作"荒溪"，《四库》《全唐文》及黄刻本皆作"地荒"，据石刻改〕，芜没盖〔《四库》《全唐文》及黄刻本皆作"已"〕久。命曰浯溪，旌吾独有。人谁游〔《全唐文》作"知"，误〕之，铭在溪口。〔石刻文尾有："有唐大历二年岁次丁未四月 日"〕

唐庼〔《四库》、黄刻本、傅跋本皆作"亭"，本篇同〕铭［并序］

〔《四库》作"有序"；《文集》未录此篇，据石刻辑录，石刻题下有："河南元结字次山撰 陈郡袁滋篆"〕

浯溪之口，有异石焉。高六十余尺，周回四十余步。西面在江中〔《四库》、《全唐文》、黄刻本及傅跋本皆作"口"〕，东望峿台，北面〔《四库》、《全唐文》、黄刻本及傅跋本无此字〕临大渊，南枕浯溪。唐庼〔《四库》"唐庼"作"唐亭"〕当乎石上，异木夹户，疏竹傍檐，瀛洲言无，谓〔《四库》、《全唐文》、黄刻本及傅跋本皆作"由"〕此可信。若在庼上，目所厌者，远山清川；耳所厌者，水声松吹；霜朝厌者寒日；方暑厌者清风。于乎！厌，不厌也。厌犹爱也，命曰"唐庼"，旌独有〔傅跋本作"有独"，误〕也。铭曰：

功名之（位）［伍］〔原本作"伍"，据《四库》、黄刻本及傅跋本改〕，贵得（茅）〔木〕〔原本作"木"，据《四库》、《全唐文》、黄刻本及傅跋本改〕土。林野之客，所眈〔《全唐文》、及傅跋本皆作"耽"〕水石。年将五十，始有唐庼。惬心自适，与世忘情。庼旁〔傅跋本"庼旁"作"旁亭"；《四库》"庼旁"作"亭傍"〕石上，篆刻此铭。

唐大历三年岁次戊申闰六月九日林云刻。〔《全唐文》无此句〕

考一　黄庭坚《浯溪崖壁记》："最后于唐亭东崖披蓏榛秽，得次山铭刻数百字，皆江华令瞿令问玉箸篆，笔画深稳，优于《峿台铭》也。"① 然考黄庭坚《答浯溪长老新公书》："凡唐亭之东崖石上，刻次山文，合袁滋、季康篆共七十一行，为崖溜檐水所败，当日不如一日矣。"② 据石刻文，黄庭坚《浯溪崖壁记》所载为误。《旧唐书·袁滋传》："袁滋字德深，陈郡汝南人也。弱岁强学，以外兄道州刺史元结有重名，往来依焉。每读书，玄解旨奥，结甚重之。"③《新唐书·袁滋传》："袁滋字德深，蔡州朗山人，陈侍中宪之后。强学博记。少依道州刺史元结，读书自解其义，结重之。后客荆、郢间，起学庐讲授。建中初，黜陟使赵赞荐于朝，起处士，授试校书郎。"④ 袁滋为元结外兄，外兄即表兄。《新唐书·袁滋传》："工篆隶，有古法。"⑤ 浯溪三铭中，《唐庼铭》刻于最后，与《浯溪铭》同刻于龟石上，而篆书书法各不相同，则袁滋虽然年轻，却有意求异。

考二　据桂多荪《浯溪志》所录《唐庼铭》末尾有："唐大历三年岁次戊申闰六月九日林云刻。"⑥ 然据孙望先生《元结年谱》也言据石刻为"唐大历三年岁次戊申闰八月九日林云刻"。今游浯溪，则石刻时间可见

---

① 曾枣庄、刘琳主编：《全宋文》（第107册），上海辞书出版社、安徽教育出版社2006年版，第211页。

② 曾枣庄、刘琳主编：《全宋文》（第105册），上海辞书出版社、安徽教育出版社2006年版，第90页。

③ （后晋）刘昫等：《旧唐书》卷一八五下《袁滋传》，中华书局1975年版，第4830页。

④ （宋）欧阳修、宋祁：《新唐书》卷一五一《袁滋传》，中华书局1975年版，第4824页。

⑤ （宋）欧阳修、宋祁：《新唐书》卷一五一《袁滋传》，中华书局1975年版，第4825页。

⑥ 桂多荪：《浯溪志》卷二，湖南人民出版社2004年版，第36页。

"八月"二字，然据《旧唐书·代宗纪》："三年……六月戊子，承天皇帝佽奉天皇帝庙，……闰月己酉，郭子仪加司徒。"① 《新唐书·代宗纪》："三年……六月壬寅，幽州兵马使朱希彩杀其节度使李怀仙，自称留后。闰月庚午，王缙兼幽州卢龙军节度使。"② 则石刻上之"八月"乃"六月"的"六"上面部分磨灭，石刻时间当为闰六月。

（四）窊樽与《寒泉铭》

在明郭勋刊本《元次山文集》中，有《窊樽铭》与《窊樽诗》，现辑校如下：

窊樽〔《全唐诗》及黄刻本皆作"尊"，本，本篇同〕诗

〔《全唐诗》及傅跋本均注"在道州"〕

巉巉小山石，数峰对〔《全唐诗》注"一作戴"；傅跋本注"戴"〕窊亭。窊石堪为樽，状类不可名。巡回数尺间，如见小蓬瀛。樽中酒初涨，始有岛屿生。岂无日观峰，直下临沧溟。爱之不觉醉，醉卧还自醒。醒醉在樽畔，始为吾性情。若以形胜论，坐隅临郡城。平湖近阶砌，远〔《全唐诗》作"近"〕山复青青。异木几十株，枝〔《全唐诗》作"林"〕条冒檐楹。盘根满石上，皆作龙蛇形。酒堂贮酿器，户牖皆罌瓶。此樽可常满，谁是陶渊明？

窊樽铭（并序）

〔原本无题注，据《全唐文》辑补〕

道州城东有左湖，湖东二十步有小石山，山颠有窊石，可以为樽。乃为亭樽上，刻铭〔《全唐文》及黄刻本皆作"石"〕为志。铭曰：

片〔《四库》《全唐文》及黄刻本皆作"井"〕石何状？如兽之踆。其背颐窊，可以为樽。空而临之，长岑深壑。广亭之内，如见山岳。满而临之，曲浦回渊。长瓢之下，江湖在焉。彼成全器，谁为之力？天地开凿，日月扰拭，寒暑琢磨，风雨润色。此器大朴，尤宜直纯。勒铭亭下，

---

① （后晋）刘昫等：《旧唐书》卷一一《代宗纪》，中华书局1975年版，第289页。

② （宋）欧阳修、宋祁：《新唐书》卷六《代宗纪》，中华书局1975年版，第173—174页。

以告后人。

考一 在峿台上，峿台亭旁，可见一宧樽。然从《宧樽诗》"坐隅临郡城"及《宧樽铭》"道州城东有左湖，湖东二十步有小石山，山颠有宧石，可以为樽"可知，诗中宧樽在道州，而非祁阳之宧樽。且浯溪之"宧樽"斧凿痕迹甚明显，而元结性尚自然，无论是"抔樽"还是"宧樽"均为"天地开凿，日月扶拭"。则浯溪之宧樽当为后人所开凿，非元结时作。最早题咏浯溪宧樽的是清初的潘耒，则此宧樽可能为明末清初开凿，但不能否认，此宧樽开凿点在峿台最高处，视野开阔，月下酌饮，亦当快事。故宧樽月夜为浯溪十景之一。

考二 又浯溪之西有"寒泉清心"一景，据桂多荪《浯溪志》：清初黄中通在浯溪渡口榜书"寒泉"，又刻次山《寒泉铭》于左旁。现《文集》中录有此铭，现辑校如下：

寒泉铭 [并序]

湘江西峰直平阳江口，有寒泉出于石穴。峰上有老木寿藤，垂阴泉上。近泉堪戢［徒弄反］维大舟，惜其蒙蔽，不可得见。跰踬行修〔《全唐文》作"循"〕，其水（本）［木泉〕〔原本作"木泉"，删，据《全唐文》改作"本"〕无名称也，为其当暑大寒，故命曰寒泉。铭曰：

于戏寒泉，瀸瀸江渚〔《全唐文》作"湄"〕。堪救渴竭，人不之知。时当大暑，江流若汤。寒泉一掬，能清心肠。谁谓仁惠，不在兹水？舟檝尚存，为利未已。

《序》言及湘江，另有平阳江，又大历二年元结由道州刺史任赴衡州计事，归途中作《欸乃曲》五首。其二："湘江二月春水平，满月和风宜夜行。唱桡欲过平阳戍，守吏相呼问姓名。"据孙适《浯溪三绝堂记》"又复东西峰唐亭"，可以确定"湘江西峰"在浯溪之口，清黄犹龙《寻寒泉记》："余因驾小艇，溯洄寻之。去渡口百步，舣钓埠，枸泉于平沙中，味甘而冽，其寒如冰。又上数百步，至崖口，巨石磊磊卧江面。有水出石穴，深黑不见底，清泠亦异常泉。……由是观之，二十年陵谷变迁尚如此，安知当次山时，不为西峰、平阳，可行循者乎？故断以钓埠为次山之寒泉而不复他求。"① 刘道著等《祁阳县志》卷二："浯溪渡。在县西南五里，元刺史'寒泉'之下。岸当中宫禅院、古千佛阁基址。"② 又今浯溪附近有小江村，有地名为小江口，小江之名或即"平阳江"，则寒泉位于"湘江西峰直平阳江口"间可解，然元结寒泉具体方位，已存异说。又谭其骧《中国历史地图集》，唐时衡州境内有平阳戍，在湘江西侧，然与湘江有一段距离，且附近无江水汇入湘水，则所标有误可知。元结夏经衡州一次在广德二年（764），元结赴道州刺史任，其时元结尚未抵达道州，断无刻铭闲情；一次在永泰元年（765），公罢道州刺史北归，夏在衡阳，与刘湾月夜宴会。大历年间守孝祁阳也有较多时间出入该地，则该铭作于永泰元年或大历年间。

（五）《东崖铭》

东崖铭 ［并序］

〔《四库》、傅跋本作"有序"；原本未录此篇，据清石刻辑录〕

大历元结撰

峿台西面〔黄刻本作"南"〕，筊攲〔《四库》及黄刻本"筊攲"皆作"支危"，傅跋本"筊攲"作"筊"，皆误〕高迥。在庮〔黄刻本作"峿"，误〕廄〔《四库》、《全唐文》、黄刻本及傅跋本作"亭"〕为东崖，下可行坐八九人。其为形胜，与石门、石屏亦犹宫羽之相资也。铭曰：

峿台苍苍，西崖云端。亭午崖下，清阴更寒。可容枕席，何事不安？

有唐大历六年岁次辛亥 月 日。〔清石刻句末有"清光绪三十年岁次甲辰 炎父书"〕

---

① 桂多荪：《浯溪志》卷四，湖南人民出版社 2004 年版，第 422—423 页。

② （清）刘道著等修，祁阳县史志办编：《清康熙十九年祁阳县志校注》卷二《津梁》，湖南人民出版社 2015 年版，第 136 页。

考 清曾国荃等《光绪湖南通志》卷一八："东崖。在县南五里，峿台之东。"然清钱邦芑《搜访浯溪古迹记》："既而过石门，见石上刻'石门'二字。又于东崖薜萝之中，得'浯溪'二大字，字大三尺五寸，最为雄伟。"① 则东崖并非"峿台之东"，而在峿台之西，之所以称为"东崖"，是在"西峰"之东。又据黄乔（忄父）石刻，篇末尚有"有唐大历六年岁次辛亥 月 日。"其铭曰："峿台苍苍，西崖云端。亭午崖下，清阴更寒。"在时间上与六月一致。

（六）《右堂铭》《中堂铭》。

在明郭勋本《元次山集》中未收录《右堂铭》，也未见后世元结各版本中。《右堂铭》应存在。今在浯溪碑林东崖区，有一方石刻，现仅可见《右堂铭》三字。现据《八琼室金石补正》《浯溪志》及元结在浯溪所留石刻（篆刻），录《右堂铭》残文（括号内依据《浯溪志》补）如下：

右堂铭（有序）

（河南）元结字次山撰

右堂在中堂之西□□□□□南隅□□□□□□□□□□□□□□□□□□（铭曰）□□□□□□□□□□□□□□□□□□□□□□□□□□□□□□是□者□□□□□勒□□□□□□□□□□□。

（有唐）大历六年岁次辛亥闰三月 高（重）明书②

考 宋黄庭坚《浯溪题记》："余与陶介石绕浯溪，寻元次山遗迹，如《中兴颂》《峿台铭》《右堂铭》，皆众所共知也。"③ 赵明诚《金石录》卷八："《唐右堂铭》：元结撰。篆书，无姓名。大历六年闰三月。"④ 宋朱长

---

① 桂多荪：《浯溪志》卷四，湖南人民出版社 2004 年版，第 420 页。
② 据《八琼室金石补正》卷五九第 396 页辑录；另据桂多荪《浯溪志》第 48—49 页补正。
③ （宋）黄庭坚撰，刘琳等校点：《黄庭坚全集》，四川大学出版社 2001 年版，第 1497 页。
④ （宋）赵明诚撰，金文明校证：《金石录校证》卷八，中华书局 2019 年版，第 155 页。

文《墨池编》:"《唐右堂铭》,元结撰,高重明书。"① 《宝刻丛编》卷五:
"唐王仙公庙记,唐岑均撰,参军高重明书。仙公者,汉叶县令王乔也。
县人旧以姓名称其庙,唐叶令史惟清改曰仙公碑。以开元二十五年刻在叶
县。"② 开元二十五年,元结十九岁,则高重明与元结为同时期人,为唐代
书法家。无论书者、还是石刻日期,都可信。因而《右堂铭》当为高重明
篆书。但三长本《金石录》按云:"亦瞿令问篆书。"不知所据。《广湖南
考古略》:"铭在浯溪胜异亭之后,文首云:'右堂在中堂之西。'"③ 又宋
朱纶《石屏题名》:"豫章朱纶、行之,嘉定庚辰(1220)长至日……舣舟
于磨崖之下,步自峿台,至于中堂……"④ 宋沈绅《磨崖题名》:"湖南转
运判官屯田郎中沈绅,治平四年(1067)孟春丙子,访浯溪元子次山故
居,读《中兴颂》、峿台、中堂、右堂三铭。璲、琬侍行。"⑤ 则元结另有
《中堂铭》,然诸金石及地志皆不载,原碑不存,故仅录其名。其创作时间
当与《右堂铭》相先后。

　　元结在祁阳建有"中堂",也应建有"左堂",作有《左堂铭》。据
《右堂铭》"右堂在中堂之西"可知元结曾作中堂。根据常识,有右堂、中
堂,其必有左堂。然其遗址及铭文皆无记载。据其描述方位,左堂遗址应
该在中堂之东,也即元颜祠遗址附近。

<h2 style="text-align:center">三</h2>

　　在浯溪碑林中,除现存500余方摩崖石刻外,还存有不少历史文化遗
迹(以建筑为主)。但随着时间的推移,除少数遗迹现已恢复,大多数遗
迹湮没在历史的长河中。今对浯溪碑林现存遗迹和历史遗迹进行了详细考
录,现列表1梳理如下⑥:

---

① (宋)朱长文辑,薛晨校注:《墨池编》卷六《唐碑》,李荷永和堂明隆庆二年
(1568)本。
② (南宋)陈思编著:《宝刻丛编》卷五,浙江古籍出版社2012年版,第323页。
③ 桂多荪:《浯溪志》卷二转引同德斋主人《广湖南考古略》,湖南人民出版社2004年版,
第42页。
④ 桂多荪:《浯溪志》卷二朱纶《石屏题名》,湖南人民出版社2004年版,第42页。
⑤ 桂多荪:《浯溪志》卷二沈绅《磨崖题名》,湖南人民出版社2004年版,第42页。
⑥ 注:本节由肖献军与周贤斌共同撰写。

表 1 - 1　　　　　　　　　**浯溪碑林现存历史遗迹**

朝代	遗迹名称	遗迹依据	地理位置	修复状况
唐	庼庼	元结《庼庼铭》	浯溪口	重修
	峿台亭	元结《峿台铭》	峿台顶峰	重修
	溪园	溪园石刻	小峿台前	现存
	钓台	元结《欸乃曲》	浯溪口	现存
宋	三绝堂/亭	孙适《浯溪三绝堂记》	大唐中兴碑上	重修
	渡香桥	留筠《题浯溪》	浯溪之上	重修
清	宝篆亭	元结《峿台铭》	峿台前方	重修
当代	陶铸革命事迹陈列馆	/	吾园入口	1988 年修
当代	陶铸诗碑	/	吾园入口	1996 年修
当代	元颜雕像	/	渡香桥旁	/

表 1 - 2　　　　　　　　**浯溪碑林主要历史遗迹（未修复）**

朝代	遗迹名称	遗迹依据	地理位置	是否当重建
唐	右堂	元结《右堂铭》	《右堂铭》附近	可重修
	中堂	元结《右堂铭》	右堂之东	可重修
	左堂	元结《右堂铭》	中堂之东	可重修
	石门	元结《东崖铭》	东崖	已毁，可重修
宋	笑岘亭	王荣忠《重修笑岘亭记》	右堂故址	不可重修，与右堂重复
	中宫寺	宋溶《修复浯溪记》	峿台之上，原中堂遗址	不可重修，与中堂重复
	漫郎宅	黄庭坚《浯溪图》	中堂遗址	可与中堂合一
	元颜祠	宋溶《修复浯溪记》	峿台之东	可重修
	浯溪精舍	王壶《游浯溪》	峿台之上，原中堂遗址	不可重修，或即中宫寺，重复建设
	独有堂	李祐孙《舟泊浯溪》	峿台之上，原中堂遗址	不可重修，或即中宫寺一部分，重复建设
元	浯溪书院	苏天爵《建浯溪书院记》	元颜祠处	可与元颜祠合建

续表

朝代	遗迹名称	遗迹依据	地理位置	是否当重建
明	元家坊	黄霈《浯上杂咏》	宝篆亭南	可重修
	千佛阁	钱邦芑《重游浯溪记》	渡口崖岸	可重修
	小憩亭	周邵簇《小憩亭记》	右堂之前	可重建
	望中兴亭	邓显骐《浯溪望中兴亭记》	《大唐中兴颂》前	不可重修，与三绝亭重复
	漫郎亭	宋溶《浯溪新志》	笑岘亭东北	可重修
	观音阁	宋溶《浯溪新志》	中堂后	不可重修，靠近中堂
清	镜石亭/镜亭	李蒔《镜石记》	镜石前	不可修复，近三绝亭，有重复建设之感
	寒泉亭	元结《寒泉铭》	浯溪西	可重修
	挹胜亭	宋溶《浯溪新志》	大唐中兴颂前	不可重修，与三绝亭重复
	喜清阁/含清阁	宋溶《修复浯溪记》	峿台东	可重修
	中直轩	宋溶《修复浯溪记》	小峿台前	可重修
	笑岘山房	伍泽梁《胜异亭记》	右堂故址	不可重修，与右堂重复
	虚怀亭	宋溶《浯溪新志》	浯溪东峰上	可重修
	三一亭	宋溶《修复浯溪记》	三一胜览处	可重修
	庿庐	宋溶《浯溪新志》	近元颜祠	可重修
	揽翠亭	桂多苏《浯溪志》	渡香桥东	可重修

通过以上调研，对浯溪碑林遗迹重构提出如下设想：（1）拆除或迁出与浯溪碑林文化不协调的建筑。①拆除"吾园"围墙，其建筑风格与浯溪碑林不符，以元家坊代替"吾园"围墙。②把陶铸革命事迹陈列馆，迁至陶铸广场或者陶铸故居，保留陶铸诗碑，有利于集中进行红色文化教育。③在原陶铸革命事迹陈列馆的原址之上修建"中国摩崖石刻艺术博物馆"，收藏各地的摩崖石刻的碑拓、书法之作，从而有利于游客对全国摩崖艺术有较全面的了解，也能增强游客对浯溪碑林在全国摩崖石刻艺术中的地位的了解。同时，还可以开辟专门区域收集当代书法家创作的与摩崖石刻相关的作品，从而促进摩崖石刻艺术在当代价值的转化。

（2）恢复部分有重大影响的历史文化遗迹。①有关三堂的恢复。右堂、中堂、左堂是元结生活、读书的地方，浯溪碑林的发源受元结影响很大，我们在了解元结的摩崖石刻时，还需要游客进一步了解元结的生活、思想，故有必要恢复三堂。其中右堂是元结读书、作文的地方，宜在右堂陈列元结的作品；中堂为元结生活居住的地方，可以让游客了解元结的人生经历，可与元结生平事迹展览馆结合在一起开发；左堂当为元结母亲居住的地方，当与元结孝道思想结合起来进行建设。三堂的建设要保持古朴风格。②有关元颜祠的恢复。在浯溪碑林的摩崖石刻中，《大唐中兴颂》是其中最有名的篇章，它由元结撰文、颜真卿书写，该碑引起了黄庭坚、秦观、范成大、张耒、何绍基等文化名人的讨论，该文见证了元、颜友谊，同时也表现出了二人的爱国热情，修复元颜祠，有利于游客对元颜二人深入了解。元颜祠东西厢房可分别设置浯溪书院、元颜廉政与爱国文化研究基地。其中浯溪书院可以收录与浯溪碑林相关的著作；元颜廉政与爱国文化研究基地则可以利用元结、颜真卿的廉政、爱国思想对当代人进行思想教育。③另外小憩亭、漫郎亭、寒泉亭、喜清阁、虚怀亭、三一亭等文化遗迹，可根据实际情况进行选择性修复。

浯溪碑林遗迹修复应当遵循的原则：①应复古如古。在重新恢复这些文化遗迹时，不能破坏浯溪碑林的整体文化氛围，避免过度商业化，根据具体情况，尽量恢复历史遗迹的原貌。②应突出重点，抓住源头。历代浯溪碑林区域留下的文化遗迹非常多，特别是清代的遗迹繁多，浯溪碑林公园面积狭小，文化核心区域比较集中，应抓住源头、突出重点，以元结为中心人物，以《大唐中兴颂碑》为重点，选择性地恢复部分文化遗迹。③遗迹恢复类型应多样化。目前，浯溪碑林文化遗迹除石刻外，主要以亭为主，给游客的感觉非常单调，在恢复遗迹时，要兼顾亭、台、堂、祠、楼、阁、轩等，类型应多样化，避免带给游客重复之感。

元结在浯溪所作诗文及留下来的相关遗迹，是祁阳的宝贵文化财产，也是中国乃至世界艺术史上的珍贵文化遗产，对于永州而言，如果能充分利用，可以大大提升永州在湖南，乃至在中国文化史上的地位。

第三节　元结作品辑佚与考辨

　　元结在世时，曾多次自编文集，晚唐时出现全本。此后，元结作品以刻本、抄本、影印本等多种形式流传。据统计，元结文集的版本已知有近30种，现存20多种，但唐、宋、元三代版本皆已散佚。现存最早版本为明正德年间郭勋刻本《唐元次山集》①，该版本为校注本。该本对元结作品进行了辑佚，对少量僻字进行了注解，同时对部分篇章进行了系年。现存版本多数是从此版本演变而来的，其中以黄又本、莫友芝本、《四库》本校勘较为精良。20世纪60年代，中华书局出版了孙望先生校勘的《元次山集》，即以郭勋刊本为底本，"取四部备要本、坊刻淮南黄又研旅编订本及《全唐诗》《全唐文》校之"②，并对集中多数诗文进行了系年，后附元结生平资料及相关著录等。该书拓展了元结作品校勘整理的途径，其后近60年时间里，元结作品的校勘和整理虽有进行，但处于零散状态。

　　自孙望校勘《元次山集》后，不断有新的文献被发现，元结作品的辑佚也陆续取得了一些成就，结合学者研究成果和个人近年来对元结的研究，在孙望校勘《元次山集》的基础上，对元结作品辑佚与辨伪进一步作系统研究，并对辑佚作品进行编年，以期能对元结研究者有所裨益。

一

746 丙戌

　　天宝五载　公二十八岁

　　作品　《异录》。已佚。

　　考辨　元结《闵荒诗序》："天宝丙戌中，元子浮隋河，至淮阴间。其年，水坏河防，得隋人《冤歌》五篇。考其歌义，似冤怨时主。故广其

---

　　① 一说为明初的《唐漫叟文集》，参见丁蒙雅《元结著作版本考述》，硕士学位论文，河南大学，2014年；戎姝阳《〈次山集〉版本源流研究》，《长江丛刊》2018年第3期。

　　② （唐）元结著，孙望校：《元次山集》，中华书局1960年版，凡例，第1页。

意，采其歌，为《闵荒诗》一篇，其余载于《异录》。"可见元结有文集《异录》，当作于天宝五载或稍前，今已佚。从文集名看，应为小说集。

753 癸巳

天宝十二载　公三十五岁

作品　《元子》十卷（已佚九十一篇左右）。其中《元氏家录》（存目）、《元氏家录序》（存目）、《窨方国二十国事》（存内容梗概）。

窨方国二十国事

方国之僧，尽身皆方，其俗恶圆。设有问者，曰"汝心圆"，则两手破胸露心，曰"此心圆耶"，圆国则反之。言国之僧，三口三舌。相乳国之僧，口以下直为一窍。无手国足便于手。无足国肤行如风。……恶国之僧，男长大则杀父，女长大则杀母。忍国之僧，父母见子，如臣见君。无鼻之国，兄弟相逢则相害。触国之僧，子孙长大则杀之。①

考辨　元结《自释》："少居商余山，著《元子》十篇，故以元子为称。"《新唐书·艺文三》《郡斋读书志》均作十卷。又元马端临《文献通考》："初，结居商余山著书，其序谓天宝九年庚寅至十二年癸巳，一万六千五百九十五言，分十卷，是盖有意存焉。卷首有《元氏家录》，具纪其世次。"②元结《别韩方源序》也载："乙未之前，次山有《元子》。"乙未年为天宝十四载，但《元子》收录的作品并非天宝十四载作品，而是收录天宝九载至天宝十二载隐居商余山时的作品。《自释》与马端临《文献通考》所载并不矛盾。另元结《自释》载："著《元子》十篇。"盖"篇"为"编"，非指十篇文章。

马端临所见《元子》卷首有《元氏家录》，赵明诚《金石录》也载："右《唐元结碑》，……而《碑》与《元氏家录序》皆云……。"③可知

---

① （宋）洪迈：《容斋随笔》卷一四《元次山元子》，中华书局 2005 年版，第 187—188 页。

② （元）马端临：《文献通考》卷二三二《经籍考》，明嘉靖三年（1524）司礼监刻，国家图书馆藏本。

③ （宋）赵明诚撰，金文明校证：《金石录校证》卷二八《唐元结碑》，广西师范大学出版社 2005 年版，第 486 页。

《元子》前有《元氏家录》及《元氏家录序》。据李商隐《容州经略使元
结文集后序》，可知元结自编文集皆有自序，则赵、马二人所见当为原本。
考元结现存天宝九载至十二载间作品，有《述居》《述时》《述命》《二风
诗序》《戏规》《出规》《处规》《心规》《恶圆》《恶曲》《水乐说》《订
司乐氏》《浪翁观化》《订古五篇》，仅十四篇，字数不到六千，则其所佚
作品多达一万余言。洪迈《容斋随笔》："又有《元子》十卷，李纾作序，
予家有之，凡一百五篇，其十四篇已见于《文编》，余者大抵澶漫矫亢。"①
据《旧唐书·李纾传》载："李纾字仲舒，礼部侍郎希言之子。少有文学。
天宝末，拜秘书省校书郎。大历初，吏部侍郎李季卿荐为左补阙，累迁司
封员外郎、知制诰，改中则书舍人。寻自虢州刺史征拜礼部侍郎。……卒
于官，年六十二。贞元八年，赠礼部尚书。"② 李纾与元结为同时代人，其
所作序的《元子》应与元结所自编《元子》为同一著作。"一百五篇"与
"一万六千五百九十五言"在数量上大致相当，且《元子》与《文编》并
列，则洪迈所见版本当与赵明诚、马端临所见一致。从洪迈所述"寘方国
二十国事"及《元氏家录》《元氏家录序》等皆佚情况看，《元子》中可
能除十四篇见于《文编》的作品外，绝大部分篇章已佚。 （参考《文
编》）。又宋王尧臣《崇文总目·儒家类》载有十卷本《元子》，但同时又
载"《元子》二十卷，元结撰"③。此版本与其他文献所载皆不合，或后人
因《元子》和《文编》重合度小，合并二者而成。因元子为元结最早称
号，故以此名其文集。惜此本未得流传。

又《元子》前有《元氏家录》《元氏家录序》，《家录》与后世族谱有
一定区别，更注重于对一个家庭先祖的溯源，较族谱相对而言简略些。
《元氏家录》《元氏家录序》可能源于元结之手。《金石录》指出："《唐
书·列传》，结，后魏常山王遵十五世孙，而《碑》与《元氏家录序》皆

---

① （宋）洪迈：《容斋随笔》卷一四《元次山元子》，中华书局 2005 年版，第 187 页。
② （后晋）刘昫等：《旧唐书》卷一三七《李纾传》，中华书局 1975 年版，第 3763—
3764 页。
③ （宋）王尧臣：《崇文总目》卷三《儒家类》，文渊阁四库全书本。

云'十二世'，盖《史》之误。"① 元结为后魏常山王遵"十二世"孙，与颜真卿《元君表墓碑铭并序》合，且《家录》指出其高祖"善祢"，《家录》由外人编撰的可能性较小。

754 癸巳

天宝十三载　公三十五岁

作品　《元德秀赞》。该文收录于明嘉靖三十一年（1552）姚卿、孙铎所修纂的《鲁山县志·艺文卷》，现录此文如下：

元德秀赞

英英先生，志行卓异。口唾珠玑，襟怀奎璧。家而孝弟，国而忠赤。至今鲁山，琴台百尺。②

考辨　此文不仅郭勋本《元次山集》未收，明后各版本乃至孙望先生所编文集也未收录。但该文应为元结所作。其理由如下：一，该文在《鲁山县志·艺文》中列于元结《补乐歌十首》后，且作者题为元结。二，明郭勋本刻于明正德丁丑（1517），此文著录于明嘉靖三十一年，相隔时间不远。从该本所录《补乐歌十首》看，与明郭勋本文字有所出入，仅以《补乐歌·大濩》看，最后一句明郭勋本为"圣人生兮，天下和。万姓熙熙兮，舞且歌"。《鲁山县志》则作"圣人生兮，天下和，万物熙熙舞且歌"③。其中"万姓"改为"万物"，且少了"兮"字，且该《县志》录有《县令箴》《五规序》，而郭勋本阙，则《鲁山县志》所录元结文极有可能出自另一版本。该版本当录有元结《元德秀赞》，但该版本今已不可考。三，从内容看，该文可与元结其他文相互印证。元德秀是元结从兄，与元德秀是亦师亦友的关系。颜真卿《元君表墓碑铭并序》："君聪悟宏达，倜傥而不羁。十七始知书，乃授学于宗兄先生德秀。"《新唐书·元结

---

① （宋）赵明诚撰，金文明校证：《金石录校证》卷二八《唐元结碑》，广西师范大学出版社2005年版，第486页。

② （明）姚卿、孙铎修纂：《鲁山县志》卷九《艺文》，明嘉靖三十一年（1552年）刻，宁波天一阁藏本，上海古籍出版社1963年版。

③ （明）姚卿、孙铎修纂：《鲁山县志》卷九《艺文》明嘉靖三十一年（1552年）刻，宁波天一阁藏本，上海古籍出版社1963年版。

传》亦载："结少不羁，十七乃折节向学，事元德秀。"元结开始折节读书，师事从兄元德秀。在元德秀去世后，元结作《元鲁县墓表》，称元德秀为"夫子"。而在《元德秀赞》中，元结称其为"先生"，先生在唐前有老师之意，《礼记·玉藻》："〔童子〕无事，则立主人之北南面，见先生，从人而入。"孔颖达疏："先生，师也。"在指称老师这一职业上，"先生"与"夫子"同义，也可见元结对元德秀的尊重。另外，天宝间元德秀鲁山县令任满，南游陆浑，见该处山水颇佳，遂隐居于此。李华《元鲁山墓碣铭并序》："代下之日，柴车而返。南游陆浑，考一亩之宅，发八筒之直，唯匹帛焉。居无扃钥、墙藩之禁，达生齐物，从其所好。"①《旧唐书·元德秀传》："秩满，南游陆浑，见佳山水，杳然有长往之志，乃结庐山阿。"②元结《元鲁县墓表》："天宝十三载，元子从兄前鲁县大夫德秀卒。"新、旧《唐书》皆曰天宝十三载卒。然李华《元鲁山墓碣铭》（并序）曰："维唐天宝十二载九月二十九日，鲁山令河南元公终于陆浑草堂，春秋五十九。"③考石刻经久会有笔画脱落，"十二"或为"十三"脱落，且元结在天宝十三载至安史之乱爆发（天宝十四载）行迹不明，或为其兄守孝故。如以元德秀天宝十三载（754）卒，据其离开鲁山县令任已有数年，"至今鲁山，琴台百尺"也可以说通。故《元德秀赞》不仅为元结所撰写，撰写时间也与《元鲁县墓表》相前后，作于天宝十三载。赞和墓表均表达了对元德秀钦佩、感激和悲伤情绪。

755 乙未

天宝十四载　公三十七岁

作品　《猗玕子》。共三篇，合为一卷。已佚。

考辨　颜真卿《元君表墓碑铭并序》："兵起，逃难于猗玕洞，著《猗

———————————

①　（清）董诰编：《全唐文》卷三二〇李华《元鲁山墓碣铭并序》，中华书局 1983 年版，第 3249 页。

②　（后晋）刘昫等：《旧唐书》卷一九〇下《元德秀传》，中华书局 1975 年版，第 5051 页。

③　（清）董诰编：《全唐文》卷三二〇李华《元鲁山墓碣铭并序》，中华书局 1983 年版，第 3249 页。

玗子》三篇。"宋郑樵《通志·艺文》："《猗玗子》，一卷（元结撰）。"①
然《新唐书·艺文三》："元结《猗犴子》一卷。"② 宋王尧臣《崇文总目》
卷三："《猗犴子》一卷，元结撰。"③ 宋晁公武《郡斋读书志》则作：
"《琦玗》一卷。"④ 元马端临《文献通考》也作："《琦玗子》一卷。"⑤ 名
称各不相同。考《元君表墓碑铭并序》作《猗玗子》，元结《虎蛇颂》：
"猗玗子逃乱在砠，南人云：猗玗洞中，是王虎之宫。"又元结《自释》：
"天下兵兴，逃乱入猗玗洞，始称猗玗子。"二者一致，故当以《猗玗子》
为是。又本年十一月，安禄山率兵十余万，以诛杨国忠为名，自幽州南
下，安史之乱起。十二月，禄山陷洛阳。元结居河南鲁山，其逃难猗玗洞
当在此时或稍后，《猗玗子》作于逃难期间。又《四库全书总目提要》：
"结所著有《元子》十卷，李商隐为作序；《文编》十卷，李纾为作序；
又《猗玗子》一卷，并见《唐志》，今皆不传。"⑥ 则《猗玗子》已佚。

758 戊戌

至德三载 乾元元年 公四十岁

作品 《浪说》七篇。已佚。

考辨 本年夏，元结将家瀼滨，自称浪士，著《浪说》七篇。元结
《别韩方源序》："戊戌中，次山有《浪说》。"颜真卿《元君表墓碑铭并
序》："将家瀼滨，乃自称浪士，著《浪说》七篇。"则《浪说》著于家瀼
滨前后。宋欧阳修、宋祁《新唐书·艺文三》："又《浪说》七篇。"⑦ 宋

---

① （宋）郑樵：《通志二十略》卷六八《艺文略》，陈宗夔明正德（1506—1521）刻，国家
图书馆藏本。

② （宋）欧阳修、宋祁：《新唐书》卷五九《艺文三》，中华书局1975年版，第1541页。

③ （宋）王尧臣：《崇文总目》卷三《小说类》，文渊阁四库全书本。

④ （宋）晁公武：《郡斋读书志》卷一七，清嘉庆二十四年（1819）汪氏艺芸书舍刻本，第
4册。

⑤ （元）马端临：《文献通考》卷二三二《经籍考》，明嘉靖三年（1524）司礼监刻，国家
图书馆藏本。

⑥ （清）永瑢等：《四库全书总目》卷一四九《别集类二·次山集》，中华书局1965年版，
下册，第1283页。

⑦ （宋）欧阳修、宋祁：《新唐书》卷五九《艺文三》，中华书局1975年版，第1514页。

郑樵《通志·儒术》："《浪说》，七篇（元结撰）。"① 明姚裕《挽元次山》："《浪说》词源倾三峡，《中兴》颂笔扫千军。"② 则《浪说》七篇明时尚存。清董作栋、武亿《鲁山县志·艺文》："《浪说》七篇，佚。"清代时已佚，今不见于各版本。

760 庚子

乾元三年　上元元年　公四十二岁

作品　《漫记》七篇。存《漫论》，《漫记》《漫说》仅存目，其余四篇佚。

考辨　颜真卿《元君表墓碑铭并序》："结《自释》云：'及为郎，时人以浪者亦漫为官乎，遂见呼为漫郎，著《漫记》七篇。'"上元元年八月，以太子宾客吕諲为荆州大都督府长史、澧朗硖忠五州节度观察处置使，到任后，吕上书请置江陵为南都。而元结大约同时或稍后真拜水部员外郎兼殿中侍御史，充吕諲节度判官。元结《与韦洪州书》："某月日，荆南节度判官水部员外郎兼殿中侍御史元结顿首。"元结正式为郎官当同时或稍后。元结《自释》："及有官，人以为浪者亦漫为官乎，呼为漫郎。"《漫论》："乾元己亥至宝应壬寅，蒙时人相诮，议曰：元次山尝漫有所为，且漫聚兵，又漫辞官，漫闻议云云。因作《漫论》。"乾元己亥为乾元二年（759），其年九月元结献《时议》三篇，拜为右金吾兵曹，摄监察御史。宝应壬寅即宝应元年（762），其年二月，吕諲卒于荆南节度任上，其年秋，元结以侍亲为名，归于武昌樊上。据文意看，规检大夫似对元结有所不满，其发生时间必在宝应元年（762）二月至本年秋间。《漫记》七篇当作于上元元年八月至宝应元年归隐武昌前。

但颜真卿《元君表墓碑铭并序》中记载元结有《漫记》七篇；宋欧阳修、宋祁《新唐书·艺文三》："《漫说》七篇（元结）"③；宋郑樵《通

①　（宋）郑樵：《通志二十略》卷六六《儒术》，陈宗夔明正德（1506—1521）刻，国家图书馆藏本。

②　（清）王雍修纂：《鲁山县志》卷七《艺文》，清康熙三十三年（1694）修订本。

③　（宋）欧阳修、宋祁：《新唐书》卷五九《艺文三》，中华书局1975年版，第1514页。

志·儒术》："《漫说》，七篇（元结撰）"①；而元结又著有《漫论》。从内容看，《漫论》当为七篇之一，也是唯一现存的文章。《漫记》《漫说》均为其中篇名，或七篇在排序时顺序有所变化，故以首篇概其七篇。

765 乙巳

永泰元年 公四十七岁

作品 无为洞篆刻。

考辨 宋王象之《舆地碑记目·道州碑记》卷二："无为洞篆刻：洞在宁远之舜溪碧虚洞，元次山铭。"② 宋祝穆《方舆胜览》卷二十四："碧虚洞：水流通碧桥，南注舜溪，亦名嘉鱼洞，其实碧虚池也。元次山名曰无为洞，篆刻在焉。"③ 明李贤等撰《明一统志》卷六十五、明弘治《永州府志》卷二、清雍正迈柱等监修《湖广通志》卷八、清光绪曾国荃等修《湖南通志》卷十九等所载同。陆增祥撰《八琼室金石补正》卷九十五有详细记载："元结无为洞题字：拓本二纸，一高三尺五寸，广一尺一寸，三大字，字长径一尺二寸；一高一尺一寸，广九寸，五行，行四字，字长径二寸许，具篆书。"④ 其释文如下：

无为洞

广德三年刺史元结因祭山，名此洞曰无为洞。

其后有考辨："右无为洞元结题字，洞阻于水亘壁，古刻从无椎拓者。余始属谭仲维挲拓之，今甲戌夏旱，故得施工也。按：《方舆胜览》云：

① （宋）郑樵：《通志二十略》卷六六《儒术》，陈宗夔明正德（1506—1521）刻，国家图书馆藏本。

② （宋）王象之编著：《舆地碑记目》卷二《道州碑记》，清（1644—1911）写本，国家图书馆藏本。

③ （宋）祝穆撰，（宋）祝洙增订：《方舆胜览》卷二四《道州》，中华书局 2003 年版，第 439 页。

④ （清）陆增祥：《八琼室金石补正》卷五九，国家图书馆善本金石组编：《隋唐五代石刻全编》，北京图书出版社 2003 年版，第 1 册，第 396 页。

'紫虚洞（宗篠楼谓即无为洞）有石穴上通于天，有元次山永泰年题名。天圣中，寺僧云亮于洞前百步筑堤，为塘，潴水溉田，洞遂为池。'据此，则洞之阻水已历数百年，无怪金石家之不得一见矣。所谓石穴题名者，其即是刻欤。又何志伟《九疑山记》云：'永福寺旁即无为洞，洞门旁刻元次山诗，惜漫灭不能读。'其亦即此刻欤？《志》称'无为洞天'四字，今拓本无天字，志不足据，文云'名此洞曰无为洞'。《格古要论》以为改称者殊未有据，广德二年即永泰元年，是年正月癸巳，改永泰癸巳，为朔日祭山当在二月，其时改元之诏殆尤未至道州也。"① 但"广德二年即永泰元年"错误，实际上改元发生在广德三年，石刻无误。

又据《八琼室金石补正》卷九五转引《湖南通志》："据《九疑山志》，有宋治平四年沈绅与蒋之奇取元次山无为洞天四字，正其体，篆刻于岩窦云云，则结所题实系无为洞天四字，非无为洞也。"② 但此说颇晚，主要见于清代方志，且错误处颇多，如清光绪元年张大煦《宁远县志》卷四："碧虚洞，水通碧虚桥，注舜溪。其水有嘉鱼，亦名嘉鱼洞。生白孩儿莲。元次山名曰无为洞。去二十里，有石穴仰见天光，有次山题名，李峤篆刻：'无为洞天'。"③ 同书卷七又说："（元结）至碧虚洞，题'无为洞天'四字。"④ "无为洞天"或存在于宁远石刻中，但绝非元结所题。

766 丙午

永泰二年　大历元年　公四十八岁

作品　元次山永泰二年题名；《唐容亭铭》（存目）。

考辨　宋祝穆《方舆胜览》卷二十四："碧虚洞：水流通碧桥，南注

---

①（清）陆增祥：《八琼室金石补正》卷五九，国家图书馆善本金石组编：《隋唐五代石刻全编》，北京图书馆出版社2003年版，第1册，第396—397页。

②（清）陆增祥：《八琼室金石补正》卷五九，国家图书馆善本金石组编：《隋唐五代石刻全编》，北京图书馆出版社2003年版，第1册，第396页。

③（清）张大煦：《宁远县志》卷四上《山川》，台湾成文出版社影印光绪元年刊本1975年版，第237—238页。

④（清）张大煦：《宁远县志》卷七《人物》，台湾成文出版社影印光绪元年刊本1975年版，第562页。

舜溪，亦名嘉鱼洞，其实碧虚池也。元次山名曰'无为洞'，篆刻在焉。洞在永福寺东十步，……行五里间，有南北二径，一径适舜峰，一径通紫虚洞。行二十里，有石穴，上通于天，有元次山永泰年题名。"① 可见元结除题"无为洞"外另有题名。据宋王象之《舆地碑记目》卷二："元次山永泰二年题名：在宁远紫虚洞柳子厚记，后人集徐浩书再刻。"② 永泰二年题名与"无为洞"题名非一处，元结在永泰二年另有宁远之行。

又《金石录·目录八》："《唐容亭铭》（元结撰，瞿令问篆书。永秦二年十一月。）"金文明《金石录校证》以为："《唐庼亭铭》（元结撰，瞿令问篆书。永秦二年十一月。）"其校证曰："庼亭：'庼'原作'容'，误。三长本作'庼'。按第一千四百八《唐庼台铭》卢案云：'元次山爱祁阳山水，名其亭曰庼亭。当作庼为是。"案：《唐容亭铭》应与《唐庼亭铭》为不同篇目。孙望《元次山集》中，有《庼顾铭》，其校曰："黄本作亭。"又在题下注曰："明本无此篇，此据石刻补入，而以《全唐文》及黄本校之。"然在孙望《元次山集》中，篇末曰："有唐大历二年岁次丁未六月十五日刻。"《唐容亭铭》与《庼顾铭》均据石刻所录，然石刻时间却不同，且浯溪碑林石刻题下有"道州刺史河南元结次山撰，季康篆"，《金石录·目录八》则明确表明《唐容亭铭》为"瞿令问篆书"，可见二者并非同篇。今传元结作品中无《唐容亭铭》，《金石录》中也仅存目，则《唐容亭铭》已佚。又大历二年二月，元结尚在道州，则"容亭"当在道州。

767 丁未

大历二年 公四十九岁

作品 《文编》。原集已佚，其篇目部分见于明郭本《元次山集》，部分已佚。

---

① （宋）祝穆撰，（宋）祝洙增订：《方舆胜览》卷二四《道州》，中华书局 2003 年版，第439 页。

② （宋）王象之编著：《舆地碑记目》卷二《道州碑记》，清写本（1644—1911），国家图书馆藏本。

考辨 天宝十二载，三十五岁的元结作《文编》献给苏源明及礼部侍郎阳浚，颜真卿《元君表墓碑铭并序》载："天宝十二载举进士，作《文编》。礼部侍郎阳浚曰：'一第污元子耳，有司得元子是赖。'遂登高第。"《新唐书·元结传》亦云："天宝十二载举进士，礼部侍郎阳浚见其文，曰：'一第慁子耳，有司得子是赖！'果擢上第。"苏源明及阳浚对《文编》赞赏有加。后举进士，入为上第。但与《元子》不同的是，元结在大历二年（767）十一月时，取天宝年间旧编，合以道州任内所作，共二百三首，分为十卷，重命之《文编》，并为之序。元结在《文编序》中论及收录之文："叟在此州今五年矣，地偏事简，得以文史自娱，乃次第近作，合于旧编，凡二百三首，分为十卷，复命曰《文编》，示门人子弟，可传之于筐箧耳。"《文编序》又载："尔来十五年矣，更经丧乱，所望全活，……时大历二年丁未中冬也。"指明了序所作时间。公自广德元年（763）赴道州刺史任，大历二年（767），正好五年，与"叟在此州今五年矣"相合，可知自天宝十四载（755）安史之乱爆发至大历二年（767）仅十三年，则十五年当是约数，抑或是"十三年"之误。

清永瑢等《四库全书总目提要》："结所著有《元子》十卷，李商隐为作序。《文编》十卷，李纾为作序。又《猗玕子》一卷。并见《唐志》，今皆不传。所传者惟此本，而书名、卷数皆不合。盖后人撷拾散佚而编之，非其旧本。"[①] 从《四库》十二卷本《元次山文集》看，确与原本卷数、书名不合，但《四库》本是在明郭勋十卷本《元次山文集》的基础上编纂的。据湛若水《元次山集序》："余自北游，观艺于燕冀之都，得《元子》而异焉。"[②] 但很明显此《元子》并非元结最初所编《元子》（参见《元子》条），因为郭本十卷中很多内容涉及天宝十二载之后，而且洪迈提及的一些篇目并没有出现在文集中。郭本可能是在《文编》的基础上再补辑其他作品而成。《文编》作于大历二年冬，元结去世于大历七年，郭本

---

① （清）永瑢等：《四库全书总目》卷一四九《别集类二·次山集》，中华书局1965年版，下册，第1283页。

② （唐）元结著，（明）湛若水校：《元次山集》之《〈元次山集〉序》，明正德十二年（1517）郭勋刻，国家图书馆藏本。

《元次山集》收录最晚的作品为大历二年所作的《欸乃曲五首》及《浯溪铭》，且时间都在《文编序》之前。而在大历二年冬至大历七年春，经考证，元结尚有《橘井》《海阳泉诗》《㳠泉铭》《嶍台铭》《唐庼铭》《寒泉铭》《东崖铭》《上容州表》《再上容州表》《冰泉铭》等，当然，这还只是考录出来的，可以推测元结作于此五年的作品远不只这么多，但郭本却一篇未录，郭本参考《文编》而非《元子》编纂成《元次山集》是十分明显的。再看篇数，郭本共收录元结作品 121 题、192 首，与《文编》所载 203 首相距不大。值得注意的是，郭本十卷外，另辑补了一卷 7 题、16 首，均为元结早期作品。也就是说郭本共计 128 题，208 首。此数量略高于《文编序》所载数，但元结作品的分合历来存在争议，如《七不如》在此处统计中算为七篇，但也可以算作一篇。如此看来，在数量上郭本比较和《文编》接近。但郭本并非完全依据《文编》旧本，事实上《文编》旧本也存在散佚，最明显的是在郭本中，《文编序》没有收录进去，另外基本可以肯定为《文编》所收录的 7 题、16 首早期作品，郭本放入最后的辑补中，且元结另有《诗集》并行，可能诗歌并未收录《文编》中。这说明了郭本《元次山集》并非完全依照《文编》旧本编纂而成。

767 丁未

大历二年　公四十九岁

作品　该诗郭本《元次山集》不录，见于《全唐诗》、傅增湘跋本《元次山集》及孙本。

橘井

灵橘无根井有泉，世间如梦又千年。乡园不见重归鹤，姓字今为第几仙。风泠露坛人悄悄，地闲荒径草绵绵。如何蹑得苏君迹，白日霓旌拥上天。①

---

① （唐）元结著，王国维批点：《元次山集》之《元集补》，北京大学图书馆藏四部丛刊本（第 651 册），上海商务印书馆 1919 年版，《元集补》第 2 页。

考辨 孙望校本《元次山集》共收录元结作品 151 题，217 篇。217 篇诗文绝大多数可以肯定为元结所作。唯有《橘井》一诗，孙先生在题后加注："明本原缺此诗，惟于卷末拾遗中间之，《全唐诗》亦收之。"① 王国维先生则予以否定，认为"此绝非次山诗"。王先生的观点得到了大多数学者的认同，此后多位学者在研究元结作品时，包括给元结编订年谱时，都没有把这首诗考虑进去。

王先生断定此诗为"伪诗"时，并未给出任何证据。但应该据此两方面：一是该诗没有收入郭勋编订的《元次山集》中，是后人辑录而来。二是该诗无论是形式还是风格上与元结整体诗风呈现出明显区别。第一点不能作为否定《橘井》为元诗的充分证据。在孙望校定的《元次山文集》中，不少作品并非来源于郭勋本，有的来源宋代类书、选本，有的来源于石刻，还有的来源于其他版本辑佚。《橘井》是孙望据《全唐诗》补录进来的，而《全唐诗》则是依据宋祝穆《方舆胜览》卷二十五所录，先看《方舆胜览》所载："橘井、在苏仙故宅，即今开利寺。传云仙君将去世，谓母潘曰：'明年郡有灾，民大疫，母取橘叶、井水饮之。'如期疫果作，郡人臆前言，竞诣饮，饮下咽而愈，日起百余人，以故争持钱敬谢潘。"② 其后录有元结的这首诗。可见现存《橘井》诗来源甚至早于明郭勋刻本，且《方舆胜览》中的文献可信度比较高，故从版本学角度试图排除《橘井》非元结作品不能成立。第二点便是《橘井》诗从形式和风格上与元结其他作品明显不一致。《橘井》无论是平仄、用韵和对仗上，都比较符合律诗要求。在元结作品中，除《橘井》外确实没有一首七言律诗，而且连五言律诗都不存在，但这并不意味着元结不懂律诗写作。据《登科记考补正》载，元结在天宝十三载（754）中进士，元结自己也说："侍郎杨公见《文编》，叹曰：'以上第污元子耳！有司得元子是赖。'"在天宝十三载举

---

① （唐）元结著，孙望校：《元次山集》卷三《橘井》，中华书局 1960 年版，第 47 页。
② （宋）祝穆撰，（宋）祝洙增订：《方舆胜览》卷二五《郴州》，中华书局 2003 年版，第 449 页。

行的辞藻宏丽科，"策问外更诗律赋各一首"①。元结有可能为科举而学作律诗。元结一生对诗体的选择也在不断发生改变：在安史之乱前，元结的作品多拟上古乐歌、《诗经》及汉乐府等古体，语言以三言、四言、五言为主，多重章形式，反复咏叹；安史之乱后，元结抛弃了三言、四言句式，主要采用五言句式；大约永泰年间，他开始创作以七言为主的诗，如《无为洞口作》《宿无为观》《宿泂溪翁宅》《说泂溪招退者》《朝阳岩下歌》《石鱼湖上醉歌》等；到大历年间时，元结诗歌以七言为主，创作了《宿丹崖翁宅》《欸乃曲》，其中，《欸乃曲》五首虽为民歌体形式，但采用七言四句形式，且在诗中开始注意平仄。据"全唐诗分析系统"分析，"千里枫林烟雨深""零陵郡北湘水东"两首在格律上完全符合七言绝句，属于近体诗。这说明在大历年间左右，元结的创作开始由古体诗向近体诗转变。既然能够创作七言绝句，创作七言律诗也完全存在可能。虽然元结的这些诗歌没有如《橘井》讲究对仗的工整，但像《无为洞口作》《宿无为观》等诗歌在主题思想上与《橘井》表现出一致性。下面是《宿无为观》："九疑山深几千里，峰谷崎岖人不到。山中旧有仙姥家，十里飞泉绕丹灶。如今道士三四人，茹芝炼玉学轻身。霓裳羽盖傍临壑，飘飘似欲来云鹤。"表现出了诗人羡慕神仙和隐逸的情怀，这一点与《橘井》十分相似。

可见，元结是能够创作出如《橘井》这样的作品的，但文人的创作大多具有应景性，他们创作与古迹类相关的作品，常亲临该地。如果能证实元结确实去过一个有橘井的地方，那他创作《橘井》就更存在可能了。翻阅相关地志，可以发现湖北大冶有橘井，清胡复初修《大冶县志》卷二载："橘井，《总志》载在市中，今无考，但县左黎衙与儒学之右各有井，未知孰是。"② 但没有文献记载该橘井与苏仙翁相关。全国各地存在的橘井不在少数，但与《橘井》诗中所载苏仙翁（苏耽）相关的橘井主要有一处，那便是湖南郴州橘井。除前所引《方舆胜览》记载郴州有橘井外，明

---

① （清）徐松撰，孟二冬补正：《登科记考补正》卷九，北京燕山出版社 2003 年版，第379 页。

② （清）胡复初修纂：《大冶县志》卷二《井》，嘉庆（1796—1820）刻本，第71 页。

李贤等撰《明一统志》、清迈柱等监修《湖广通志》、清朱偓《嘉庆郴州总志》等都记载了郴州的橘井与苏耽相关。且元结同时代的杜甫曾作《奉送二十三舅录事之摄郴州》："郴州颇凉冷，橘井尚凄清。"① 也证明了郴州橘井的存在。那元结是否到过郴州呢？孙望《元次山年谱》中未记载元结有郴州之行。但清光绪三年李镜蓉等编撰的《道州志》载："杨越公房：其先本中原成纪人，为郴州刺史，尝过道州见元结。还，过莲塘李氏，慕宁邑之胜境，家焉。"② 清光绪元年张大煦《宁远县志》："杨房：其先本成纪人，封越公，为郴州刺史。尝过道州见元结，还，过莲塘李氏，慕邑之形胜秀异，因卜居于县西之董洲。至唐末至宋，科第不绝，遂称巨族云。"③ 此二则均记载了郴州刺史与元结有交往。考文献来源，当源自《新唐书·宰相世系》，但转载有误。《新唐书》载："越公房本出中山相结次子继。生晖，洛州刺史，谥曰简。生河间太守恩，恩生越恭公钧，号越公房。"④ 而在越公房杨钧后有载："仲敏，郴州刺史。"⑤ 则任郴州刺史的为杨仲敏。《唐故舒州太湖县丞弘农杨府君墓志铭》："曾祖、祖具于郴州府君石记，府君即郴州刺史府君仲敏之第五子也……以大历九年七月十三日终于官舍……时年廿有九"，郁贤皓《唐刺史考》考杨仲敏或在玄宗时期任郴州刺史，但其子杨颂卒于大历九年，则杨仲敏任郴州刺史是完全可能与元结任道州刺史在同一时间，故地志所载虽错误颇多，但也当有所依据。杨仲敏在元结任道州刺史任上访问了他，那元结是否有机会去访问杨仲敏呢，是否有机会见到苏仙山和橘井呢？据刘禹锡《吏隐亭述》云："元和十年，再牧于连州、作吏隐亭海阳湖堧。……海阳之名，自元先生。

① （唐）杜甫著，（清）仇兆鳌注：《杜诗详注》卷二三《奉送二十三舅录事之摄郴州》，中华书局 1979 年版，第 2055 页。

② （清）李镜蓉、盛赓修纂：《道州志》卷九《人物志》，清光绪三年（1877）刻本，第 789 页。

③ （清）张大煦：《宁远县志》卷七《人物》，台湾成文出版社影印光绪元年刊本 1975 年版，第 561 页。

④ （宋）欧阳修、宋祁：《新唐书》卷七一下《宰相世系一下》，中华书局 1975 年版，第 2365 页。

⑤ （宋）欧阳修、宋祁：《新唐书》卷七一下《宰相世系一下》，中华书局 1975 年版，第 2369 页。

先生元结，有铭其碣。元维假符，予维左迁。其间相距，五十余年。"①
《刘梦得文集外集》中也载"元次山始作海阳湖"②，宋祝穆《方舆胜览·
连州》载："海阳湖。在桂阳东北二里。唐大历间，元结到此，创湖通小
舟游泛，刘禹锡赋《海阳湖》十咏。"③ 元结究竟大历几年到连州呢？元结
《欸乃曲五首》序言："大历丁未中，漫叟结为道州刺史，以军事诣都。使
还州，逢春水，舟行不进，作《欸乃》五曲"，大历丁未为大历二年
（767），元结还道州。道州秩满，元结闲暇时间较多，故于本年六月，至
永州祁阳，作《峿台铭》，刻于石上。《金石录》："《唐峿台铭》，元结撰。
篆书，无姓名。大历二年六月。"④ 颜真卿《元君表墓碑铭》："观察使奏
课第一，转容府都督兼侍御史本管经略使。"《旧唐书·职官二》："郎中、
员外郎之职，掌内外文武官吏之考课。凡应考之官家，具录当年功过行
能，本司及本州长官对众读，议其优劣，定为九等考第，各于所由司准额
校定，然后送省。"⑤ 同卷："凡考课之法，有四善：一曰德义有闻，二曰
清慎明著，三曰公平可称，四曰恪勤匪懈。……最以上，有四善，为上
上。"⑥ 又同卷："尚书、侍郎之职，掌天下官吏选授、勋封、考课之政
令。……凡选授之制，每岁集于孟冬。去王城五百里之内以上旬，千里之
内以中旬，千里之外以下旬。"⑦ 故元结参与选授，转容府都督兼侍御史本
管经略使当在十月稍后。事实上，本年十一月左右元结仍在道州。他取天
宝年间旧编，合以道州任内所作，共二百三首，分为十卷，重命之《文
编》，并为之序。《文编序》："时大历二年丁未中冬也。"中冬即十一月；

① （唐）刘禹锡撰，瞿蜕园笺证：《刘禹锡集笺证》《外集》卷九，上海古籍出版社 1989 年
版，下册，第 1493—1494 页。
② （唐）刘禹锡撰，瞿蜕园笺证：《刘禹锡集笺证》《外集》卷八《海阳十咏并引》，上海古
籍出版社 1989 年版，下册，第 1453 页。
③ （宋）祝穆撰，（宋）祝洙增订：《方舆胜览》卷三七《连州》，中华书局 2003 年版，第
667 页。
④ （宋）赵明诚撰，金文明校证：《金石录校证》卷八《唐峿台铭》，广西师范大学出版社
2005 年版，第 137 页。
⑤ （后晋）刘昫等：《旧唐书》卷四三《职官二》，中华书局 1975 年版，第 1822 页。
⑥ （后晋）刘昫等：《旧唐书》卷四三《职官二》，中华书局 1975 年版，第 1823—1824 页。
⑦ （后晋）刘昫等：《旧唐书》卷四三《职官二》，中华书局 1975 年版，第 1818 页。

又"叟在此州，今五年矣"，元结自广德元年（763）赴道州刺史任，大历二年（767），正好五年。又元结《让容州表》："臣结言：臣伏奉今月二十二日敕，授臣使持节都督容州诸军事、守容州刺史、御史中丞、充本管经略守捉使。四月十六日敕到，二十一日发付本道行营。"按：《表》言："四月十六日敕到。"然又曰："臣伏奉今月二十二日敕。"则敕命元结自道州刺史转容府都督兼侍御史本管经略使当在大历三年三月二十二日或稍前。则元结摄连州刺史当在大历二年十一月至大历三年四月十六日间。又元结摄连州刺史后，在连州修建海阳湖，是时元结为水部员外郎摄连州刺史，大历二年十一月至大历三年四月十六日间属于农闲时间，元结完全有可能利用这段时间在连州修建海阳湖。海阳湖在元明时期淤塞，今天已完全消失，但笔者在连州考察时，尚于连州中学内发现宋代官员游海阳湖的石刻记载，刘禹锡博物馆内也存有海阳湖图，均可印证元结修建海阳湖这一事实。

元结至郴州游橘井可能有两条路线，一是从道州出发，绕道郴州，拜访郴州刺史杨仲敏，然后由郴州入连州；或者元结返衡州，自衡州受命前往连州代摄刺史，则由耒水直接进入郴州，在郴州稍作停留后再继续前往，这种可能性比前者可能性要大。宋人周去非《岭外代答》载入岭南的交通路线有五条："自湖南之郴入连，三也。"[1] 耒水发源郴州，在衡州与湘水合。元结自此路入连州十分便捷。元结抵达郴州时间应该在大历二年十一月稍后，毕竟修筑海阳湖是项较大工程。

由此可见，《橘井》是元结诗歌创作发生新变时在大历二年冬或稍后拜访郴州刺史杨仲敏时所作，他代表着元结诗歌最高艺术水平。清管世铭《读雪山房唐诗序例》："开、宝以前，如孙逖、王昌龄、卢象、张继、包何辈，皆不以七言律名，而流传一二篇，音节安和，情词高雅，迥非后来可及，信乎时代为之也。元次山尤称与世聱牙，而《橘井》一章，又何其流逸乃尔！"确是中的评价。

---

① （宋）周去非著，杨武泉校注：《岭外代答校注》，中华书局1999年版，第11页。

768 戊申

大历三年　公五十岁

作品　《海阳泉贴》。其中诗十三首，铭文一篇，见存于大阪市立图书馆所藏《三国笔海·佐理书》。

考辨　孙望《元次山年谱》中，记载着元结直接由道州刺史转容管经略使，对于元结作《橘井》及修筑海阳湖的经历尚未提及，最主要的原因是一组文献资料尚未发掘，这便是《海阳泉贴》。大约在五代宋初时期，日本藤原佐理书写了一组《海阳泉贴》，未具作者姓名。中华书局 1985 年出版日本河世宁纂辑的《全唐诗逸》收录了其中的十三首诗，并断定为中唐诗人所作①。实际上，在 1955 年太田晶二郎先生就撰文《海阳泉帖考》，发表在日本《历史地理》第 86 卷第 2 号（总第 540 号），1994 年王汉民、陶敏翻译此文，题为《无名氏〈海阳泉〉诗当为元结作》②，国人始知为元结所作无疑。2018 年黄山长《中日千年接力考证元结连州〈海阳湖〉组诗》发表在《岭南文史》上，加入了实地考证的内容。2018 年，陈尚君先生在《文史知识》发表了《元结与〈箧中集〉作者之佚诗》，《海阳泉贴》中的十三首诗歌也被认定为元结作品。因这十三首诗已在国内流行，且被公认为元结作品，这里不一一列出，仅录其目。这十三首诗是《海阳泉》《曲石凫》《望远亭》《石上阁（二首）》《海阳湖（二首）》《盘石（二首）》《湖下溪（二首）》《夕阳洞》《游海门峡》。在藤原佐理《海阳泉贴》中，在《夕阳洞》《游海门峡》间，另有《滠泉铭有序》，当同为元结所作，无需另加证明。但检索国内各类《全唐文》补辑文献，尚无著作收录此文，现从《三国笔海·佐理书》中辑录如下：

滠泉铭有序

海阳泉东北一二百步得泉亭。泉源出于石下，破平石为渠，流一二里，合湖下溪汭。爱其胜绝，命为滠泉，欲海阳之人知我。爱之而不忘修，赏者也。铭曰：

---

① ［日］河世宁：《全唐诗逸》卷下，中华书局 1985 年版，第 43—46 页。

② ［日］太田晶二郎：《无名氏〈海阳泉〉诗当为元结作》，王汉民、陶敏译，《吴中学刊》1994 年第 4 期，第 59 页。

溪溪浸泉，灵怪者欤。能破平石，为溪为渠。溪门活□，□而浚渠。□□□□，平而令□。我行天下，曾未之得。浸泉之傍，猗不可忘。①

笔者曾前往连州考察《浸泉铭》，得知其北山有群泉，唐时当为海阳湖之水源，浸泉为其中之一泉，惜其石刻不存。其创作时间当在《橘井》稍后，据其诗文看，应与其他十三首诗同作于大历三年春或稍前。

771 辛亥

大历六年　公五十三岁

作品　《右堂铭》，阙文见于金石；《中堂铭》，已佚。②

二

以下作品，经考证，为元结存目未编年作品，现列如下：

(一)《诗集》。现存元结诗歌，均应来自诗集；其中《诗集序》存目

考辨　李商隐《容州经略使元结文集后序》："次山有《文编》，有《诗集》，有《元子》，三书皆自为之序。"则元结在《文编》《元子》外，另有《诗集》，如三集并行，则《文编》《元子》仅录其文，《诗集》录其诗。明郭勋本中，第一、二卷及第四卷（楚辞体）录其诗歌，可见已非原本。又清芬堂丛书本中有《元次山诗集》二卷，收录诗歌与郭本收录诗歌一致，然无序，或该诗集从明本《元次山集》中辑出。

(二)《元文后编》。其中《古心经》存目

考辨　唐李商隐《容州经略使元结文集后序》："《古心经》已下若干篇，是外曾孙辽东李恽辞收得之，聚为《元文后编》。"宋陈振孙《直斋书录解题》："《元次山集》十卷……蜀本但载自序，江州本以李商隐所作序

---

① ［日］藤原佐理：《海阳泉帖》，《三国笔海全书》卷一五《佐理书》，大阪市立图书馆藏本。

② 佚文辑录及考辨参见本章第二节《元结祁阳行迹与遗迹考》。

冠其首。蜀本《拾遗》一卷，《中兴颂》《五规》《二恶》之属皆在焉。"①
考明郭勋本《元次山集》，其后有拾遗一卷，后虽无《中兴颂》，《五规》
《二恶》仍在，则明本当以宋蜀本为底本。江州本以李商隐序冠其首，或
依据李恽辞本所编，然已佚，《元文后编》及具体篇目已不可考，仅《古
心经》存目。

三

以下作品，经考证，为存疑作品，现列如下：

（一）《浮宫记》（存目）

考辨 元白珽《湛渊静语》卷二："舟之最大者，莫若木兰皮国，其
舟内有市井买卖，机坊酒肆之类，迤长数丈，中积数年粮食。以此观之，
元次山所作《浮宫记》，恐不可谓之寓言。"②《浮宫记》不见于元结作品
中，也未见于历代其他文献中。考元结作品，有《说楚王赋》三篇，中有
对浮宫描写，现撮其要录之："昔闻臣何荒王使钓翁相水，相置浮宫之
所……宫有艟台揭枝，类拟天都。薰珍钿涂，缨佩垂纤，金珠玉炉，萧潦
清泠，芯馥芬敷。……宫有廃堂髣房，朐馆藤廊，……宫有联艣，负土以
为舲圃，圃多夭草媚木，淫禽丑兽。宫有海艒之阙，仡倔鲜悬，左曰瑞
风，右曰祥烟。宫有四门，青气白云，丹景玄寒。然后始为鹓城，匝宫屯
备，交战禁御，梵罗攒峙，其余骇鲸之舻、飞龙之舫、凫艋鹤艒，罗宫上
下者，千里相望。"则白珽所谓《浮宫记》或为《说楚王赋》，且类似于
寓言。但元结早年小说、寓言类作品颇多，有《异录》《猗玗子》等，另
《元子》中还有数卷小说，元结或另作有《浮宫记》，故存疑。

（二）《诸山记》一卷

存《武夷君》一篇，录文如下：

① （宋）陈振孙撰，徐小蛮、顾美华校点：《直斋书录解题》卷一六，上海古籍出版社2015
年版，第471页。

② （元）白珽：《湛渊静语》卷二，文渊阁四库全书本。

武夷君

武夷山有神人号武夷君，一日语人曰："汝等以八月十五日会于山顶。"是日，村人毕集。见彩缦屋宇器用甚设。闻空中人声，不见其形。令男女分坐，食酒肴。须臾乐作，曰："张安陵挝引鼓，如今杖鼓之状；赵元胡拍副鼓；刘小金坎答鼓；鲁少重摆鼗鼓；乔知满振嘈鼓；高子春持短鼓；管师鲍公吹横笛；何凤儿抚节板；绠师董娇娘弹坎候，即箜篌也；谢英妃抚长离，即大筝也；吕荷香戞圆腹，即琵琶也；管师黄坎姑噪悲慄，即觱篥也；韩季吹洞箫；米小娥韵居巢，即大笙也；金师罗妙容挥镣铫，即铜钹也；郝幼仙击鍱铉，即平底斯罗也。"但见器乐，不见其人。酒行，命食。或云菲即水苔也，或云缃䶟即荇也，或曰石硔臕即小蟹也，或云沙江鲊即鰕也，或云何祗脯即干鱼也。味皆甘美，惟酒味差薄。诸仙既去，众皆欣喜曰："我等凡赋，与神君同会幔亭。"因名其地为同豪。①

考辨 考元结文集，未载有《诸山记》。颜真卿《元君表墓碑铭并序》、唐志及唐代其他文献，皆未提及《诸山记》。北宋王尧臣《崇文总目》始有记载："《诸山记》一卷，原释阙。"② 南宋曾慥著《类说》，辑录《诸山记》中《武夷君》篇，然仍题"不著撰人"。宋郑樵《通志·地理》"《诸山记》，一卷。（未注作者）"③ 元脱脱等《宋史·艺文三》："元结《诸山记》一卷。"④ 不知《宋史》所依何据。考《诸山记》中《武夷君》，语言通俗，与元结现存早期作品不符，但想象极为丰富，喜用僻字，且表现出道家思想，这些与元结作品具有一致性。元结小说类作品全佚，无从了解其具体风格，故存疑。

四

以下作品，经考证，非元结作品，现列如下：

---

① （宋）曾慥辑，缪荃孙校：《类说》卷七《诸山记》，明天启六年（1626）刻，国家图书馆藏本。

② （宋）王尧臣：《崇文总目》卷二《地理类》，文渊阁四库全书本。

③ （宋）郑樵：《通志二十略》卷六六《地理》，陈宗夔明正德（1506—1521）刻，国家图书馆藏本。

④ （元）脱脱等：《宋史》卷二百四《艺文三》，中华书局1985年版，第5154页。

（一）《道州春游欧阳家林亭》

清光绪三年李镜蓉、盛赓修纂《道州志》载："欧阳林亭：遗址无考。附录元结春游是亭七古诗：'道州城北欧阳家，去郭一里占烟霞。主人虽朴甚有致，解留满地红桃花。桃花成泥不须扫，明朝更诣桃源老。政成兴尽则告归，门外便是家山道。'"① 何家壬先生在《元结道州行迹传说》："欧阳林亭在东门乡北门村。亭废，村中亦无欧阳姓者。元结为道州刺史时，常来此亭游赏，与主人相友善并赋诗：（诗略）可以想象，元结在九井塘垂钓，这位欧阳先生便是他经常的游伴了。"② 然自明本及其后流传的各类元结文集版本中，并未见收录此诗。但检索《吕衡州集》，则录有《道州春游欧阳家林亭》，文字上略有出入："道州城北欧阳家，去郭一里占烟霞。主人虽朴甚有思，解留满地红桃花。桃花成泥不须扫，明朝更访桃源老。政成兴足即告归，门前便是家山道。"③ 元和三年（808）李吉甫为中官所恶，将出镇扬州，吕温奏劾吉甫交通术士。宪宗面讯，其事皆虚，贬吕温均州刺史。朝议以所责太轻，十七日，改贬道州刺史。《旧唐书·吕温传》载："三年，吉甫为中官所恶，将出镇扬州，温欲乘其有间倾之。……宪宗异之，召登面讯，其事皆虚，……温贬道州刺史。"④ 《吕衡州文集》卷五《道州谢上表》载："臣去年十月十七日，蒙恩授使持节、道州诸军事、守道州刺史。"⑤ 刘禹锡《唐故衡州刺史吕君集纪》："东平吕和叔实生是时，而绝人远甚。……会中执法左迁，缘坐道州刺史。"⑥ 元和五年（810）五月，吕温由道州刺史改授衡州刺史，《吕衡州文集》卷五《衡州谢上表》："臣某言：伏奉五月一日恩制，授臣使持节、衡州诸军事、

① （清）李镜蓉、盛赓修纂：《道州志》卷二《古迹》，清光绪三年（1877）刻本，第217页。
② 何家壬：《元结道州行迹传说》，《湖南科技学院学报》2008年第10期，第24页。
③ （唐）吕温：《吕衡州文集》卷二《道州春游欧阳家林亭》，《丛书集成初编》，商务印书馆（上海）1935年版，第16页。
④ （后晋）刘昫等：《旧唐书》卷一三七《吕温传》，中华书局1975年版，第3769页。
⑤ （唐）吕温：《吕衡州文集》卷五《道州谢上表》，《丛书集成初编》，商务印书馆（上海）1935年版，第52页。
⑥ （唐）刘禹锡撰，卞孝萱校订：《刘禹锡集》，中华书局1990年版，第235页。

守衡州刺史，散官勋赐如故。"① 也如同元结一样，吕温在道州任刺史多年，可知，此诗当为地志编纂者误收入元结作品中。

（二）《涵晖谷铭》

明赵均撰《金石林时地考》："元结《涵晖谷铭》，在鸣弦峰下，英德县。"② 清倪涛《六艺之一录》载："《涵晖谷铭》，元结撰，在韶州府英德县鸣弦峰（《古今碑刻记》）。"③ 因元结代摄连州刺史，连州距英德不到两百千米，故《涵晖谷铭》颇似元结所作。然据宋王象之《舆地纪胜》卷九五："涵晖谷石壁上刻：唐人元杰刻。景德三年郡守王仲达于石壁间得元杰所刻，开洞谷铭及涵晖谷等字。因建宣圣祠及置书院于谷中，在涵晖谷。"④ 又该书同卷"涵晖谷石壁上刻"前条为"《果叶寺开洞谷记》，《集古录》云唐元杰撰，元和十一年立"。宋陈思撰《宝刻丛编》也载："《唐果业寺开洞谷记》，唐元杰撰，不著书人名氏。浈阳果业寺之东有石洞谷，尝有方士学道于其中，其石座丹灶犹存，岁久荒废，无复有迹，杰与寺僧智捷复开其路，以元和十一年立此记（《集古录目》）。"⑤ 查阅宋欧阳棐撰《集古录目》："《唐果业寺开洞谷记》：元和十一年。"⑥ 元和十一年（816）距元结去世的大历七年（772）已 44 年。则此元杰非彼元结，只是由于音近而误书。故明赵均撰《金石林时地考》当为误记。《涵晖谷铭》非元结作品。

（三）《白苹亭记》

宋朱长文《墨池编·唐碑》："唐《白苹亭记》，元结撰，史缟隶。"⑦ 唐柳宗元有《得卢衡州书因以诗寄》一诗："非是白苹洲畔客，还将远意

---

① （唐）刘禹锡撰，卞孝萱校订：《刘禹锡集》，中华书局 1990 年版，第 53 页。
② （明）赵均：《金石林时地考》卷下，文渊阁四库全书本。
③ （清）倪涛：《六艺之一录》卷八二，文渊阁四库全书本。
④ （南宋）王象之：《舆地纪胜》卷九五，清（1644—1911）影宋抄本，国家图书馆藏本。
⑤ （南宋）陈思编著：《宝刻丛编》卷一九《唐果业寺开洞谷记》，浙江古籍出版社 2012 年版，下册，第 1135 页。
⑥ （宋）欧阳棐撰，（清）缪荃孙辑：《集古录目》，云自在龛丛书，缪荃孙辑第一集，清光绪间（1875—1908），国家图书馆藏本。
⑦ （宋）朱长文辑，薛晨校注：《墨池编》，李荷永和堂明隆庆二年（1568）本。

问潇湘。"①光绪《零陵县志》记载："黄叶渡下有白苹洲，广半里，长二里余，旧多白苹，故名。"元结长期出入白苹洲，作《白苹亭记》也有可能。但据《宝刻丛编》载："唐白苹亭记，唐李直方撰，史镐八分书，并篆额己卯岁作，即贞元十五年也。"②史镐与史缟当为同一人。则《白苹亭记》非有两篇，检索《全唐文》卷六一八有李直方《白苹亭记》，乃湖州白苹亭，篇末有"己卯岁冬十月，予将浮浙河"，己卯岁为贞元十五年（799），元结已去世。可见《白苹亭记》非元结作品，乃李直方作品。

（四）"溪园"石刻（浯溪碑林）；"水月洞"石刻（桂林象鼻山石刻）

《八琼室金石补正》卷六十一："溪园二篆文。……溪园在小峿台右，台右堂下有石突起，平地上刻溪园二字，大小六寸许，笔法类《浯溪铭》，或曰次山莳花种蔬处（《祁阳县志》）；篆书横刻小峿台南右堂下小石上。字径六寸许，笔法深稳，唐人笔也。（《古泉山馆金石文编》）"③元结喜留名后世，所作石刻均有题名及日期。溪园二字，定非元结所题留。又《广西通志》载："朝阳亭在水月洞上，宋乾道间僧了元建，张孝祥有记，又朝阳洞三字宋张孝祥书。水月洞三字，溪园居士书。溪园者，宋静江倅吴亿之别号。"④又"水月洞"下题名为"溪园居士"，考元结及元结前作家，以居士为别号的屈指可数，而宋代文人则喜欢以居士作别号，又"水月洞"也用篆体所刻，笔法与"溪园"类似，或"溪园""水月洞"均为南宋吴亿题，非元结所作，"溪园居士"也非元结别号。

元结作品的辑佚、编年与考辨为全面了解元结创作情况提供了一定帮助，对重新编订《元次山集》具有一定的参考价值，同时，为元结年谱的重新修订和元结研究的进一步深化提供了具体依据。

---

① （唐）柳宗元：《柳宗元集》卷四二《得卢衡州书因以诗寄》，中华书局1979年版，第1167页。

② （南宋）陈思编著：《宝刻丛编》卷一四《唐白苹亭记》，浙江古籍出版社2012年版，下册，第904页。

③ （清）陆增祥：《八琼室金石补正》卷六一，国家图书馆善本金石组编：《隋唐五代石刻全编》，北京图书馆出版社2003年版，第1册，第425页。

④ （清）金鉷等监修：《广西通志》卷四四，文渊阁四库全书本。

第四节 《送元二适江左》考

杜甫诗《送元二适江左》"乱后今相见,秋深复远行。风尘为客日,江海送君情。晋室丹阳尹,公孙白帝城。经过自爱惜,取次莫论兵"①,是首争议较大的诗歌。争议主要围绕"元二"进行。观点有三:(1)"元二"是元结。如高棅《唐诗品汇》在该诗题下注:"元结也。"(2)"元二"非元结,指代人物不详。《钱注杜诗》:"刘会孟本题下公自注元结也。考颜鲁公《墓碑》及《次山集》,代宗时以著作郎退居樊上,起家为道州刺史,未尝至蜀,亦未尝至江左。次山《春陵行》及广德二年道州上谢表时月皆可据。所谓元二者,必非结也。宋刻善本无此二字,明是后人妄益耳。"② 仇兆鳌《杜诗详注》沿用钱氏观点:"旧注以元二为元结,钱笺辩其谬误。考本传,结未尝至蜀,亦未尝适江左也。"③《全唐诗》:"一本原注:元结也。考《次山集》,未尝入蜀,亦未尝至江左,且与后注应孙吴科举不合,殆非是。"④ (3)"元二"疑为出使安西元二。《杜诗镜铨》引朱注:"《王右丞集》有《送元二使安西》诗,疑即此人也。"⑤ 因元结未有安西之行,故该观点实际认同"元二"非元结。相比较而言,第二种说法似乎理由较充分,比其他说法更具说服力。当代学者在研究过程中也更偏向于元二非元结,如孙望、杨承祖等在给元结编订年谱时,就未考虑元结有西蜀之行,排除了杜甫与元结的直接交往。那第二种说法是否合理呢?"元二"有没有是元结的可能?本节将从多方面论证该问题。

---

① (唐)杜甫撰,(清)钱谦益笺注:《杜工部集》卷一二,清康熙六年(1667)季氏静思堂刻本,第8册,天津图书馆藏。

② (唐)杜甫撰,(清)钱谦益笺注:《杜工部集》卷一二,清康熙六年(1667)季氏静思堂刻本,第8册,天津图书馆藏。

③ (唐)杜甫著,(清)仇兆鳌注:《杜诗详注》卷一二,中华书局1979年版,第1032—1033页。

④ (清)彭定求等编:《全唐诗》卷二二七《杜甫》,中华书局1960年版,第7册,第2467页。

⑤ (唐)杜甫撰,(清)杨伦笺注:《杜诗镜铨》卷一〇,上海古籍出版社1998年版,第463页。

一

在考察杜甫这首诗歌前，先要确定的是元结是否是元二。上元元年（760）元结作《辞监察御史表》："臣老母多病，又无弟兄，漂流殊乡，孤弱相养。"又上元二年（761）作《与吕相公书》："某又三世单贫，年过四十，弱子无母，年未十岁，孤生嫁娶者一人。"从元结自我表述看，元结当无亲兄弟。但古人排行第时未必是同一家庭内排，有时会按同一家族排。如刘禹锡在家族中排行第二十八，故称刘二十八。从元结诗文看，他有一从兄元德秀，与其同为河南人，且曾活动于鲁山一带，元结与他关系密切，是亦师亦友的关系。如此可理解为元德秀为"元大"，但据李华《元鲁山墓碣铭并序》载："公自幼居贫，累服齐斩，故不及亲在而娶。既孤之后，单独终身，人或以绝后谕焉。对曰：'兄有息男，不旷先人之祀矣。'"① 则元德秀另有亲兄弟在，有子但早逝，元德秀在元氏家族中不是元大，可以推之按家族排元结至少是"元三"了。可见元结为"元二"需有亲兄弟在。在元结不少诗文中另有"元季川"在，如《处规》："季川问曰：'犹终不复二论，犹有意乎?'"《恶圆》："元子召季川，谓曰：'吾自婴儿戏圆，……公植其操矛戟刑我乎?'"《订司乐氏》也提到季川："乐官去，季川问曰：'向犹谢乐官，不亦过甚?'"犹为兄之意。元结天宝之前的文学作品中提及的人物中，元季川出现的频率最高。根据元结《二风诗序》："天宝丁亥中，……后三岁，以多病习静于商余山。"元结曾隐居商余山，在隐居期间作下《述居》，该篇写道："予当乘时和，望年丰，耕艺山田，兼备药石，与兄弟承欢于膝下，与朋友和乐于琴酒，寥然顺命，不为物累，亦自得之分，在于此也。"膝下是指人幼年时常依于父母膝旁或父母的身边，元季川与元结隐居且共依于"膝下"，则元季川当为元结亲弟。再分析元结与元季川名、字，晋孙绰《游天台山赋》："融而为川渎，结而为山阜。"二人名、字当来源于此，元季川即元融无疑。计有

---

① （清）董诰编：《全唐文》卷三二〇李华《元鲁山墓碣铭并序》，中华书局 1983 年版，第3249 页。

功《唐诗纪事》："一曰季川名融，元次山之弟也。"① 季川与次山为二人字，其中暗喻排行，季为第三，次为第二，可以肯定元结为"元二"。但如作元季川为元结亲弟推断，则与《辞监察御史表》《与吕相公书》相矛盾。解决这一矛盾不妨做如下推论，元季川为元结弟弟，但在安史之乱发生后，元季川可能在与叛军作战中死去。作出这一推断有如下理由：（1）据《元君表墓碑铭并序》："及羯胡首乱，逃难于猗玕洞，因招集邻里二百余家奔襄阳，元宗异而征之。值君移居瀼溪，乃寝。"宋王谠《唐语林》："天宝之乱，元结自汝渍率邻里南投襄汉，保全者千余家。乃举兵宛、叶之间，有城守扞寇之力。"② 计有功《唐诗纪事》："时思明攻河阳，……（元结）发宛叶军屯泌阳，全十五城。"③ 元结在抵抗安史叛军取得重大胜利情况下，突然移居瀼溪，这不合常理，必然是家中发生重大变故，不排除元季川就在这一段时间去世。故在上元元年元结作《辞监察御史表》中称："臣老母多病，又无弟兄。"（2）从元结作品看，元结与元季川曾一起隐居，关系十分密切，但元结所有关于元季川交往的作品均作于天宝十四年前。安史之乱后便不再有与元季川交往的诗文。（3）乾元三年（760）元结编次《箧中集》，并作《箧中集序》曰："元结作《箧中集》，……于戏！自沈公及二三子，皆以正直而无禄位，皆以忠信而久贫贱，皆以仁让而至丧亡。异于是者，显荣当世。谁为辩士，吾欲问之？天下兵兴，于今六岁，人皆务武，斯焉谁嗣？已长逝者，遗文散失；方祖师者，不见近作。尽箧中所有，总编次之，命曰《箧中集》。且欲传之亲故，冀其不忘于今。"编订《箧中集》其一目的是为纪念逝者，并希冀其作品能永久流传，而逝者中可能包括了元季川，因在元结此后的诗文中再也没有提及元季川。另据清永瑢等撰《四库全书总目提要》："季川即结弟元

① （宋）计有功撰，王仲镛校笺：《唐诗纪事校笺》卷三二，中华书局 2007 年版，第 1124 页。

② （宋）王谠撰，周勋初校证：《唐语林校证》卷四，中华书局 1987 年版，第 400 页。

③ （宋）计有功撰，王仲镛校笺：《唐诗纪事校笺》卷二二，中华书局 2007 年版，第 730—731 页。

融，独书其字，未详其故。或融之子孙所录，如《玉台新咏》之称徐孝穆软？"①《总目》推断元季川之文是其逝世后所录是正确的，但疑其作品为"融之子孙所录"为误，元结所有作品均自编文集，考《文编》《箧中集》的编订都在天宝之后，故称元融为季川，不直称其名，这也间接印证了元季川的早逝。可见，元结有亲兄弟三人，元大不可考，元结为元二，元融则排行第三。

二

杜甫《送元二适江左》黄鹤编在广德元年，《杜诗详注》因之，其他各家系年均在广德年间，杜甫此诗创作时间无需再考证。杜诗中又有句"乱后今相见，秋深复远行"，如元结在广德元年秋有江左之行，则此诗为杜甫送别元结可能性增大。《新唐书·元结传》："琪诛，结摄领府事。会代宗立，固辞，丐侍亲归樊上。"元结《夏侯岳州表》："癸卯岁，……会予诏许优闲，家于樊上。"癸卯岁为宝应元年（762），第二年（广德元年）春，孟彦深在武昌（今黄石）令任，时新春大雪，孟作《苦雪篇》，往樊山访元结，元结作《酬孟武昌苦雪》。孟彦深又感元结仕途难进，再作《元次山居武昌之樊山，新春大雪，以诗问之》。稍后，元结与武昌县令马向游樊山，马向修亭于其上，元结作《广宴亭记》以纪其事。该年夏，马向于大江边修凉亭，招元结于此避暑，元结感马向才殊、政殊、迹殊，为此亭又殊，故名此亭为殊亭，并作《殊亭记》，斫石立于亭侧。本年夏，元结又作《惠公禅居表》，其文曰："溯樊水二百余里，有涌溪，入溪八九里，有蛇山，之阳是惠公禅居。……县大夫孟彦深、王文渊识名显当世，必能尽禅师之意。"孟彦深在宝应元年（762）秋至广德元年（763）在武昌令上，春夏之交，常吾直摄武昌令（参见《漫歌八曲》《喻常吾直》）。《广宴亭记》曰"庭列双台，修廊夏寒，松竹苍苍，周流清泉"，当作于广德元年夏。从《惠公禅居表》可以看出元结已自武昌沿着樊水而上到达涌

① （清）永瑢等：《四库全书总目》卷一八六《总集类一·箧中集》，中华书局1965年版，下册，第1688页。

溪，最后抵达鄂州之蛇山，此后再未返回武昌。元结《谢上表》："臣某言：去年九月敕授道州刺史，属西戎侵轶，至十二月，臣始于鄂州授敕牒，即日赴任。"该文原注："广德二年道州进"，则元结在广德元年九月授道州刺史，此后不当有江左之行计划。从本年夏至九月，元结留下《漫酬贾沔州》和《别王佐卿序》，其中《别王佐卿序》写道："癸卯岁，京兆王契佐卿年四十六，河南元结次山年四十五，时次山顷日浪游吴中，佐卿顷日去西蜀，……与次山往者，有彭城刘湾。相醉相留，几日江畔。主人鄂州刺史韦延安令四座作诗，命予为序，以送远去。"癸卯岁即广德元年，元结在本年夏秋间可能以鄂州为中心进行过一次漫游，此次漫游先至沔州、西蜀与贾德方、杜甫相会，杜甫作诗相送，"乱后今相见，秋深复远行"与元结吴中之行在时间上具有一致性，然后元结自西蜀返回鄂州与刘湾同去吴中，鄂州刺史韦延安备宴相送。此次吴中之行元结虽未留下诗歌，但从《别王佐卿序》看应当已经成行。又刘长卿有《陪元侍御游支硎山寺》，杨世明以为元侍御为元载，但非绝对。刘长卿广德元年秋在扬州，属于吴中地区，且刘长卿此前有较长时间居于苏州，在苏州有别墅，则陪元结游支硎山寺完全可能。又元结此前曾任侍御史，李祐嘉曾作《送元侍御还荆南幕府》，"元侍御"即指元结，且刘长卿另有《赠元容州》，此诗作于大历六年或稍前，诗写道："旧游如梦里，此别是天涯。"① 可知元结和刘长卿在此前曾有过交游，极有可能就是指此次吴中之游。如此看来《钱注杜诗》《杜诗详注》及《全唐诗》所谓"考《次山集》，……亦未尝至江左"为误，可以肯定元结有江左之行。

然而即使广德元年元结去西蜀，也未必会与杜甫相会。二人相会还需存在某种契机。考元结和杜甫行迹，二人为官前曾同应天宝六载科举，但未必有交往；天宝十二载、十三载二人在长安，也未见有诗文交往；为官后行迹极少交叉，如果没有其他因素，即使元结曾去西蜀与杜甫会面的机会也极小。元结和杜甫的交往还需要其他中介，这便与孟云卿相关。据

---

① （唐）刘长卿撰，杨世明校注：《刘长卿集编年校注》，人民文学出版社 1999 年版，第 336 页。

《唐诗纪事》载:"云卿与杜子美、元次山最善。"① 《唐才子传·孟云卿》:"云卿,关西人。……尝流寓荆州,杜工部多有与云卿赠答之作,甚爱重之。"② 孟云卿和杜甫的交往,最早可追溯至乾元元年(758),杜甫在奔赴华州任时遇见了孟云卿,宴席之上杜作诗酬答。《酬孟云卿》:"乐极伤头白,更长爱烛红。相逢难衮衮,告别莫匆匆。但恐天河落,宁辞酒盏空。明朝牵世务,挥泪各西东。"③ 同年十二月,杜甫至洛阳,于湖城东遇见孟云卿,又作有《冬末以事之东都,湖城东遇孟云卿,复归刘颢宅宿宴,饮散因为醉歌》:"疾风吹尘暗河县,行子隔手不相见。湖城城东一开眼,驻马偶识云卿面。"④ 元结与孟云卿的交往更早,永泰元年(765)元结作《送孟校书往南海序》云:"平昌孟云卿与元次山同州里,以辞学相友,几二十年。"乾元三年(760)元结在编《箧中集》时,也把孟云卿诗歌收录进来。或因为孟云卿关系,元结与杜甫在梓州相会。作此推测另一依据是广德二年(764)元结任道州刺史时作下诗歌《春陵行》《贼退示官吏》两诗,杜甫则作有《同元使君春陵行》,杜诗序曰:"览道州元使君结《春陵行》兼《贼退后示官吏作》二首,志之曰:当天子分忧之地,效汉官良吏之目。今盗贼未息,知民疾苦,得结辈十数公,落落然参错天下为邦伯,万物吐气,天下小安可待矣。不意复见比兴体制,微婉顿挫之词。感而有诗,增诸卷轴。简知我者,不必寄元。"⑤ 何以杜甫见到元结诗并写下评诗但不寄给元结呢?那就是元结创作这两首诗并未直接寄给杜甫,杜甫是从他人手中见到元结之诗的,故没有寄的必要。杜甫从何人手中见到此诗?也应当是孟云卿。永泰元年孟云卿经道州前往南海幕府之后,大约在大历二年(767)或稍前,孟云卿已抵达荆州,回归途中元结仍在道州刺

---

① (宋)计有功撰,王仲镛校笺:《唐诗纪事校笺》卷二五《孟云卿》,中华书局2007年版,第844页。

② (元)辛文房撰,孙映逵校注:《唐才子传校注》卷二《孟云卿》,中国社会科学出版社1991年版,第223页。

③ (唐)杜甫著,(清)仇兆鳌注:《杜诗详注》卷六《酬孟云卿》,中华书局1979年版,第479—480页。

④ (唐)杜甫著,(清)仇兆鳌注:《杜诗详注》卷六,中华书局1979年版,第500页。

⑤ (唐)杜甫著,(清)仇兆鳌注:《杜诗详注》卷一九,中华书局1979年版,第1691页。

史任，二人可能再次相见。孟云卿客荆州后，杜甫有诗相寄，《杜诗详注》卷一八《别崔潩因寄薛据孟云卿》，其中有句："荆州过薛孟，为报欲论诗。"不难看出杜、孟之间有书信往来，元结诗歌当是从孟云卿手中辗转到杜甫手中。杜甫《同元使君春陵行》也当创作于永泰元年或稍后，从杜甫见元诗而评看，也可能因为二人在广德元年（763）曾相见，故二诗可为互证。

三

杜甫《送元二适江左》有句"晋室丹阳尹，公孙白帝城。经过自爱惜，取次莫论兵"，所谓"论兵"就是指研究军事和兵法。"取次"在这里当有轻易、随意之意。可以推测杜甫所送之"元二"，不是普通之文人，而是能够领兵作战且具有武略之人。考元结安史之乱后，曾作《时议》三篇、《管仲论》等，阐述治国方略与用兵之道，又有过多次领兵行为。《唐语林》载："天宝之乱，元结自汝溃率邻里南投襄汉，保全者千余家。乃举兵宛、叶之间，有城守扞寇之力。"[1] 后来，又在荆南吕諲幕府任节度判官。上元元年（760），刘展反，据《资治通鉴·上元元年》载："（十一月）以展为都统淮南东、江南西、浙西三道节度使；密敕旧都统李峘及淮南东道节度使邓景山图之。……甲午，展陷润州。……丙申，展陷升州。"[2] 上元二年（761），元结以节度判官身份领荆南之兵镇于九江。《与韦洪州书》就是其论兵之作，该文曰："某月日，荆南节度判官水部员外郎兼殿中侍御史元结顿首……端公前牒则请不交兵，端公后牒则请速交兵，如此，岂端公自察辨误耶？有小人惑乱端公耶？端公又云：'荆南将士侵暴？'端公岂能保荆南将士必侵暴乎？岂能保淮西将士必不侵暴乎？……某敢以此书献端公阁下。"最终，元结之兵得以进驻九江，阻止了刘展之兵的西进，由此可见，元结擅长于用兵、论兵。广德元年（763）

---

[1] （宋）王谠撰，周勋初校证：《唐语林校证》卷四，中华书局1987年版，第400页。

[2] （宋）司马光编著，胡三省音注：《资治通鉴》卷二二一《唐纪》三七，中华书局1956年版，第7097—7099页。

正月，史朝义兵败自缢，安史之乱平。故杜甫感慨战争给国家和人民带来的巨大灾难，和平来之不易，发出了不要再"论兵"的愿望。而这一愿望也正与元结同，他在《喻旧部曲》中写道："与之一杯酒，喻使烧戎服。兵兴向十年，所见堪叹哭。相逢是遗人，当合识荣辱。劝汝学全生，随我畣退谷。"元结自西蜀至江左，正要经历荆南与江西之地，也即元结曾领兵之地，故杜诗中"经过自爱惜，取次莫论兵"之说与元结领兵经历相符。

又《钱注杜诗》在《送元二适江左》诗末尾曰："原注：元常应孙吴科举。"《全唐诗》也认定为原注，1960 年中华书局出版《全唐诗》校为"元尝应孙吴科举"，《杜诗详注》与《杜诗镜诠》均未列此"原注"于其后。据《登科记考补正》，唐代科考在永泰元年（765）前，均在上都长安举行；永泰元年始两都分试；大历十一年（776），取消东都洛阳科考，此后唐代科考地不再有变更。唐代相关文献中均未有孙吴科举之说，则此注当有误。又元结一生中两次参与科考，一次发生在天宝六载。元结《喻友》载："天宝丁亥中，诏征天下士人有一艺者，皆得诣京师就选。相国晋公林甫以草野之士猥多，恐泄漏当时之机，议于朝廷曰：'举人多卑贱愚聩，不识礼度，恐有俚言，污浊圣听。'于是奏待制者，悉令尚书长官考试，御史中丞监之，试如常吏。已而，布衣之士无有第者。遂表贺人主，以为野无遗贤。"《杜诗详注·杜工部年谱》："天宝六载丁亥。公应诏退下，留长安。元结《谕友》文云：'天宝六载，诏天下有一艺，诣毂下。李林甫命尚书省试，皆下之。遂贺野无遗贤。'时公与结，皆应诏而退。"[①] 元结和杜甫均参加了这次科举考试，因李林甫原因，均下第。元结在此次科举之前，也即天宝五载作《闵荒诗》，其序曰："天宝丙戌中，元子浮隋河，至淮阴间。"则元结曾去隋河一带，隋河为隋炀帝所修，北抵河北涿郡、南达浙江余杭，元结浮隋河至淮阴，可自北而南或自南而北，但结合元结天宝六载参加科举考试看，他此次浮隋河不只是简单游历，实际上是

---

① （唐）杜甫著，（清）仇兆鳌注：《杜诗详注》之《杜工部年谱》，中华书局 1979 年版，第 13 页。

为科考做准备，事实上元结也为这次科考做了大量准备，如他写下《皇谟》三篇、《二风诗》十首献之朝廷等。考唐代文人参加科举考试的惯例，元结此次浮隋河当是为科考而去吴地游历，又元结和杜甫同一年参与了天宝六载的科考，或此时已认识元结，抑或广德元年会面后谈及此次科举与游历，但不应是"元尝应孙吴科举"，而当是"元尝应科举之孙吴"，此注或宋人刻书时误刻。如此看来《全唐诗》谓与"后注应孙吴科举不合"亦误。

由此可见，虽然不少学者对杜甫《送元二适江左》中"元二"为元结持否定意见，但结合元结行第、科考、交往、经历及相关诗文，基本可以肯定"元二"就是指元结，该诗为杜甫在蜀地送元结去江左时所作。同时，通过这首诗也可以反证元结兄弟及排行，补充元结江左之行和西蜀之行的经历，了解元结科考前的游历，也可以从中探寻元结、杜甫和孟云卿之间的交往，对于全面理解元结其人、其文有一定意义。

第二章　思想篇

从自 20 世纪以来，研究元结思想的有不少学者，如孙望、李建昆、唐忠勇、罗浩刚、彭小乐、蒋振华、何安平、邹文荣等，他们的研究或探讨元结思想的来源、或揭示元结思想与儒、道、墨的关系，他们的研究看到了元结思想复杂的一面，然而，元结思想的独特之处却鲜有人全面论及。

对于唐代文人而言，同一人身上具有儒、道思想的不在少数，其原因很复杂，李姓王朝信奉老子，《道德经》成为科举考试内容，而参与科举考试之人又多具强烈仕进之心，科举具有很强的示范作用，故习道与习儒常发生在同一文人身上。但儒、道思想还是具有本质上的区别，道家思想较强的文人，隐逸思想较强烈；儒家思想较强的文人，则孜孜于仕进。唐代文人中，孟浩然和杜甫是这两种类型的文人代表。但即使是孟浩然，也有一定仕进之心，而处于安定阶段的杜甫，也会具有隐逸之心，故文人仕进还是隐逸，又往往和自身所处环境相关。文人的仕进和隐逸具有某种矛盾性和不可调和性，他们想建功立业荣显当时和留名后世，但社会环境和自身的能力决定了多数文人的这一目标难以成功，故不得已而求其次，于是隐居下来。但文人的隐居并不意味着仕进之心的完全熄灭，试图通过隐逸而谋求终南捷径的文人在唐代并不在少数，故除少数真隐士外，文人多在出世与入世间徘徊，内心的纠结长久伴随着他们。

但元结在唐代是少有的例外，他也追求不朽，而且留名后世之心要远强于唐代一般文人。欧阳修在《唐元结阳华岩铭跋》中评价："君子之欲著于不朽者，有诸其内而见于外者，必得于自然。颜子萧然卧于陋巷，人莫见其所为，而名高万世，所谓得之自然也。结之汲汲于后世之名，亦已劳矣。"① 欧阳修指出元结"汲汲于后世之名"是正确的，但元结也是"有诸其内而见于外者"，与其他文人不同的是元结把立德摆在了首位，立言是立德的外化，至于立功，在元结看来并不是那么重要，故当立德（守孝道）与立功（为官）相矛盾时，他没有任何犹豫选择了前者，即使官已做到了从三品（容管经略使兼容州刺史），他也坚决辞去。既然元结把立德看得比立功重要，隐居便不具有了痛苦性，因为隐居是可以修德的。即使是为官，元结也讲究官德，道州百姓遭受战争破坏，民众极度贫困，元结情愿自己受上级责难，也不愿逼迫民众缴纳租税；西南蛮反叛，元结"单车入洞，亲自抚谕，六旬而收复八州"（《元君表墓碑铭并序》）。故陈洙在《漫泉亭赋》写道："（元结）谕蛮酋而王化洽，绥八州而民事康。爰顾以瞻，曰此边土，政虽少纾，俗或未煦。乃驾辎车，乃历险阻，乃采风谣，以问疾苦。"② 元结的以德化蛮正是其德行外显的表现。他在《自箴》中写道："与时仁让，人不汝上。处世清介，人不汝害。汝若全德，必忠必直。汝若全行，必方必正。终身如此，可谓君子。"而唐代多数文人虽然也强调立德的重要性，但在现实生活中却把立功排在了首位，故其儒道的融合是痛苦的，或者说是合而不融。

之所以说元结应当在思想领域受到重视，不仅在于他把儒道的融合付诸实践，还在于系统提出了理论主张。元结著有《漫记》七篇，虽《漫记》《漫说》仅存目，另外还佚失四篇，但从现存篇目《漫论》及元结日常行为中我们还是能窥见"漫家"思想的大致内涵——儒、道完美融合而无任何内在冲突。在立功重于立德的唐代社会，这一思想并没有受到重视，但在重视内省的宋代，元结则十分受欢迎。欧阳修、苏轼、黄庭坚、周敦颐等人身上，都或多或少可以看到元结的影子，元结的"漫家"思想虽然最终没有被人普遍承认，但对宋明理学、心学的影响是显而易见的。

---

① 曾枣庄、刘琳主编：《全宋文》卷七二五《欧阳修》，上海辞书出版社、安徽教育出版社2006年版，第34册，第261页。

② 曾枣庄、刘琳主编：《全宋文》卷一〇三一《陈洙》，上海辞书出版社、安徽教育出版社2006年版，第48册，第34页。

元结的廉政思想、孝道思想及治蛮思想与元结"漫家"思想有密不可分的关系，或为元结对道德自我完美的追求，或为崇高道德的自然外现，故在本章中一并予以论述。

第一节　元结漫家思想略论

自班固在《汉书·艺文志》中"叙儒、道、阴阳、名、法、墨、纵横、杂、农、小说十家之学"①，九流十家之名遂定，其后虽有新思想的出现，也在"九流十家"之内。但元结另辟一家，自称为"漫家"，他在《漫论》中说："吾当于漫，终身不羞，著书作论，当为漫流！于戏！九流百氏，有定限耶？吾自分张，独为漫家。"元结表示他要自成一家，号为"漫家"。对于元结的"漫家"思想，学者鲜有论及，仅罗浩刚《"漫家"元结的墨学色彩》及周艳菊《宋人对"漫家"元结的精神体认与宋人的吏隐》等少数文章或论及"漫家"思想的一面，或从接受学的角度研究元结漫家思想在后世的传播和接受，很少对元结的漫家思想作全面研究。本节将从元结漫家思想的来源、漫家思想的表现、漫家思想的精神内核及漫家思想在中国思想史上的地位和影响等方面进行研究，试图全面解读元结"漫家"思想的内涵。

一

元结对"漫"情有独钟，不仅提出了"漫家"之说，还从多方面表现出漫的特性来。检索元结二百多篇作品，可以发现"漫"字出现达98次之多，他给自己命名为"漫叟""漫郎"，而围绕着漫字，他创造出了"漫歌""漫问""漫乐""漫游"等。对其性格，他则以"浪漫"加以概括。元结可谓名副其实的"漫家"。在探讨何为漫家之前，有必要对元结思想形成的诸因素先作一简单探讨。

（一）家族、家庭与元结漫家思想

元结是北魏鲜卑后裔。宋郑樵《通志》记载了元姓来源："又拓跋氏，

---

① （清）章学诚著，叶瑛校注：《文史通义校注》，中华书局1985年版，第26页。

云黄帝子昌意之后。昌意少子悃，居北土，世为鲜卑君长……至孝文帝，更为元氏，都洛阳。"① 颜真卿《元君表墓碑铭并序》："盖后魏昭成皇帝孙曰常山王遵之十二代孙。"宋晁公武《郡斋读书志》："右唐元结次山也，后魏之裔。"② 元马端临《文献通考·经籍考》所载同。虽然孝文帝推行了汉化政策，还把都城迁至中原地区的洛阳，但此汉化对元结先祖影响不大。元结十二世祖拓跋遵以武功著称。《魏书·昭成子孙传》载其："少而壮勇，不拘小节。……慕容宝之败也，别率骑七百邀其归路，由是有参合之捷。及平中山，拜尚书左仆射，加侍中，领勃海之合口。及博陵、勃海群盗起，遵讨平之。迁州牧，封常山王。"③ 拓跋遵后七叶，元结先祖依然是"王公相继"。直至元结曾祖元仁基依然"从太宗征辽东"（《新唐书·元结传》），在武功上取得突出成就，可见，元结先祖依然保留着尚武之风。

但先祖的尚武之风到元结祖父元亨时发生了一定改变。颜真卿《元君表墓碑铭并序》："祖利贞，霍王府参军，随镇改襄州。"《新唐书·元结传》："祖亨，字利贞，美姿仪。尝曰：'我承王公余烈，鹰犬声乐是习，吾当以儒学易之。'霍王元轨闻其名，辟参军事。"虽然元亨还有从军经历，但开始习儒学了。这对元结的父亲和元结本人影响比较大。从元结早年的作品《二风诗》《闵荒诗》等可以看出，元结崇拜上古圣王尧、舜、禹等。在《闵荒诗》中，则对昏庸的隋炀帝进行了批判。元结受儒学影响的另一个重要标志是天宝六载（747）和天宝十三载（754）两次参加科举考试，这说明元结具有较强的用世之心。这为元结在安史之乱后的积极入仕打下了基础。

但到元结父亲元延祖时，情况又发生了变化。元延祖并没有按照他父亲给他安排的路线前进，他并不大喜欢儒学，也不热衷于做官，一直到四十岁时才在亲朋好友的劝告下勉强做了几天官。据《新唐书·元结传》："父延祖，……逮长，不仕，年过四十，亲娅强劝之，再调春陵丞，辄弃

---

① （宋）郑樵：《通志·氏族略》，陈宗夔明正德（1506—1521）刻，国家图书馆藏本。

② （宋）晁公武撰，孙猛校证：《郡斋读书志校证》卷一七，上海古籍出版社2011年版，下册，第855页。

③ （北齐）魏收：《魏书》卷一五《昭成子孙传》，中华书局1974年版，第374—375页。

官去，曰：'人生衣食，可适饥饱，不宜复有所须。'"从此每天过着种菜、采药的生活，一直到他去世时都是如此。因此，元延祖基本上算是个隐士。但安史之乱爆发后，元延祖却一改隐逸之气，在临终前告诫元结说"而曹逢世多故，不得自安山林，勉树名节，无近羞辱"（《新唐书·元结传》）。对元结有直接影响的人除了元延祖外还有元德秀。元德秀是元结的从兄。《旧唐书·元德秀传》载："元德秀者，河南人，字紫芝。开元二十一年登进士第。性纯朴，无缘饰，动师古道。"[1] 元结在十七岁时便师事元德秀，与其是亦师亦友的关系。元德秀年轻的时候便以孝行著称，李华《元鲁山墓碣铭并序》："及应府贡，如京师，不忍离亲，躬负安舆，往复千里。以才行第一，进士登科。"不仅如此，相传元德秀还亲自乳其兄子。据《新唐书·元德秀传》载："初，兄子襁褓丧亲，无资得乳媪，德秀自乳之，数日湩流，能食乃止。"[2] 元结的孝道思想无疑受到了元德秀的影响。另据《明皇杂录》记载，元德秀在鲁山县令上曾派遣乐工数人，在唐玄宗五凤楼酺宴上联袂歌《于艻于》，陈怀州之民苦，玄宗得知内情后罢黜了怀州刺史，可见元德秀性格忠直与刚烈的一面，这与后来元结在《春陵行》中斥责当政者"官不如贼"是一致的。但元德秀主体思想与元延祖基本上一致，同样也具有隐逸思想。大约在天宝年间，元德秀鲁山县令任满，南游陆浑，见该处山水颇嘉，遂隐居于此，从此不再出仕。

元延祖和元德秀的隐逸思想对青年时期的元结产生了重大影响。天宝六载（747）元结参加了朝廷主持的制举考试，结果李林甫以草野之士卑贱，恐泄漏当时之机，一个也没有录取。元结经历这次打击后，从长安返回鲁山，从天宝九载（750）起，他开始习静于商余山，筑居于余中谷，在这里过了三年的习静生活。习静是指习养静寂的心性，古人也常把过隐居生活称为习静。许多学者在论述元结思想时，由元结的习静推断出他具有道家思想。虽然道家习静者较多，但习静不完全是道家术语，儒家和佛家都有习静行为。唐王维就曾作《积雨辋川庄作》："山中习静观朝槿，松

---

① （后晋）刘昫等：《旧唐书》卷一九〇下《元德秀传》，中华书局1975年版，第5050页。
② （宋）欧阳修、宋祁：《新唐书》卷一九四《元德秀传》，中华书局1975年版，第5563页。

下清斋折露葵。"① 不过，元结的习静还是偏向于道家的，这可以从元结创作于这一时期的作品看出来。如《浪翁观化》等就表现出了较浓的道家思想。另外，《元谟》《演谟》《系谟》及《说楚王赋》等篇章，具有较多的道教意象，也表现了道家无为而治的思想。但元结习静三年的思想依然很复杂，在《浪翁观化》后，元结又创作了《时化》和《世化》，其落脚点依然还是在关注现实民瘼上，《说楚王赋》最后也归结于帝王不可以奢侈浪费，应当过节俭生活。通过三年的习静，元结由一个狂者最终变为了隐者，但他依然忘不了现实。

另外，对于元结的习静不能完全体现他的道家思想还有一个重要依据，那就是他在习静三年已然变成了隐者的情况下，再次出来参加了科举考试。这就不得不令人怀疑元结的习静除了他自己所说的身体孱弱的原因外，还有一个重要的原因就是为科举作准备。这似乎有点说不通，因为元结的习静毕竟表现出了太多的道家意思，但道家思想在唐玄宗时代不仅不与科举相矛盾，而且还是科举考试的重要内容。这从天宝十三载的科举策文题可以看出。据《登科记考补正》载本年："策洞晓玄经科问：大象无体，玄功阴骘，虽禀生之类万殊，而含道之原一致。是以至人垂训，将以微言，演为真宗，贻厥后学。"② 《道德经》是科举必考内容。如此看来，元结的习静恐怕不仅仅只是修养心性这么简单，还有不少功利因素。

元结思想来源的多样性使得其思想极为复杂，从元结的行为处世及留下的作品看，九流十家几乎都可以找到一点影子。儒家和道家就不必说了，元结还是兵家，曾在安史之乱中从叛军手中收复十五城，阻挡了叛军南下的路线；他有效抵御了西原蛮入侵道州；在容管经略使任上，他"单车入洞"，收复八州。他是纵横家，曾作《管仲论》，在安史之乱后游说藩镇"尊王"；他作《与韦洪州书》，纵横捭阖，使得刘展之乱后，荆南之兵顺利进入江西。他是墨家，他倡导节俭、节乐，非乐、非攻，教民畬种山林，攻守备战，有效抵御了侵略。他是小说家，曾创作《猗玗子》一卷，

---

① （清）彭定求等编：《全唐诗》卷一二八《王维》，中华书局1960年版，第1298页。
② （清）徐松撰，孟二冬补正：《登科记考补正》卷九，北京燕山出版社2003年版，第379页。

为唐代较早的小说集。他是地理学家，曾作《诸山记》《九疑图记》。他是水利专家，曾任水部员外郎，在代摄连州刺史时，修筑海阳湖，数百年来连州百姓得其利。他是金石学家，其留下的大量石刻对湖北、江西、湖南、广西、广东等地的摩崖石刻影响深远。可以说，元结思想之复杂，超过了唐代大多数文人。

二

如果把元结思想中具有的某一方面特征就认定元结是某家，不仅不符合元结思想的实际情况，也得不到元结自身的认同。元结在《漫论》中说："于戏！九流百氏，有定限耶？吾自分张，独为漫家。"他认为自己不同于九流十家，他又在《惠公禅居表》中说："于戏！吾漫浪者也，焉能尽禅师之意乎？"也不同于东汉时期传入中国的佛教，他的思想有鲜明的特征，可以自立为漫家。元结"漫家"的提出绝不是一时兴起，而是经过了深思熟虑。《漫论》其序曰："乾元己亥至宝应壬寅，蒙时人相诮，……因作《漫论》。"宝应壬寅即宝应元年（762），该年四月，吕𬤊卒于荆南节度任上，该年秋，元结以侍亲为名，归于武昌樊上。据文意看，规检大夫似对元结有所不满，于是元结作《漫论》驳之，文中提出了"漫家"一词。元结之所谓"漫"，从其文看，主要有放纵、散漫、随意、不受约束之意。据元结在《漫论》中自述，在"漫家"提出之前，元结有过许多"漫为"，他说："元次山尝漫有所为，且漫聚兵，又漫辞官，漫闻议云云。"从安史之乱起，元结"漫为"开始渐显，他在安史之乱后率领家族成员在没有任何其他援助的情况下随意起兵，后被唐肃宗征召，数月之内"官忝风宪，任兼戎旅"，成为众人羡慕的对象，他却想辞官，上《辞监察御史表》，希望能够让他回家奉养老母。当他还是一个草野之士，还在征召途中时，得到了当时礼部尚书、东都留守韦陟的接见，韦陟却只问辞赋之事，结果他诘问韦陟"尚书与国休戚，能无问乎？事有在尚书力及，能不行乎"，不难想象韦陟之难堪。不仅对待韦陟如此，对待当时宰相李揆也是如此，他在《与李相公书》中说："相公见某，但礼文拜揖之外，无所问焉。忽然狂妄男子，不称任使，坐招败辱，相公如何？"都可见元结"漫家"思想之流露。在《漫论》中又说："吾当于漫，终身不羞，著书作论，当为漫流！"从此之后，元结改其名为"漫叟"，"漫浪""漫歌""漫游""漫醉"等带漫字的词开始大量出现，"漫家"不再仅限于元结自身行事，而是成了可以概括元结所有思想和行为的代名词，具体而言，元结的漫家思想包含以下四个维度。

（一）以"漫"为形式

"漫"，《说文》未收此字，小篆作"𤂩"[①]，《玉篇·水部》："漫，水漫漫，平远貌。又散也。"《汉字源流字典》指出漫的本义为："因大水过满外流而浩淼无际的样子。"[②] 当水漫过河渠之后便四散开，不再受到任何约束，可以随物赋形，于是漫很自然引申出"无目的、随性去做，不放在心上"之意，乃至引申出"不受约束，散漫、放纵"之意。早在战国时期，由水之散漫便开始引申为人之纵逸，《庄子·马蹄篇》载："澶漫为乐。"[③] 元结一生好水，写下了不少与水相关的文章，如《瀼溪铭》《抔湖铭》《七泉铭》《石鱼湖醉歌》《右溪铭》《浯溪铭》等，他往往能从自然山水中感受到生命哲学，故自号为"漫郎""漫翁""漫叟"，其漫浪行为主要体现在以下四方面：

1. 漫语

元结语言幽默、诙谐，与人交谈，较少考虑后果，喜怒之情溢于言表，体现了爱憎分明的性格特征。"漫问""漫论""漫酬""漫闻议"是其漫语的具体表现。《漫问相里黄州》："公为二千石，我为山海客。志业岂不同，今已殊名迹。相里不相类，相友且相异。"直接指出了当时的黄州刺史相里某与自己不是同一类型的人，表示自己不愿意与之交往。《与党侍御》："今将问茂宗，茂宗欲何辞？若云吾无心，此来复何为；若云吾有羞，于此还见嗤。谁言万类心，间之不可窥。"对自己好友党晔极尽诮

---

① 谷衍奎编：《汉字源流字典》，语文出版社 2008 年版，第 1756 页。
② 谷衍奎编：《汉字源流字典》，语文出版社 2008 年版，第 1756 页。
③ （清）郭庆藩：《庄子集释》，中华书局 1961 年版，第 336 页。

戏，嘲笑他不应该借隐逸行为来抬高自己声望，并且还认为党晔的这种行为，应该为他人规勉。其实早在元结提出"漫论"之前，元结就多有漫语。如《吧论》《丐论》《喻友》等篇皆是其漫语。之后，元结之漫语更甚，如《漫酬贾沔州》《与李相公书》《与吕相公书》等都是如此。

2. 漫行

元结行事不愿意受到任何约束，他认为自己应该做的，不管情形多么恶劣，他也会坚持做下去。安史之乱后安禄山攻下洛阳、长安，中原地区的老百姓四处逃散，元结则以文人的身份，率领族人在自己家乡附近"漫起兵"，保全城池十五座。后来在动乱之际又接受了唐肃宗的征召，在短短几个月时间里，连升数级，正当他成为多数官员羡慕的对象时，他又"漫辞官"，上《辞监察御史表》，表示自己要回家侍奉母亲。后来又有过多次辞官行为，分别写下了《乞免官归养表》《让容州表》《再让容州表》等。元结的"漫行"在当时就遭到了不少人的非议，但元结依然我行我素，丝毫不在乎"规检之徒"对他的看法，并且表示"规检之徒，则奈我何"（《漫论》）！

3. 漫乐

元结在闲暇时间，则处于漫乐状态，他对生活充满了乐趣，经常和志同道合的友人出去"漫游"，他总能从山水自然中感受到快乐。值得注意的是元结诗文中的山水之乐与历史上许多文人的山水之乐不同，一般文人喜欢在失意时寄情山水，试图从山水中找到心灵的慰藉。但元结不同，沉浸于山水自然中对他来说本身就是一种生活。他一有时间便漫游于山水中，山水不再是心情不平时的寄托，而成了自己的好友。他在山水中漫醉、漫眠，过着一种"漫醉人不嗔，漫眠人不唤，漫游无远近，漫乐无早晏"（《漫酬贾沔州》）的生活，他漫歌、漫吟、漫欢、漫乐，身心得到了极大快乐；他也与历代隐士不同，他在享受漫浪生活的同时，也不忘天下之百姓，依然想着"今天下之人，正苦大热，谁似茅阁，荫而庥之"（《茅阁记》），"堪救渴暍，人不之知"（《寒泉铭》），虽然形式"诞漫"，却有着先天下之忧而忧，后天下之乐而乐的情怀。

（二）以"道"为核心

如果说"漫"是从个人层面展示元结是怎样处理与社会及自然的关系，"道"则上升到哲理的高度，试图去探究万事万物发展的本源规律。"道"在小篆中写作""，本义为道路，后来道家借用为宇宙万物的本源。《老子》："有物混成，先天地生。寂兮寥兮，独立不改。周行而不殆，可以为天下母。吾不知其名，字之曰道。"① 后来进而演变为事物的法则与规律。《周易述》："是以立天之道曰阴与阳，立地之道曰柔与刚，立人之道曰仁与义。"② 于是道成了解决问题的法则与规律。就元结而言，其对"道"的追求首先表现在自然之道上。元结爱好自然，他不仅能够从自然界的一山一水一石中得到身心的愉悦，同时也能感受自然之道。元结所喜爱的唐庼、峿台、抔樽、窊樽，无不得之于自然，他稍加修葺便能为己利用；他笔下的瀼溪、浯溪、寒泉、冰泉，也能够顺势利导，用以救人饥渴。元结擅长于利用大自然中的一切，让其发挥最大功用。元结的作品，也多描写他徜徉于山水自然的感受，李商隐在《容州经略使元结文集后序》中写道："次山之作，其绵远长大，以自然为祖，元气为根，变化移易之。太虚无状，大贲无色，寒暑攸出，鬼神有职。南斗北斗，东龙西虎，方向物色，欸何从生。"更为难得的是元结能从自然之道中体悟到人世之道，进而对圣人之道、君王之道、为人之道、为文之道进行了阐述：

1. 圣人之道

元结在《元谟》中讲到了道的层次："上古之君用真而耻圣，故大道清粹，滋于至德，至德蕴沦，而人自纯；其次用圣而耻明，故乘道施教，修教设化，教化和顺而人从信；其次用明而耻杀，故沿化兴法，因教置令，法令简要而人顺教。此颓弊以昌之道也。"在圣人的治理之下，不仅"天下和"而且"万姓熙熙兮，舞且歌"（《补乐歌·大濩》）。而违反圣人之道的，则要遭受惩罚。"昔隋氏逆天地之道，绝生人之命，使怨痛之声，满于四海。"结果是"四海之内，隋人未老，隋社未安，而隋国已亡"

---

① （魏）王弼注，楼宇烈校释：《老子道德经注校释》，中华书局 2008 年版，第 62—63 页。
② （清）惠栋：《周易述》，中华书局 2007 年版，第 485 页。

（《述时》）。他作《二风诗》和《三谟》都是为了赞扬或者探讨圣人之道。在《二风诗论》中，元结大力称颂尧、舜、禹等上古帝王，而对于太康、夏桀、殷纣等进行了批判。而圣人之道的根本在于护育人民，他多次在诗文中写道"猗太帝兮，其智如神。分草实兮，济我生人"（《丰年》）、"玄云溶溶兮，垂雨濛濛。类我圣泽兮，涵濡不穷"（《云门》）、"万姓苦兮，怨且哭。不有圣人兮，谁濩育"（《大濩》），对于这些能护育人民的圣人，元结对他们进行了大肆颂扬。

2. *君王之道*

元结之所以探讨圣人之道实际上是为当代统治者提供经验借鉴。他在《二风诗论》中就表示"吾欲极帝王理乱之道，系古人规讽之流"，在实际生活中，元结为统治者的治理提供了许多切实可行的建议。他在《治风诗》中指出，作为君王要有仁爱之心，要有慈孝心，要能够勤政为民，要执法严明，不听谗言，要以仁德来教化百姓。在不同的文章中，他分别阐述了以上观点，他在《时议》中指出："若天子能追行已言之令，必行将来之法，且免天下无端杂徭，且除天下随时弊法，且去天下拘忌烦令，必任天下贤异君子，屏斥天下奸邪小人，然后推仁信威令，与之不惑，此帝王常道，何为不及？"《问进士》更从各个方面剖析了安史之乱后唐王朝存在的系列问题，虽然元结在该文中没有提出解决办法，但依然能够从其他文章中找出答案。元结站在帝王师的角度来探讨君王之道，他提出的治国方略从某种程度上可以根治安史之乱引起的系列社会问题。

3. *为人之道*

人总是处在复杂的社会关系中，充当着不同的角色，元结早在天宝年间，就探讨了"君臣、父子、兄弟、夫妇、朋友之道"（《订古五篇》），为之"嗟之伤之、泣而恨之"，并试图用上古之道订正之。在为人之道中，元结特别注重对孝道的阐述，他特别赞赏以孝著称的舜帝，在《二风诗论》中，他指出："安之以慈顺，故颂帝舜为慈帝。"并且赞赏舜帝孝德："至化之深兮，猗猗娭娭。如煦如吹，如负如持，而不知其慈。"（《至慈》）在刺道州期间，元结发现了七泉，把其中一泉命名为浯泉，并为之作铭，其铭曰："时世相薄，而日忘圣教。欲将斯泉，裨助纯孝。"（《浯泉铭》）元结不仅宣传孝道，还践行孝道，上元元年（760）"未逾数月，官忝风宪，任兼戎旅"，被正式任命为监察御史，但元结却上《辞监察御史表》，他在表中指出："臣老母多病，又无弟兄，漂流殊乡，孤弱相养。……念臣老母，令臣得以奉养。"宝应元年（762）元结上《乞免官归养表》："臣无兄弟，老母久病，所愿免官奉养，生死愿足。"后来朝廷任命他为容管经略使，元结又上《让容州表》："臣有至切，不敢不言。臣实一身，奉养老母，医药饮食，非臣不喜，臣暂违离，则忧悸成疾。"其母去世后，元结再上《再让容州表》，表示要辞官为母亲守孝，从这些上表中不难看出元结的拳拳孝心。

4. 为文之道

自魏晋以来，文学开始从其他文体中独立出来，声律、对偶、用典之风渐盛。南北朝至隋炀帝期间，文风日渐颓靡，宫体诗与骈文大盛。文学注重形式美是其自觉的表现，但过于注重形式会影响内容的表达。这种形式主义文风至唐代虽有陈子昂、李华等人提出反对，但整体而言，骈文与律诗依然在文学中占据重要地位。文学需要变革，但对于怎样进行变革及怎样在创作中践行尚无明确方向。元结则明确提出了文章之道，他在《箧中集序》中批判了当时的形式主义文风，他指出："近世作者，更相沿袭，拘限声病，喜尚形似，且以流易为辞，不知丧于雅正。"在《刘侍御月夜宴会序》中进一步指出"于戏！文章道丧盖久矣，时之作者，烦杂过多，歌儿舞女，且相喜爱，系之风雅，谁道是邪？诸公尝欲变时俗之淫靡，为后生之规范。"元结在创作中也实现了他的理论主张，完全摆脱了形式主义文风的影响。特别是他后期的诗文，朴实平易，对北宋欧阳修领导的诗文革新运动起着重要影响。他在《文编序》中这样概括自己的创作："故所为之文多退让者、多激发者、多嗟恨者、多伤闵者，其意必欲劝之忠孝，诱以仁惠，急于公直，守其节分。如此，非救时劝俗之所须者欤？"可以说在唐代古文运动中，元结是少数能有自己的理论主张并在创作中践行自己理论主张的文人。

（三）以"纯""朴"为根本

从元结"漫""道"的内容可以看出，元结的"漫"受道家思想影响较大，而其"道"则受儒家思想影响较大。在元结之前或同时代的人，也有不少人受到道家和儒家思想的影响，如陶渊明、李白等人，但这两种思想似乎具有某种不兼容性。当文人仕途顺畅时，文人更热衷于建功立业，儒家思想占据上风，道家思想消退；当仕途偃塞时，文人则退居山林，道家思想占据上风，文人长期处于两种思想的矛盾冲突中。从元结的思想行为看，他并没有这种矛盾冲突。他把二者有机组织在一起，形成了其思想的重要特色。元结之所以能够把看似矛盾的思想融合起来，在于他以"纯""朴"为根本。何为"纯""朴"，元结并没有做更详细的说明。但他多次在诗文中提到这两个字。如：他说自己创作的《补乐歌》"诚不足全化金石、反正宫羽，而或存之，犹乙乙冥冥，有纯古之声"；在《送张玄武序》中他指出蜀地百姓，自秦汉时才开始接受教化，"纯古之道，其由未知"，在《宂樽铭》中形容宂樽"此器大朴，尤宜直纯"。他认为世道所以变坏，在于人们失去了纯朴的本质。他在《颂东夷》中指出："始知中国人，耽此亡纯朴。"在《演谟》中指出："颓弊以昌之道，其由上古强毁纯朴。"人之所以失去"纯""朴"本质，在于受外界物质、权力等的诱惑。所以元结希望人们能够守住纯朴。他在《抔樽铭》赞扬"抔樽"的"非曲非方，不准不规"，批判时俗浇狡与伪薄，希望有人能与他共守纯朴。元结称自己为"愚者"，他在《述时》中说："予愚愚者，亦当预焉，日觉抵塞，厌于无用，乃以因慕古人清和蕴纯，周周仲仲，癓然全真，上全忠孝，下尽仁信，内顺元化，外娭太和，足矣。"《与党评事》中也说："自顾无功劳，一岁官再迁。局身班次中，常窃愧耻焉。加以久荒浪，惛愚性颇全。"很显然，元结并非真正愚者，只不过与时俗之人相比，他少了追名逐利的心思，因而与他人显得格格不入。在《自箴》中当他人告诉他需"须曲须圆""须奸须媚"才能求到权位时，他表示"不能此为，乃吾之心"。他所谓的愚，其实是想让自己在世俗的生活中保持纯朴之心。元结还以孩孺自比，他在《七不如篇》："元子常自愧不如孩孺，不如宵寐，又不如病，又不如醉。"为什么不如孩孺？关键在于小孩子保持有童心，不懂得虚伪，一切都源自真心，没有受到世俗的污染，与上古之人最为接近。除此外，元结还特别喜欢喝酒，而且一喝必醉，他曾写过

《宿樽铭》《抔樽铭》等文章，但他与其他文人借酒浇愁不同，元结喝酒主要是为了抒发自己的真性情，他在《夜宴石鱼湖作》中说："醉昏能诞语，劝醉能忘情。坐无拘忌人，勿限醉与醒。"能和朋友无所拘忌地说说知心话，是多么开心的事情。

也正因为如此，我们就能够理解为什么元结能够把其他人看似矛盾的"漫"与"道"结合起来，一切原因都在于"纯""朴"。唯其纯朴，所以真性情。元结之"漫浪"行为，都与他的真性情相关。他在《自释》中说："取而醉人议，当以漫叟为称。直荒浪其情性，诞漫其所为，使人知无所存有，无所将待。"也正因为如此，元结在现实生活中很少受到牵绊，他喜欢的事情，即使遭人非议，他也不会放弃。当有"规检大夫"指责他"漫何检括？漫何操持？漫何是非？漫不足准，漫不足规，漫无所用，漫无所施。漫也何效？漫焉何师？"他却依然我行我素，表示自己"吾当于漫，终身不羞"。他对于自己不喜欢的人，特别是那些虚伪之士，极尽嬉笑怒骂之能事。他嘲笑不懂"全声"的司乐氏，嘲笑党晔是个假隐士，嘲笑李林甫的阴险狡诈，甚至对当朝宰相李揆"礼文拜揖之外，无所问焉"，表示出极度愤怒。正因为他以真性情对待世俗之事，故表现出与世俗格格不入的傲岸态度，他"不相从听，不相钩加"，自称为"聱叟"。同样，元结之"道"虽然从外在表现形态看，与儒家之道接近，但与儒家之道相比，元结之"道"较少受到"礼"的制约，同样也是出自人的真性情。他在《自述·述时》中指出："巴鄙语曰：'愚者似直，弱者似仁。'予殆有之，夫复何疑！"现在学者研究元结，多认为元结是忠君爱国的典型，元结确实爱国，甚至可以说他爱唐王朝，他的诗文中也不乏表达对国家的爱。但是当代表着国家的统治者干出危害百姓的事情时，元结则直接站出来加以指责，他在《贼退示官吏》中写道："使臣将王命，岂不如贼焉？"他指出官不如贼，贼还有同情心。面对百姓"朝餐是草根，暮食是木皮。出言气欲绝，言速行步迟"（《舂陵行》）的现实，官府仍强加征敛，元结表现出了极大的愤慨，这是元结真性情的体现。除此外，元结对父母的孝顺、对朋友的真挚及对后辈的提携无不表现出他"纯""朴"的一面，也真因为如此，元结的作品特别感人。所以说"纯""朴"是元结思想的根本。

（四）以"全德""全行"为终极追求

正如儒家、道家有人生终极追求一样，元结的"漫家"也有终极追求。这一追求与元结在《自箴》中提出的"君子"相关。元结作品中"君子"一词出现多达49次。在他看来，只要在某一品质或某种行为上有突出或过人之处，从道德层面上超越了同时代的人，就可以称为君子。他笔下描写了众多的君子形象，有隐居丹崖的唐节、处士张季秀，也有持节一方的黄州刺史左振、荆南节度使吕谭、岳州刺史夏侯宋客、潭州刺史崔瓘等。他们或甘于贫贱，或惠爱百姓，或道德内充，或与时进退，都值得称赞和学习。在《喻友》中他认为君子即使富贵也不应专权，不应该欺上惑下，贫贱要能守住本分，不贪图富贵；同时还应"上顺时命，乘道御和，下守虚澹，修己推分"（《述居》）。他甚至认为乞丐中也有君子存在，他称赞乞丐："心不惭，迹与人同，示无异也，此君子之道。"

元结也以"君子"来要求自己，他在《自箴》中说："汝若全德，必忠必直；汝若全行，必方必正。终身如此，可谓君子。"但显然相比起一般君子而言，他对自己的要求更为严格。他以"全德""全行"要求自己，他重孝道、忠君、爱国、忧民。元结去世后，颜真卿在《元君表墓碑铭并序》中称赞他"允矣全德，今之古人"，其道德水平远远高出一般君子。元结在行为处事上更是做到了"全行"：当安史之乱发生时，绝大多数百姓四处逃散，他以一懦弱书生率领族人起兵抗敌；当妖人申泰芝诬陷潭州刺史庞承鼎时，他冒着被处死或流放的危险，最后使得冤案得以昭雪；任道州刺史后，面对多如牛毛的苛捐杂税，他指出"官不如贼"的现实，并上表减免赋税；任容管经略使时，面对群蛮叛乱，他"单车入洞"，收复八州；当仕途步步升迁时，他却以侍奉老母为由而多次辞官。在唐代，元结可谓"全行"之典范，这一切都源自于元结的纯真本性。正因为元结本性之真，他才能在功名利禄面前没有丧失自己的初心，才能在生活中漫其所为，无所畏惧。

"君子"一词，在先秦典籍中多次出现，如"君子终日乾乾，夕惕若厉，无咎"① （《周易》）、"君子博学而日参省乎己"② （《荀子》）、"君子在野，小人在位"③ （《尚书》），侧重于地位之崇高与道德之高尚。元结在强调君子的"全德"时，也同时强调君子的"全行"。"全德""全行"的君子，已经颇类似于"圣人"，但却不完全与圣人同。圣人更多强调道德上的节制，而元结却强调喜怒哀乐都发乎本性，如同四时更替一样自然。他在《元谟》中指出："上古之君用真而耻圣，故大道清粹，滋于至德，至德蕴沦而人自纯。"故他对那些试图从道德和行为上约束他的"规检之徒"表现出了厌恶态度，当规检大夫诘问元结"漫何检括？漫何操持？漫何是非？漫不足准，漫不足规，漫无所用，漫无所施"时，元结不屑一顾，表示"规检之徒，则奈我何"（《漫论》）。他虽然也强调做人应方、直，但对于那些固守方圆、不懂变通之人给予嘲笑。可见，元结的"全德""全行"与儒家思想存在较大的差异，较少受到社会伦理规范的约束，强调一切发乎本性与自然，这一点又与道家提出的"真人"颇为类似。

由上分析可知，元结的"漫家"思想把本来具有一定对立性的儒、道思想完美融合在一起，又吸收了诸子百家之精华，在纯朴的本性之下以"漫浪"形式表现出来，无论是在理论还是实践上都取得了较大的成功。正如李商隐在《容州经略使元结文集后序》中指出"孔氏固圣矣，次山安在其必师之邪"，元结的"漫家"思想表现出了鲜明的独创性。

三

虽然元结在道德或人品上无可挑剔，在仕途上也一帆风顺，但元结的"漫家"或者"漫流"在唐代并没有得到士人的认可。翻阅唐人文集，虽然部分作家有浪漫之作，如杜甫《绝句漫兴》九首、李商隐《漫成》三首、司空图《漫题》三首、《漫书》五首、韩偓《漫作》二首，这些作品

---

① 李镜池：《周易章句》，中华书局 2019 年版，第 1571 页。
② （清）王先谦：《荀子集解》，中华书局 1988 年版，第 2 页。
③ （清）阮元校刻：《尚书正义》，影印清嘉庆刊本，中华书局 2009 年版，第 287 页。

甚至在某些方面与元结作品在思想与内容上接近，如韩偓的《漫作》其
一："暑雨洒和气，香风吹日华。瞵龙惊汗漫，翥凤綷云霞。悬圃珠为树，
天池玉作砂。丹霄能几级，何必待乘槎？"① 这样的作品与元结风格上有类
似之处，但是就整个唐代而言元结的漫家思想并没有受到重视，杜甫虽然
与元结有交往，但杜甫却是较纯正的儒家思想，其所谓"漫兴"，乃"言即
景率意之作也"，是杜甫偶尔的闲适之作。刘颁、司空图、韩偓也大多是
即景率意所为，他们的诗文不仅没有表现出对元结漫家思想的继承，甚至
都没有提及其人其文。在唐代文人中对元结有全面了解的是李商隐。李商
隐曾作《容州经略使元结文集后序》，在这篇文章中，李商隐对元结人品、
思想、文学有全面的概述。其中对于元结的思想概括十分准确。如"次山
之作，其绵远长大，以自然为祖，元气为根，变化移易之"，"君君尧、
舜，人人羲皇，上之视下，不知有尊，下之望上，不知有篡"，而且李商
隐已经意识到了元结思想与儒家思想的相异。他在该文结尾写道："呜呼！
孔氏于道德仁义外有何物？百千万年，圣贤相随于涂中耳。次山之书曰：
三皇用真而耻圣，五帝用圣而耻明，三王用明而耻察。嗟嗟此书，可以无
乎？孔氏固圣矣，次山安在其必师之邪。"认为元结不师孔子不应为非，
意识到了元结思想与孔子思想的不同之处，而且李商隐把元结和孔子相提
并论，显然是把元结当作了九流十家之外的另一流派的开创者，"孔氏
于道德仁义外有何物"，李商隐指出了元结的不师孔子并非完全排斥孔
子，对于孔子的仁义道德还是有继承的，但是仁义道德并非元结思想的
全部，也不是元结思想的最高层次，李商隐准确地指出了元结在继承孔
子道德文化的基础上对儒家做出的巨大突破。但李商隐虽然看到了元结
思想上创新的一面，却对元结自立的"漫家""漫流"未有任何提及，
甚至对元结的"漫为"也视而不见。虽然他也作了《漫成》三首，但其
语言风格与元结格格不入。就李商隐思想而言，也极少接受元结的漫家
思想。

元结的全面接受已到了宋代，宋代是理学盛行的时代。宋代理学的开

---

① （清）彭定求等编：《全唐诗》卷六八一《韩偓》，中华书局 1960 年版，第 7803 页。

山祖师周敦颐就受元结思想影响很深。周敦颐，湖南道州人，虽然在他的诗文中没有提及"漫家"一词，但其行为和思想受元结影响很深。周敦颐一生中经历多与元结重合：元结在安史之乱后难逃至江西九江，周敦颐晚年辞官归隐定居在庐山莲花峰下；元结曾两为道州刺史，周敦颐则出生于道州且在十五岁前一直居住于道州；元结曾摄连州刺史，周敦颐也曾在连州为官；元结晚年守孝于祁阳，周敦颐晚年移任永州通判。可以说元结对周敦颐的影响是终身的。在周敦颐的诗文中，多提及圣贤人物，但对于秦汉以来的人物，则鲜有提及。唯独引元结为知己。朱熹在《再定太极通书后序》中写道："而邵武邹旉为熹言：'尝至其处，溪之源委自为上下保，先生故居在下保，其地又别自号为楼田。而濂之为字，则疑其出于唐刺史元结七泉之遗俗也。'"① 元结曾作《七泉铭》，包含有潓泉、漼泉、㶁泉、汸泉、淔泉、漫泉等，所以周敦颐仿照元结命名泉水的方式，命为濂泉。廉不仅是周敦颐的重要品质，同时也是元结的重要品质，周敦颐以此命名，似乎有意与元结"七泉"相补充。周敦颐卜居于庐山时，曾作《书堂》，诗中写道："元子溪曰瀼，诗传到于今。此俗良易化，不欺顾相钦。……吾乐盖易足，名溪朝暮侵。元子与周子，相邀风月寻。"② 从这首诗可以看出，周敦颐在生活情趣上与元结极为相似，虽然相隔两百余年，但周敦颐却引以为知己。可见元结在人品和生活上对周敦颐影响甚大，这自然也会影响到周敦颐的思想。如，元结注重孝道，为侍奉母亲不惜多次辞官；周敦颐在外做官时，也多次写信关心长辈。《上二十六叔书》中，他写道："孟秋犹热，伏惟二十六叔、三十一叔、诸叔母、诸兄长尊体起居万福。周兴来，知安乐，喜无尽。敦颐守官于外，与新妇幸如常，不劳忧念。来春归乡，即遂拜侍。未间，伏望顺时倍加保爱，不备。"③ 元结注重自然之道和圣人之道，周敦颐也称颂圣人之道，认为"圣人定之以中正仁义，而主静，立人极焉"。（《太极图说》）并且认为圣人"与天地合其

---

① （宋）周敦颐著，陈克明点校：《周敦颐集》卷二，中华书局 1990 年版，第 47—48 页。
② 王晚霞编著：《濂溪志新编》，中国社会科学出版社 2018 年版，第 189 页。
③ （宋）周敦颐著，陈克明点校：《周敦颐集》卷三，中华书局 1990 年版，第 57 页。

德，日月合其明，四时合其序，鬼神合其吉凶"①。圣人之道同样也是符合自然之道的。元结追求"朴"，周敦颐追求拙，他在《拙赋》中说："巧者言，拙者默；巧者劳，拙者逸；巧者贼，拙者德；巧者凶，拙者吉。呜呼！天下拙，刑政彻。上安下顺，风清币绝。"② 元结追求"真心"，周敦颐则主张诚心，《通书·诚上第一》："诚者，圣人之本。大哉乾元，万物资始，诚之源也。乾道变化，各正性命，诚斯立焉。纯粹至善者也。"③ 诚直接秉承天地万物之元气而成，是圣人之本，具有纯粹至善之品质，其本质实乃人之"真心"。周敦颐去世后，谥号为"元公"，而元结自称元子，在周敦颐的影响之下，理学开始兴盛，并形成了不同流派，在南宋末年被采纳为官方哲学。

清黄宗羲《宋元学案》中说道："孔、孟而后，汉儒止有传经之学，性道微言之绝久矣。元公崛起，二程嗣之，又复横渠诸大儒辈出，圣学大昌。故安定、徂徕卓乎有儒者之矩范，然仅可谓有开之必先。若论阐发心性义理之精微，端数元公之破暗也。"④ 可见，自唐以后虽然没有真正形成所谓的漫家，但元结的漫家思想影响到了理学的形成，对理学的发展起到了一定作用。理学发展到明代以后，开始向"心学"转变。而谈论心学，离不开王阳明和湛若水。应该说湛若水同样也受元结影响很大。他是广东增城人。广东人出南岭，最主要路径是经南岭——潇水——湘水一线，而这路线正好是元结石刻集中分布处。湛若水一生多次经历该地区，无疑会受到元结影响。也正是因如此，湛若水北游河北等地时，得到了元结文集，他称赞元结文章"欲质不欲野，欲朴不欲陋，欲拙不欲固，卓然自成其家者也"，并且向当时两广总戎太保武定侯郭勋推荐了该抄本，元结文集因此在明代得以刊行。今天所存留的元集版本中，以该版本为最早。不仅如此，湛若水还亲自给元结文集作序，并且认为自己写作文章受元结影响很大。他说"自吾得元子，而文思益古"。除此外，湛若水还在《丘文

---

① （宋）周敦颐著，陈克明点校：《周敦颐集》卷一，中华书局1990年版，第6页。
② （宋）周敦颐著，陈克明点校：《周敦颐集》卷三，中华书局1990年版，第60页。
③ （宋）周敦颐著，陈克明点校：《周敦颐集》卷二，中华书局1990年版，第13页。
④ （清）黄宗羲：《宋元学案》，中华书局1986年版，第482页。

庄公文集序》中提到了元结，他认为"夫以公（丘文庄）如彼其天资，扩其好学之心，如孔文子之下问，如李初平之谦益；推其居室之心，如孟子之广居，如次山之茅阁；充其（文）［交］际之心，如周公之握吐，如燕昭之致士"。把元结和孟子等圣贤并列，可见元结在湛若水心中的地位。湛若水是明代心学的代表人物，他思想中最核心的观点是"随处体认天理"，他在《示学六言赠六安潘汝中黄门》中写道："随处体认天理，六字千圣同行。万里一心感应，虚灵中正观生。"并且他说："吾之所谓随处云者，随心随意随身随家随国随天下，盖随其所寂所感时耳。"① 结合元结思想，元结也是在"漫为"中践行自己的道。他热爱自然山水、关心下层百姓，竭尽孝心，这一切都源于真。而这种真正是从自然之道来，从天理中来。湛若水还认为"为学先须认仁，仁与天地万物为一体"，这与元结提倡仁学，主张"三皇用真而耻圣，五帝用圣而耻明"是一致的。湛若水在明代影响十分大，他创办学院，门下弟子多达四千人，遍及全国各地，他创立的心学被称为"甘泉学派"，与王阳明的"阳明学"并称为"王湛之学"。对明清时期的心学发展影响巨大。"泰州学派"作为王阳明心学的一支，晚明的李贽也受到了元结影响。值得注意的是当理学日渐束缚人心性的时候，部分思想家开始进行反抗，他们同样也从元结身上吸取了精神养分，如李贽就提出了不能"以孔子之是非为是非"，这是对元结"不师孔子"思想的进一步发展，他提出的"童心说"则云"夫童心者，真心也。若以童心为不可，是以真心为不可也。夫童心者，绝假纯真，最初一念之本心也"②，这与元结追求"真人"，保持童心具有高度一致性。清代的袁枚则引元结为知己，他在《窳尊歌》中写道："试倾江水当葡萄，即托江风召聱叟。叟纵不来听我歌，未必摇头呼否否。"③ 他论时提倡"性灵说"，认为"性情之外本无诗"（《寄怀钱屿纱方伯予告归里》），与元结所主张的诗歌应该"道达性情"具有很大相似性。

元结的"漫家"不仅在思想上对理学、心学产生了一定影响，其"漫

---

① （清）黄宗羲：《明儒学案》，中华书局1986年版，第887页。
② （明）李贽：《焚书》卷三《童心说》，中华书局2009年版，第98页。
③ （清）袁枚：《小仓山房诗集》卷三〇，浙江古籍出版社2015年版，第777页。

为"更是引起后世文人纷纷效法。但如同思想上一样，元结的"漫为"也极少为唐代文人接受。但至宋代时，在欧阳修、苏轼等人的颂扬下，元结"漫为"开始成为士人效法的对象。在《旧唐书》中，元结无专门传记，仅少数事迹见录于他传中，欧阳修在撰写《新唐书》时，为元结作了两千多字的传记。在传记中，欧阳修全文选录了元结的《自释》，而《自释》正是元结"漫为"的总结。可见欧阳修对元结"漫为"的认同。除欧阳修外，宋代苏轼也在一定程度上受到了元结"漫为"的影响，苏轼在乌台诗案后被贬谪为黄州团练副使。元结曾隐居于武昌，武昌属于鄂州（江夏郡），与黄州隔江相望，故苏轼得有机会游览元结在武昌留下的遗迹，苏轼在《武昌西山并序》中写道："嘉祐中，翰林学士承旨邓公圣求为武昌令，常游寒溪西山，山中人至今能言之。轼谪居黄冈，与武昌相望，亦常往来溪山间。"在诗中，苏轼写道："浪翁醉处今尚在，石臼杯饮无樽罍。尔来古意谁复嗣，公有妙语留山隈。"① 在《游武昌寒溪西山寺》中，苏轼写道："尔来风流人，惟有漫浪叟。买田吾已决，乳水况宜酒。所须修竹林，深处安井臼。相将踏胜绝，更裹三日糗。"② 表达了对元结生活的认同。苏轼贬谪黄州后能够从悲伤失意中解脱出来，应该受到了元结一定影响。而苏轼面对政治风云的变化，以"也无风雨也无晴"处之，也可以看出元结思想的影子。在宋代诗人中，对元结"漫为"认可程度最高的是苏轼弟子黄庭坚。在黄庭坚诗文中涉及元结的有《书磨崖碑后》《浯溪图》《还家呈伯氏叶县作》《省中烹茶怀子瞻用前韵》《李右司以诗送梅花至潞公，予虽不接，右司想见其人，用老杜和元次山诗例次韵》《题淡山岩二首》《游愚溪》《次韵子瞻武昌西山》《漫尉》等，其中尤其以《漫尉》表现出了对元结"漫为"的认同。该诗作于宋神宗熙宁三年（1070），当时黄庭坚任汝州叶县县尉。元结少年时生活在汝州鲁山县，安史之乱发生后，他带领族人奋起反抗安史叛军，曾活动于叶县一带，因此对年轻的黄

---

① （宋）苏轼著，李之亮笺注：《苏轼文集编年笺注》之《苏轼诗集》，巴蜀书社2011年版，第290—291页。

② （宋）苏轼著，李之亮笺注：《苏轼文集编年笺注》之《苏轼诗集》，巴蜀书社2011年版，第209页。

庭坚起到了很大影响。黄庭坚在序中说:"庭坚读漫叟文,爱其不从于役,而人性物理,渊然诣于根理。因戏作《漫尉》一篇。"① 元陆友仁也在《砚北杂志·卷下》中指出:"黄鲁直作叶县尉,读元次山漫郎文,因作《漫尉诗》。"黄庭坚在诗中描写了自己在叶县的生活:"豫章黄鲁直,既拙又狂痴。往在江湖南,渔樵乃其师。腰斧入白云,挥车棹清溪。虎豹不乱行,鸥鸟相与嬉。"② 颇与元结生活相似。对于黄庭坚的漫为,同样也遭到了人的非议,论者曰:"漫行恐污德,漫止将败机。漫默买猜谤,漫言来诟讥。"③ 但黄庭坚却并不这么认为,他说:"漫行无轨躅,漫止无辱轶。漫默怨者寡,漫言知者希。"④ 充分肯定了漫为的好处,并且说"吾生漫叟后,不券与之齐……吾漫诚难改,尽醉不敢辞"⑤,黄庭坚表示不仅要向元结看起,而且终身不改漫志。

在宋代,除了前面所述三人外,受元结漫为影响较大的文人还有秦观、晁补之、文同、曾几、王十朋、王之道、陈与义、刘克庄、方岳等,秦观在《漫郎》中称赞元结"乃知达人妙如水,浊清显晦惟所遭。无时有禄亦可隐,何必龛岩远遁逃"。晁补之在《漫浪阁辞》则言:"惟漫浪之为言兮,匪正则之嘉名。"王十朋在读到《元次山集》时则表示要"欲以漫浪更吾名",他们或学元结浪漫于山水间,或学元结謷牙于人世间,或学元结浪漫为官。宋人对元结浪漫行为的接受进入了一个全面兴盛期间。

随着文化重心的北移,元明时期对元结的接受进入了相对衰落阶段。但仍然有不少人接受了元结的漫为行为。如元代张雨在读到《元次山集》

① (宋)黄庭坚撰,(宋)任渊、史容、史季温注:《黄庭坚诗集注》,中华书局2003年版,第1537页。

② (宋)黄庭坚撰,(宋)任渊、史容、史季温注:《黄庭坚诗集注》,中华书局2003年版,第1537页。

③ (宋)黄庭坚撰,(宋)任渊、史容、史季温注:《黄庭坚诗集注》,中华书局2003年版,第1538页。

④ (宋)黄庭坚撰,(宋)任渊、史容、史季温注:《黄庭坚诗集注》,中华书局2003年版,第1538页。

⑤ (宋)黄庭坚撰,(宋)任渊、史容、史季温注:《黄庭坚诗集注》,中华书局2003年版,第1538页。

后写道："著书首补云门乐，取醉政赖石湖鱼。湘中韶濩遗欸乃，天下漫浪知猗吁。"① 明代高启在《赠漫客》则是对元结"漫为"的全面接受，他在诗中说："畸人诚达生，聱叟亦旷士。漫客乃其徒，放意在云水。有山即漫游，有竹乃漫止。漫吟不求工，漫饮不须美。与物无留情，所适皆漫尔。人生本漫寄，何事纷戚喜。与子作漫交，逍遥论兹理。"② 除了高启外，明代还有孙一元，他自称"海内我亦元次山"（《留周用宾宿山中》），杨巍在《漫翁诗序》中说："漫者有旷远之义，又有悠缓之义。于予姓为近文，则非其所长或漫然为之，而未能成名于世耶？古人有以漫自嘲者，予非其伦，今年八十更号漫翁作《漫翁诗》。"并且在诗中表示"从此称漫翁，可并古人否？"到了清代，湖湘学派兴起，元结重新受到重视。何绍基、邓显鹤、魏源、王闿运等都有与元结相关的诗文存世，尤其以邓显鹤为著，他一生中，作下了《叠韵再酬春海学使》《和春海学使浯溪诗兼简李海帆观察》《浯溪访漫叟宅》《泊浯溪》《为王穀生题汤浯庵所作浯溪看月图卷子》《与祁阳令王君书》《浯溪颜元祠碑记》等诗文，邓显鹤在诗中写道"便思漫浪追聱叟"（《叠韵再酬春海学使》），表示要学元结去过隐居生活，他希望能够与元结同游，过一种自在生活，"安得漫浪徒，畀以桑郦手。镂划尽山妙，与山同不朽"③（《和春海学使浯溪诗兼简李海帆观察》）。他为修复颜元祠而奔波，并亲自为颜元祠作《记》。

可见，元结的漫家思想在非儒即道的唐代表现出了很强的创新性，他融合了诸子百家特别是儒、道两家的长处，形成了具有鲜明特色的"漫家"，并且在长期的生活中充分运用，取得了较大的实践成就，他本人也因此被后人记住。虽然在元结之后，漫家并没有真正形成具有较大影响的思想流派，但元结的"漫家"思想对自宋兴起的理学、心学产生重大影响，其"浪漫"行为也成了士人效法的对象，元结的思想与行为也成为文人经久不衰歌咏的主题。

---

① （元）张雨：《句曲外史集》卷中，文渊阁四库全书本，台湾商务印书馆 1983 年版，第 1216 册，第 373 页。

② （清）钱谦益撰集：《列朝诗集·甲集》第四，中华书局 2007 年版，第 972 页。

③ （清）邓显鹤撰，弘征校点：《南村草堂诗钞》，岳麓书社 2008 年版，第 245 页。

第二节　元结廉政思想略论

元结乾元二年（759）献《时议》三篇，拜为右金吾兵曹，摄监察御史，从此进入官场。后为山南东道节度使史翙参谋，招募义兵，抗击安史叛军，有功，上元元年（760），拜水部员外郎兼殿中侍御史，充吕谭节度判官。吕谭卒，归于武昌樊上。广德元年（763）至大历三年（768）两授道州刺史，后转容府都督兼御史中丞本管经略使，因母去世，守孝祁阳。大历七年（772）入朝，四月，卒于长安，年五十四岁。元结去世后，颜真卿为其作墓志铭并亲手书写，在铭文的结尾，颜真卿对其进行了赞美，其赞曰："次山斌斌，王之荩臣。义烈刚劲，忠和俭勤。炳文华国，孔武宁屯。率性方直，秉心真纯。见危不挠，临难遗身。允矣全德，今之古人。"（《元君表墓碑铭并序》）从元结履历看，他在长期的仕宦生涯中，有很长时间从事与廉政建设的相关工作，有着丰富的廉政工作经历，其思想中有关廉政方面的论述也较为全面。作为永州摩崖石刻的开创者，元结在今天永州地区影响巨大，祁阳、零陵、宁远、道县、江华等地都留下了丰富的人文遗迹，研究元结的廉政思想，对于今天永州地区的廉政文化建设具有重要意义。

一

在唐代，御史台是与廉政工作相关的主要部门之一，据《旧唐书·职官三》载："御史台，秦、汉曰御史府，后汉改为宪台，魏、晋、宋改为兰台，梁、陈、北朝咸曰御史台。"[1] 唐代因之，在御史台下，设大夫一人、中丞二人、侍御史四人、殿中侍御史六人、监察御史十人。他们的工作各有职分，但都是从事与廉政相关的工作。大夫、中丞的职责是"掌持

---

[1]　（后晋）刘昫等：《旧唐书》卷四四《职官三》，中华书局1975年版，第1861页。

邦国刑宪典章，以肃正朝廷"①；侍御史的职责是"掌纠举百僚，推鞫狱讼"②；殿中侍御史的职责是"若郊祀、巡幸，则于卤簿中纠察非违，具服从于旌门，视文物有所亏阙，则纠之。凡两京城内，则分知左右巡，各察其所巡之内有不法之事"③；监察御史的职责是"监察掌分察巡按郡县、屯田、铸钱、岭南选补、知太府、司农出纳，监决囚徒。监祭祀则阅牲牢，省器服，不敬则劾祭官。尚书省有会议，亦监其过谬。"④ 乾元二年（759）九月，在国子司业苏源明的推荐下，元结入朝为官，献《时议》三篇，深得肃宗皇帝赞赏，于是拜为右金吾兵曹，摄监察御史。颜真卿《元君表墓碑铭并序》："乃拜君（右）〔左〕金吾兵曹，摄监察御史，充山南东道节度参谋，仍于唐、邓、汝、蔡等州招缉义军。"《新唐书·元结传》："帝悦曰：'卿能破朕忧。'擢右金吾兵曹参军，摄监察御史，为山南西道节度参谋。"监察御史这一官职隋代始置。唐御史台分为三院，其中监察御史属察院，掌"分察百僚，巡按郡县，纠视刑狱，肃整朝仪"（《唐六典》），品秩低而权限广。《新唐书·百官志三》："监察御史十五人，正八品下。掌分察百僚，巡按州县，狱讼、军戎、祭祀、营作、太府出纳皆莅焉；知朝堂左右厢及百司纲目。"⑤ 但元结只是代行监察御史之职，并非正式任命，"摄"即代理之意。由此可以看出，元结一进入官场便从事与廉政相关的工作。乾元三年（760）闰四月或稍后，因襄州刺史史翙被杀，元结上表请用兵，"君为奏闻，特蒙嘉纳"，于是真拜元结为监察御史。颜真卿《元君表墓碑铭并序》："时张瑾杀史翙于襄州，遣使请罪，君为奏闻，特蒙嘉纳，乃真拜君监察，仍授部将张远帆、田瀛等十数人将军。"监察御史在唐代为正八品上，官秩虽然不高，但因职权范围较广，且能接近皇帝，故在唐代颇受重视。元结受任之后，对自己数月之间官秩升如此快深感惶恐，监察御史本应是监察百官的，现在自己官职的受任却不大合常

---

① （后晋）刘昫等：《旧唐书》卷四四《职官三》，中华书局 1975 年版，第 1862 页。
② （后晋）刘昫等：《旧唐书》卷四四《职官三》，中华书局 1975 年版，第 1862 页。
③ （后晋）刘昫等：《旧唐书》卷四四《职官三》，中华书局 1975 年版，第 1863 页。
④ （后晋）刘昫等：《旧唐书》卷四四《职官三》，中华书局 1975 年版，第 1863 页。
⑤ （宋）欧阳修、宋祁：《新唐书》卷四八《百官三》，中华书局 1975 年版，第 1239 页。

规，为此，元结上《辞监察御史表》，他表示："臣自布衣，未逾数月，官添风宪，任兼戎旅。今不劳兵革，凶竖伏辜，臣不可终以无能，苟安非望。自奸臣逆命，于今六年，愧无才能，苟求禄位，分符佩印，不知惭羞，戮辱及之，死将不悔。"坚决要求辞去监察御史这一职务，但据元结《与党侍御序》载："庚子中，元次山为监察御史。"元结此次辞官并未成功。但从这次事件中可以看出元结严于律己的品格。上元元年（760）八月左右，元结真拜水部员外郎兼殿中侍御史，充吕諲节度判官。元结《与韦洪州书》："某月日，荆南节度判官水部员外郎兼殿中侍御史元结顿首。"可知，元结以水部员外郎兼殿中侍御史充諲节度判官。颜真卿《元君表墓碑铭并序》："乃拜君水部员外郎，兼殿中侍御史，充諲节度判官。"殿中侍御史为元结兼任之职，元结时在荆南节度使幕府任判官。

大约在大历三、四年间，任御史中丞。元结《让容州表》载："臣结言：臣伏奉今月二十二日敕，授臣使持节都督容州诸军事守容州刺史御史中丞充本管经略守捉使。四月十六日敕到，二十一日发付本道行营。"御史中丞在唐为正四品下，同属于御史台，地位虽在御史大夫之下，但唐代御史大夫多缺位，常以中丞代行其职。《旧唐书·职官三》："御史台……中丞二员。……掌持邦国刑宪典章，以肃正朝廷。"①时元结在容管经略使任，御史中丞为兼任。元结大历七年（772）卒于长安，据颜真卿给其撰写的墓志铭看，墓志铭题为《唐故容州都督兼御史中丞本管经略使元君表墓碑铭并序》，则元结兼御史中丞一直到其逝世。

由此可见，元结自进入官场以来，一直在御史台任职（有时为代摄、兼任）。从元结的诗文及与之相关的著作看，他虽然大部分时间并非坐镇御史台，但仍然从事着与廉政相关的工作，其具体工作为正史详细记载的有一项：上元元年（760），元结在兼殿中侍御史期间，按覆了一个案件，这件事情在新、旧《唐书》均有记载。据《旧唐书·吕諲传》载："又妖人申泰芝以左道事李辅国，……潭州刺史庞承鼎忿之，因泰芝入奏，至长沙，縶之，首赃巨万，及左道文记，一时搜获，遣使奏闻。辅国党芝，奏

---

① （后晋）刘昫等：《旧唐书》卷四四《职官三》，中华书局1975年版，第1862页。

召泰芝赴阙。既得召见，具言承鼎曲加诬陷。诏鞫承鼎诬罔之罪，令荆南府按问。谭令判官、监察御史严郢鞫之。谭上疏论其事，肃宗怒，流郢于建州。承鼎竟得雪，后泰芝竟以赃败流死。"① 《新唐书·吕谭传》所载略同。湖南防御使庞承鼎以贪污罪治罪道士申泰芝，结果反被申泰芝诬陷谋反，后来帝令吕谭按覆，吕谭令判官严郢核查，严郢暴申泰芝之恶，结果皇帝不听，赐庞承鼎死，流严郢于建州。但"后泰芝终以赃徙死，承鼎追原其诬"。究竟什么原因使得本次案件得以昭雪呢？在元结《夏侯岳州表》载："庚子中，公镇岳州，予时为尚书郎，在荆南幕府，尝因廉问到公之州。""廉问"也即察问之意，但察问何事却没有说明。颜真卿《元君表墓碑铭并序》则对此事有详细交代："乃拜君水部员外郎兼殿中侍御史，充谭节度判官。……属道士申泰芝诬湖南防御使庞承鼎谋反，并判官吴子宜等皆被决杀，推官严郢坐流，俾君按覆。君建明承鼎，获免者百余家。"正因为元结的按覆，使得庞承鼎案得以昭雪，可见，元结很好地履行了殿中侍御史之职。

二

《说文解字》："廉，仄也。从广兼声。"其本义是殿堂基座的边缘与墙根之间空出的狭窄侧边。在此基础上，廉又引申出棱之意，《说文解字注》："又曰廉、棱也。"由此意又引申出禀性方正、刚直之义。《论语·阳货》："古之矜也廉，今之矜也忿戾。"② 《荀子·不苟》："君子宽而不慢，廉而不刿。"再到后来，廉具有了"不贪""节俭"等含义。《孟子·离娄下》："孟子曰：'可以取，可以无取；取伤廉。可以与，可以无与；与伤惠。可以死，可以无死；死伤勇。'"③ 《淮南子·原道训》："不以奢为乐，不以廉为悲。"④ 于是廉成为人具有的一种高尚品质。"廉"作为一种政治品质，最早出现在《周礼·天官·小宰》中："以听官府之六计，弊群吏

---

① （后晋）刘昫等：《旧唐书》卷一八五下《吕谭传》，中华书局1975年版，第4825页。
② （民国）程树德：《论语集释》卷三五《阳货下》，中华书局1990年版，第1224页。
③ （清）焦循：《孟子正义》卷一七《离娄章句下》，中华书局1987年版，第579页。
④ （汉）刘安编，何宁集释：《淮南子集释》卷一《原道训》，中华书局1998年版，第68页。

之治。一曰廉善，二曰廉能，三曰廉敬，四曰廉正，五曰廉法，六曰廉辨。"① 这是古代考核官吏的六条标准，这六条标准都把廉置于首位，把廉与官吏其他方面才能一起考核，这就是廉政。长期任职于御史台的元结对于什么是廉政有着较为系统的阐述。

首先，元结阐述了贪欲产生的根源。从元结思想上看，他是性善论者。元结认为人类早期或者个人出生时本性是善良的，思想是纯粹的，因而，廉也是与生俱来的品质。一方面，他十分赞赏上古人类的纯朴，他在《元谟》中指出，"上古之君用真而耻圣，故大道清粹，滋于至德，至德蕴沦而人自纯。"因为这个时候的人类是不存在贪欲的。但随着时代的变化，人类也随之在发生变化。"上古强毁纯朴，强生道德，使兴云云，使亡惛惛。始开礼乐，始鼓仁义，乃有善恶，乃生真伪。"（《演谟》）再到后来："后王急济天下，天下从之，救之以权宜，权宜侈恶，天下亦从而侈恶。故赴贪徇纷急之风，以至于今。"（《述命》）在《时化》中，元结也指出："时之化也，情性为风俗所化，无不作狙狡诈诳之心；声呼为风俗所化，无不作谄媚僻淫之辞；颜容为风俗所化，无不作奸邪蹙促之色。"元结之所以强调时代变化对人思想的影响，与自身经历相关。元结出生于开元七年（719），他年轻时代感受过开元盛世，但"天宝中，李林甫、杨国忠用事，纲纪日紊"。（《旧唐书·隐逸传》）"国忠自侍御史以至宰相，凡领四十余使，又专判度支、吏部三铨，事务鞅掌，但署一字，犹不能尽，皆责成胥吏，贿赂公行。"②（《旧唐书·杨国忠传》），最终导致了安史之乱的发生。安史之乱后，朝廷更加无力控制藩镇，于是赴贪徇纷急之风盛行。另一方面，元结强调了世俗变化对人贪欲的影响。元结认为，人生下来时是最纯真的。他在《七不如篇》："元子常自愧不如孩孺，不如宵寐，又不如病，又不如醉。"为什么成年人反而不如小孩呢？因为小孩心地纯洁，没有受到世俗的污染。元结在《举处士张季秀状》中就指出："土风贪于货赂，旧俗多习吏事。"当地方风俗以货赂为常时，自然会影响到当地官

---

① （清）孙诒让：《周礼正义·天官冢宰》第一，中华书局2013年版，第177页。
② （后晋）刘昫等：《旧唐书》卷一〇六《杨国忠传》，中华书局1975年版，第3244页。

员，从而使得贪腐之风盛行。

其次，元结阐述了贪欲的危害性。人一旦产生贪欲后，对个人、对社会都会产生重大影响。元结在任道州刺史后不久，创作了《刺史厅记》，他在文中指出："凡刺史若无文武才略，若不清廉肃下，若不明惠公直，则一州生类，皆受其害。"为什么作为一州刺史必须要清廉呢？因为作为一州行政长官，如果他不能做到清廉，卖官鬻官，自然会上行下效，他的部下也会学着如此，这样一来，将会严重影响道一个州的政治生态，进而影响整个州的百姓生活。对于那些贪腐的刺史，元结毫不留情地指出："前辈刺史或有贪猥惛弱，不分是非，但以衣服饮食为事，数年之间，苍生蒙以私欲侵夺，兼之公家驱迫，非奸恶强富，殆无存者。"（《刺史厅记》）不仅一个州的行政长官应该保持清廉，要廉洁行政，节度府、朝廷相关部门的领导者都应该廉洁行政。当一个地区的行政长官出现贪腐时，往往会导致"塌方式腐败"的产生。更为严重的是当这种"塌方式腐败"得不到纠正，继续扩大化时，会严重影响社会的稳定。安史之乱发生后，面对大量的人民、士兵在战乱中失去生命，元结深感痛惜，但他在痛惜的同时，也对导致发生悲剧的原因进行了深刻反思，他在《哀丘表》指出："吾哀凡人不能绝贪争毒乱之心，守正和仁让之分，至令吾有哀丘之怨欤！"认为正是由于贪腐，才导致战乱的发生，才导致人民的流离失所。可以说元结对这一问题的看法抓住了根本。

最后，元结指出了任用廉正之士的重要性。元结认为，一个地方的行政长官关系到该地区老百姓的存亡，他在《刺史厅记》中写道："天下太平，方千里之内，生植齿类，刺史乃存亡休戚之系。天下兵兴，方千里之内，能保黎庶，能攘患难，在刺史尔。"因此，要特别注重对地方行政长官的任用。元结在二任道州刺史后，作《再谢上表》，他在表中指出："今四方兵革未宁，赋敛未息，百姓流亡转甚，官吏侵剋日多，实不合使凶庸贪猥之徒，凡弱下愚之类，以货赂权势而为州县长官。"因此，"刺史宜精选谨择，以委任之，固不可拘限官次，得之货贿，出之权门者也"。（《谢上表》）在一个动乱的社会里，老百姓除了要服劳役和兵役外，还有繁重的赋税，如果再遭受贪官污吏的盘剥，那老百姓将无法存活。元结在《问进士》一文中，指出了安史之乱后唐王朝面临的现状，"当今三河膏壤，淮泗沃野，皆荆棘。已老则耕，可知太仓空虚，雀鼠犹饿，至于百姓，朝暮不足"，怎样解决这些问题？"使国家用何策，得人安俗阜，不战无兵？用何谋，使纵遇凶年，亦无灾患？"元结在《问进士》中并没有回答，但是从《谢上表》《再谢上表》《厅壁记》中可以看出，那就是要任用廉正且具有实际才干之人。

从上面分析可以看出，元结不仅意识到了贪欲对个人、社会乃至整个国家的危害性，同时还指出了贪欲产生的根源，从而为怎样杜绝贪欲，培养官员的廉政意识提供了借鉴。

三

元结不仅在文章中论及了贪欲的危害性及廉政的重要性，也给我们指明了培养人的廉政意识的途径。在元结看来，可以从三个方面培养人的廉政意识：

（一）根据实际执行法令

唐代社会在经历安史之乱后，法制、政令的权威性遭到了严重破坏，法律如同空设，政令如同空文。元结在《时议三篇》中指出："凡有制诰，皆尝言及。言虽殷勤，事皆不行，前后再三，颇类谐戏。"虽然当时的皇帝想有所作为，但是由于政令得不到实施，结果好的政令反而成了笑话。因此，不管是法律也好还是政令也好都要能上下行得通，所以元结认为"若天子能追行已言之令，必行将来之法"，就能够"推仁信威令，与之不惑"。所以，元结到任道州刺史后做的第一件事就是让政令畅通。他到达道州后，道州"城池井邑，但生荒草；登高极望，不见人烟"（《谢上表》），"百姓归复，十不存一"（《奏免科率状》），为了让政令与法律畅通，元结向皇帝上书，要求"租庸等使所有征率和市杂物，一切放免"（《奏免科率状》），三年之后，道州"人吏似从教令"（《再谢上表》）。虽然元结主张法律和政令在执行过程中要严格，但也要根据实际情况去执行，要懂得临时变通。特别是安史之乱后，政令和法律得不到很好的执行，官吏的贪污腐化是极为常见的现象，如果一一详细追究，不仅会遭到强烈抵制，甚至可能会出现朝廷无可用之人的后果。怎样解决这个问题，元结作《辩惑二篇》，为当时的唐王朝指出了打击贪污腐化的正确方法。在文章中元结举了两个例子，一个是东汉南阳朱公叔朱穆，他是个十分有才能的人，冀州官员听说他即将出任冀州刺史，十分害怕，与是"百城长吏多惧罪自去，公叔不举法弹理之，听其去官而已"，所以后人对朱穆行为不解；一个是东汉第五兴先，他在永寿中，以司徒掾清诏使冀州，他"举奏刺史二千石，蒙削免者甚众"，他也因为执法严格而得到升迁。但元结并不以为朱穆为非而第五兴先为是。他认为"若汉家天下法禁皆如冀州，四方诏使皆如兴先，则乱生于令出，祸作于遣使"，这实际是根据唐王朝现实来论的，安史之乱后，唐王朝法制遭到了严重破坏，官员贪污腐败现象十分普遍，这主要是时代因素造成的，不完全是因为个人因素。面对这种现实，元结认为在严格执法的同时，要考虑时代因素，要因时而异，朱穆之为，未尝不可；第五兴先所为，也未必正确。

（二）加强道德教化

元结认为，一切贪污腐化的产生，都与道德的堕落相关。因此要加强道德的修养。元结特别注重上古时期的道德，认为上古时期的道德最为纯粹。他认为《元谟》："上古之君用真而耻圣，故大道清粹，滋于至德，至德蕴沦而人自纯。"但元结也认识到，要重返上古社会是没有可能性的。但是人是可以被教化的，因此，他借"纯公"之口，强调了道德教化的必要性，在《系谟》中，元结写道："其风教在仁慈谕劝，礼信道达，不可沿以浇浮，溺之淫末。其衣服在御于四时，勿加败弊，不可积以绮绣，奢侈过制。其饮食在备于五味，示无便就，不可煎熬珍怪，尚惑所甘。其器用在绝于文彩，敦尚素朴，不可骈钿珠贝，肆极侈削。其宫室在省费财力，以免隘陋，不可殚穷土木，丛罗联构。其苑囿在合当制度，使人无厌，不可墙堑肥饶，极地封占。"统治者要通过加强道德修养来克制自己的贪欲，这样才能保证国家的长治久安。所以元结在《七不如》中写道："元子以为人之贪也，贪于权、贪于位、贪于取求、贪于聚积，不如贪于德、贪于道、贪于闲和、贪于静顺者尔。""元子以为人之溺也，溺于声、溺于色、溺于圆曲、溺于妖妄，不如溺于仁、溺于让、溺于方直、溺于忠信者尔。"要让人们认识到道德的修养比物质的享受更重要，更能持久。一个人如果能够贪于道德，那这种贪是值得歌颂的。除此外，元结还认为要克制人的贪欲，主要是要保持人的"初心"，也即纯真之心。他在《七不如》中写道："元子常自愧不如孩孺，不如宵寐，又不如病，又不如醉。"为什么这么说呢? 因为人还是小孩子时或者说在梦中、在生病时、在喝醉酒时最能够保持一颗纯真之心。而只要人保持纯真之心，贪污腐化之事便不会产生。所以，元结也时刻要求自己保持纯真状态。他在《自箴》中说："与时仁让，人不汝上。处世清介，人不汝害。汝若全德，必忠必直。汝若全行，必方必正。"他创立"漫家"，其本质便是让自己保持一颗纯真之心。他想做"真人"，这样便不会为权势所屈，即使自己面临再大的困难、再大的威胁，也能勇敢面对。当然，元结最终也成为一个全德全行之人，成为后世人心目中的"完人"。

（三）树立正面典型

在一个社会中要让人们感受到廉政的重要性不是仅仅通过简单的说理教化能够办得到的，还需要在世人面前树立起典范。通过这些典范直观形象地告诉人们什么事情可以做，什么事情不能做。元结从兄元德秀是个品德高尚的人，他在任鲁山县令时，唐玄宗在东都洛阳五凤楼下大宴群臣，下令三百里内的县令、刺史献歌舞以娱乐自己，当时河内太守和鲁山县令元德秀都有所献："河内太守辇优伎数百，被锦绣，或作犀象，瑰谲光丽。德秀惟乐工数十人，联袂歌《于蒍于》。《于蒍于》者，德秀所为歌也。帝闻，异之，叹曰:'贤人之言哉!'谓宰相曰:'河内人其涂炭乎?'乃黜太守，德秀益知名。"[①] 所以对于元德秀这样品行高尚的人元结认为应该把他树立为典型。元德秀去世之后，元结哭得十分悲哀，他的门人认为有逾礼制，元结则认为："元大夫生六十余年而卒，未尝识妇人而视锦绣，不颂之，何以戒荒淫侈靡之徒也哉! 未尝求足而言利，苟辞而便色，不颂之，

---

① （宋）欧阳修、宋祁:《新唐书》卷一九四《元德秀传》，中华书局1975年版，第5564页。

何以戒贪猥佞媚之徒也哉！未尝主十亩之地，十尺之舍，十岁之童，不颂之，何以戒占田千夫室宇千柱家童百指之徒也哉！未尝皂布帛而衣，具五味而食，不颂之，何以戒绮纨粱肉之徒也哉！"（《元鲁县墓表》）所以他认为像元德秀这样的人，不只是当代的典型，也是后世人学习的榜样。除了元德秀外，元结还在任道州刺史期间，作《刺史厅记》："问之耆老，前后刺史能恤养贫弱，专守法令，有徐公履道、李公廙而已。遍问诸公，善或不及徐、李二公，恶有不堪说者。"把徐履道、李廙的名字挂在了刺史厅的墙壁之上，与那些贪赃枉法之徒形成鲜明的对比，为后代刺史提供了效法的对象，同时对他们起到警醒作用。在任道州刺史期间，有处士张季秀"介直自全，退守廉让"，也正因为如此，生活过得十分清贫。为了表彰张季秀品行，元结向皇帝上书，作《举处士张季秀状》："臣特望天恩，令州县取其稳便，与造草舍十数间，给水田一两顷，免其当户徭役，令得保遂其志，此实圣朝旌退让之道，亦为士庶识廉耻之方。"后来，张季秀去世，元结又替他作《张处士表》，可以说元结为道州之民树立了一个清廉的典型。

总的看来，元结丰富的御史台经历及其对廉政思想的阐释不仅对于缓解安史之乱后唐王朝尖锐的社会矛盾起了重要的作用，而且对于今天永州地区乃至整个国家的廉政建设都具有重要的启示意义。

第三节　元结孝道思想略论

孝文化是中华传统文化的一个重要组成部分，在道德文化中居于首要地位。《汉书·艺文志》载："夫孝，天之经，地之义，民之行也。"[1] 孝德是君子之德，是个人修身的一部分。父慈子孝是天经地义之事，关系到家庭的和谐稳定与生命的延续。元结以君子自居，故特别看重孝道，他的孝道思想的形成，受多方面因素影响。如，他的从兄元德秀给他树立了一个良好的榜样。据李华《元鲁山墓碣铭并序》："及应府贡，如京师，不忍

---

① （汉）班固：《汉书》卷三〇《艺文志》，中华书局 1962 年版，第 1719 页。

离亲，躬负安舆，往复千里。以才行第一，进士登科。丁艰，声动于心。既过苴枭，刺血画佛像、写经，以不资之身，申罔极之报，食无盐酪、居无爪翦者三年。"① 元结在十七岁时曾师事元德秀，元德秀死后，他哭之甚哀。后元结母亲去世后，他坚决辞官替母守孝，元德秀的孝道思想对元结的影响由此可知。元德秀和元结都崇尚古道，如果进一步探究元结孝道思想的根源，则需溯源至上古时期的虞舜。

一

古代虽有天子、诸侯、卿大夫、士人、庶人之分，但孝德却具有普遍性，是每个人都要恪守的，"故自天子至于庶人，孝无终始，而患不及者，未之有也"②。历朝统治者都重视孝道，他们评选出二十四孝，作为践行孝道的典范，供后人学习。舜帝、汉文帝等不仅在全社会范围内推行孝道，还以身作则，成为践行孝道的楷模。宋后为统治者尊奉的十三经，每经中都有大量文字对孝道进行阐述，还出现了专门阐释孝道的《孝经》。统治者之所以重视孝道，是因为孝道关涉到天下安危，如果家庭稳定，则整个社会也就稳定，而且孝和忠往往联系在一起，在家不孝者，很难谈其会忠于国家。早在先秦时代，孟子就指出要以孝治天下，并提出了具体措施，他说："壮者以暇日，修其孝弟（悌）忠信，入以事其父兄，出以事其长上，可使制梃以挞秦、楚之坚甲利兵矣。"③ 孟子认为，如果能使一国之民做到"孝悌忠信"，这个国家就能够"无敌"。相反，如果一个国家的统治者剥夺民时，则其民不能尽孝悌，就会导致父母、兄弟、夫妻、子女离散，其百姓也必然无心御敌，国家迟早要走向灭亡。

人类应自出现以来便存在孝悌之念，这是人类能够生存、延续的一个基本条件。但有意识地把孝道思想提出来并作为人类悉知的行为准则始于舜帝。司马迁在《史记·五帝本纪》中肯定了舜帝在道德上的模范作用，

---

① （清）董诰编：《全唐文》卷三二〇李华《元鲁山墓碣铭并序》，中华书局 1983 年版，第 4 册，第 3249 页。

② 胡平生等译注：《礼记·孝经》，中华书局 2007 年版，第 237 页。

③ （清）焦循：《孟子正义》卷二《梁惠王章句上》，中华书局 1987 年版，第 66—68 页。

他指出"天下明德皆自虞帝始"①。从《山海经》等先秦文献中保存的不少神话看，尧舜之前是"力伐"时代，部落之间战争频繁而又残酷，其时人虽或存有孝心，但尚未形成理论体系。至舜帝时，人们开始意识到道德对维系社会稳定的重要性，德治思想由此产生。舜德内涵十分丰富，但最基本、最重要的是孝德。舜之所以能够登上帝位，与其孝德相关。据《尚书·尧典》载，帝尧年老时，准备选择继承人，而虞舜以"父顽，母嚚，象傲。克谐以孝烝烝，乂不格奸"②而闻于帝尧，在经过重重道德测试后，舜帝最终继承了帝尧事业。对于舜帝的孝德，《尚书》记载较为简略，后来《孟子》及《史记》对具体情节进行了补充，特别是广为后世流传的舜后母与其弟迫害舜的"焚廪"、"浚井"、"醉酒"等故事开始成形。面对后母和弟弟的迫害，舜仍不怨恨他们，以自己的行动去化解他们内心的仇恨，"惟害若兹，思慕不已，不怨其弟，笃厚不怠"③。（《列女传》）也就是在持续不断地迫害中，舜帝的孝道精神得以彰显。难能可贵的是舜继承帝位后，依然侍奉瞽叟如初，并且不记其弟弟象的仇恨，封其于有庳。

　　舜帝的孝行在中华孝道文化中获得了崇高的地位。《孝经》虽没有直接提及舜帝，但其制定却是以舜帝的言行作为准则的。如"孝子之事亲也，居则致其敬，养则致其乐，病则致其忧，丧则致其哀"④，孝子应该具有的品质，在舜帝身上都有体现。舜帝的孝德不仅得到了儒家的认同，道家、法家也多次称赞舜帝的孝德，甚至还得到了佛教徒的认可。最早提出"二十四孝"的是五代圆鉴大师，他在《二十四孝押座文》中提到"万代史书歌舜主"，但圆鉴大师文中所载舜帝还只是位居二十四孝之一。元代郭守正将历史上二十四位在孝行上有突出表现的古人事迹辑录在一起，并由王克孝绘成《二十四孝图》，"二十四孝"开始在社会中广为流传。其中舜帝《孝感动天》为第一幅，舜帝首孝的地位从此确立。舜帝的孝德深入人心，自古以来不容否定，《孟子·离娄上》就对虞舜"不告而娶"进行

---

①　（汉）司马迁：《史记》卷一《本纪》第一，中华书局1982年版，第43页。

②　（清）孙星衍：《尚书今古文注疏》卷一《尧典》，中华书局1986年版，第28—30页。

③　（汉）刘向撰，张涛译注：《列女传译注》，山东大学出版社1990年版，第3页。

④　胡平生等译注：《礼记·孝经》，中华书局2007年版，第254页。

了辩解，孟子曰："不孝有三，无后为大。舜不告而娶，为无后也，君子以为犹告也。"① 除"不告而娶"，舜帝"封象于有庳"也引起了争议，象多次迫害舜，但舜继承帝位后不仅没有惩罚他，还把有庳作为封地给了象。所以孟子学生万章提出质疑：仁人都是这么做的吗？为什么别人犯了错误就要诛灭他，而自己的弟弟犯了错误却还要加封他呢？孟子辩解说："仁人之于弟也，不藏怒焉，不宿怨焉，亲爱之而已矣。"② 所以，不管是舜"不告而娶"还是"封象于有庳"，在孟子看来都体现了舜帝的孝悌精神。

不仅如此，与舜帝相关的二妃在孝文化中地位也十分重要。二妃之事，《尚书》中记载甚少，仅提及尧下嫁二女于舜一事，至于二女下嫁舜后所做的一切，则无记载。《孟子》中有关舜帝记载颇多，但也没有论及二妃。唯有《山海经》及屈原的《湘君》《湘夫人》有所记载，但《山海经》中的二妃是"出入以飘风暴雨"的湘水之神，而《湘君》《湘夫人》中的二妃则是多情、幽怨的形象，先秦文献中的二妃更多的是文学形象，距离道德形象还有一定距离。西汉时司马迁在《史记》中虽然仍只写到了二妃下嫁于舜，但却对舜之后母及弟迫害舜的情节进行了丰富和补充，这对刘向后来撰写《列女传》中的"有虞二妃传"有所启发——舜帝既然开启了中华孝道文明，那舜帝的妻子二妃也应该是道德典范。于是舜帝在孝道上所做的一切便与二妃相关了，二妃形象由文学形象转化成了道德形象。"有虞二妃"被刘向置于《列女传》之首，《列女传》所载事迹虽与《史记》大致相同，但舜所做的一切事情都有二妃的积极参与，而且二妃还是舜摆脱困境的关键因素。该《传》末尾对二妃进行了赞颂："元始二妃，帝尧之女。嫔列有虞，承舜于下。以尊事卑，终能劳苦。瞽叟和宁，卒享福祜。"③ 充分肯定了二妃的孝德。家庭的和谐不仅只是依靠男性，女性特别是出嫁后的女性对于促进家庭的和谐也十分重要。舜帝的孝行在某种程度上是依靠二妃才得以实现的，舜帝和二妃是孝文化最早的践行者，中华孝道文化就是从舜和二妃这里开始的。

---

① （清）焦循：《孟子正义》卷一五《离娄章句上》，中华书局1987年版，第532页。
② （清）焦循：《孟子正义》卷一八《万章章句上》，中华书局1987年版，第628—631页。
③ （汉）刘向撰，张涛译注：《列女传译注》，山东大学出版社1990年版，第4页。

二

　　上古文化在某种程度上是中华民族的共性文化，这种共性文化成为维系整个华夏文明的精神纽带，但同时上古文化又具有地域性，五帝的足迹几乎遍及整个中华大地，五帝身上所具有的各种品格在不同地域之上形成，形成之后在不同地域产生影响的大小也不尽相同。

　　据《孟子》及《史记》等载，虞舜出生于山东，青年时活动于河南，中年称帝于山西，晚年南巡于湖湘，其后裔寓居于浙江、福建一带，所以山东、河南一带注重宣传舜帝的孝道精神，山西地区多宣传舜帝选贤授能的治国精神，湖湘地区注重宣传舜帝的文学精神，江浙地区注重宣传舜帝家族精神。每一地区对舜帝的文化精神都有继承，但侧重点各有不同。虞舜之所以在湖湘地区产生重大影响，主要是舜帝晚年南巡化蛮，并葬于江南九疑，及二妃追舜不及自投湘水而死的行为感动了湖湘人民。但舜帝的孝道精神从舜帝时代直到唐代中期在湖湘地区几乎无人提及，舜帝孝道精神对湖湘地区产生影响需要某种契机出现，而这一契机与唐代文人元结的到来有很大关系。

　　元结，字次山，后魏常山王拓跋遵的十二代孙，河南人。河南平顶山、登封、三门峡、濮阳等地是虞舜青年时期活动地，也是舜文化集中分布地，这里流传着许多舜帝年轻时孝行的民间故事，作为河南人的元结受舜文化影响较深。他在早年所作《补乐歌·大韶》序中说："《大韶》，有虞氏之乐歌也。其义盖称舜能绍先圣之德。"其诗称赞舜德之浩大："洋洋至化兮，日见深柔。欲闻涵濩兮，大渊油油。"可见舜德对少年元结影响之深。在舜德中，元结对舜帝之孝德更为崇敬，元结《治风诗》中有《至慈》篇，专门歌颂舜帝孝德。据《二风诗论》载："安之以慈顺，故颂帝舜为慈帝。"元结在这里直接把舜帝尊为慈帝，并在诗中称赞其孝德之广大及化人之深："至化之深兮，猗猗娓娓。如煦如吹，如负如持，而不知其慈。"（《二风诗》）在歌颂舜帝孝德的同时，元结对于当时有违孝德的行为进行了深刻批判，他感叹当时之所以有"穷极凶恶者"出现，在于孝道的崩坏，故要"闻之订之、嗟之伤之、泣而恨之"。并且认为父子之间由于"听谗受乱之意惑"，结果导致令人悲感而痛恨的事情发生。他在诗中感叹："呜呼！即有深慈，将安兴哉！即有至孝，将安诉哉！"（《订古五篇》）这时的元结尚年轻，还只是从思想上接受了舜帝的慈孝，认为提倡孝道可以改良日益颓败的世风，而其自身的孝行，则还没有得到完全彰显。安史之乱发生后不久，元结之父元延祖病逝，他在临终前告诫元结："不得自安山林，勉树名节，无近羞辱。"（《新唐书·元结传》）元结听从了其父告诫，起兵反抗安史叛军，后为肃宗所闻，于是征召入朝廷。元结上《时议三篇》，对当朝时弊进行了中肯剖析，深得肃宗肯定，于是拜为右金吾兵曹，摄监察御史，充山南东道节度参谋，并且任命他在唐、邓、汝、蔡等州招缉义军来抵抗安史叛军。元结在与安史叛军作战过程中取得了一系列胜利，成功实现了由文人向武将的转变。上元元年（760），元结被正式授予了监察御史一职，"未逾数月，官忝风宪，任兼戎旅"（《辞监察御史表》）。监察御史在唐代虽仅为正八品，但能朝见皇帝，出入朝廷，监察百官，职权范围较为广泛，是一个颇受重视的官职，而且元结还任山南东道节度参谋，掌握了一定军事指挥权。对于刚入官场不久的元结而言，当然是值得庆幸的事。但其母渐老，建功立业、报效国家与赡养老母以尽孝道发生了矛盾。在二者选择中，元结没有任何犹豫，选择了辞官。他在《辞监察御史表》中写道："臣老母多病，又无弟兄，漂流殊乡，孤弱相养。……念臣老母，令臣得以奉养。"元结这次辞官没有得到皇帝的许可，但其孝道精神因此而得以彰显。后来，元结入荆南节度使吕諲幕府，任节度参谋。宝应元年（762），吕諲卒于任上，元结在处理完吕諲丧事后，再次上《乞免官归养表》，表达辞官归养老母的愿望："臣无兄弟，老母久病，所愿免官奉养，生死愿足。"并且希望能"愿全忠孝于今日"，元结的行为感动了当时的代宗皇帝，辞官得以实现，辞官后的他隐居于武昌樊上，侍奉自己的母亲，元结的孝道精神第一次在自己身上得以实现。

广德二年（764），元结在四十六岁时任道州刺史。到任后，他开始招缉流民，守卫城池，畲种山林，道州渐渐从战乱中恢复过来。道州在唐代还属于蛮荒落后的地区，但同时也是《史记》中所载舜帝归葬之处。永泰元年（765）元结以虞舜葬于九疑山（唐时属道州境），在道州之西建立舜祠，又作《舜祠表》，并请当时的江华县令瞿令问用篆书刻在石上。《表》对虞舜之德进行了颂扬和充分肯定，元结认为："大舜于生人，宜以类乎天地。生人奉大舜，宜万世而不厌。"把舜帝提高到与天地等同的地位。永泰二年（766），元结又上《论舜庙状》，乞请免除近庙两户人家的赋税，以负责打扫管理舜庙，其目的是"表圣人至德及于万代"。元结在道州建立舜祠，主要是宣扬舜德，特别是舜帝的孝德。元结在《时化》中提到："夫妇为溺惑所化，化为犬豕；父子为愲欲所化，化为禽兽；兄弟为猜忌所化，化为仇敌。"怎样去改变这种现状，在《时化》中元结没有提到，但到道州任刺史后，他以实际行动解决了这个问题，那就是用舜帝之道德去教化道州的百姓，让他们从恶的一面化向善的一面。元结以德化蛮的行为不仅影响了道州百姓，甚至感化了道州之外的西原蛮。在元结任道州刺史期间，西原蛮没有一次侵犯过道州，而周边的永州、邵州却多次遭遇战火。除了以舜帝孝行感化道州百姓，元结甚至把孝道思想刻之于金石，他在任道州刺史期间，创作了《浯泉铭》，其铭曰："时世相薄，而日忘圣教。欲将斯泉，裨助纯孝。"他希望通过宣扬孝道精神来使日益相薄的时俗得到改善和纯化，这是对孝道思想的直接宣扬。

三

孝道思想存在于每个人心中，关键在于是否能在生活中践行，或者践行程度如何。践行孝道最基本的层次是赡养老人，也就是说当父母失去生活来源，生活无以为继时，作为子女必需赡养父母。这是责任，也是无条件义务，甚至与是否继承父母的财产无关。这一义务源于子女对父母生育、抚养之恩的回报。当今社会大多数人都能做到这一层次，连这一层次都做不到的人，最后往往被诉诸法律。但法律也仅仅只保障老人的生存权利，从道德层面看，仅赡养父母还不能说尽到了孝道。《论语·为政》中说："今之孝者，是谓能养。至于犬马，皆能有养；不敬，何以别乎？"[①]

---

① 程树德：《论语集释》卷三《为政上》，中华书局 1990 年版，第 85 页。

可见，子女除了赡养父母，还要出自内心地尊敬父母，要对父母有感恩之心，这是孝道的更高层次。当今社会中，能够做到这一点的人并不多见。元结为当代人树立了良好的榜样。元结任道州刺史后，践行了虞舜孝道精神，他把母亲安置在自己身边，亲身侍奉母亲的饮食起居，事事亲为。他在《让容州表》中写道："臣有至切，不敢不言。臣实一身，奉养老母，医药饮食，非臣不喜，臣暂违离，则忧悸成疾。"元结亲身侍奉母亲不是一朝一夕的事，他的父亲元延祖宝应元年（762）前后去世，大历四年（769）其母去世，在长达七年的时间里，元结不管在哪里做官，总是把母亲带在自己身边，在战乱年代，元结的这一行为十分难得。

自广德二年（764）至大历三年（768）五年时间里，元结在治理道州上取得了辉煌的政绩，《新唐书·元结传》载："结为民营舍给田，免徭役，流亡归者万余。"元结离道州刺史任时，潭州刺史张谓为之作《甘棠颂》来赞美他，道州百姓更是"乐其教，至立石颂德"（《新唐书·元结传》）。由于元结在道州刺史任上取得了杰出政绩，大历四年（769）由道州刺史"进授容管经略使"。经略使拥有了数州政治、军事权力，这对当时许多人而言是求之不得的事情，然而元结担心母亲年纪已老，不能经受沿途奔波和南方的暑热，因而上表辞官，他在《让容州表》中写道："臣欲扶持版舆，南之合浦，则老母气力，艰于远行。臣欲奋不顾家，则母子之情，禽兽犹有。臣欲久辞老母，则又污辱名教。"元结陷入了忠孝两难全的处境，在这种情况下元结"乞停今授，待罪私门，长得奉养"。然而，由于容管地区洞夷獠、西原蛮正在作乱，朝廷急需元结这样的人才平定叛乱，故元结这次请求并没有得到代宗许可，结果元结"母老不得尽其养"，在他任容管经略使期间，其母病逝。元结母亲去世后，当依据丧礼回家守孝，但当时容管地区动乱尚未平息，"人皆诣节度府请留，加左金吾卫将军"（《新唐书·元结传》）。然而，元结辞官之心已决，作《再让容州表》："今陛下又夺臣情，礼授容州。臣遂行，则亡母旅榇，归葬无日，几筵漂寄，奠祀无主。……特乞恩慈，允臣所请，收臣新授官诰。"据颜真卿为元结所作《墓碑铭》载："大历四年夏四月……君矢死陈乞者再三，优诏褒许。"元结的孝行最终打动了代宗，元结得以返回祁阳为其母守孝三年。

元结不仅自身践行了虞舜孝道精神，还推己及人，在自己管辖范围内推行孝道精神。《旧唐书·肃宗纪》："（乾元三年）四月……戊申，襄州军乱，杀节度使史翙，部将张维瑾据州叛。"① 襄州军乱给百姓带来了巨大灾难，不少将士的父母因战乱而不知所归，不得已投靠从军的将士。这给当时的军队带来了一定负担，战争中将士的口粮都难以保障，现在还不得不分口粮给将士的父母。元结上书给山南东道节度使来瑱，他在《请给将士父母粮状》中肯定了将士分衣食给父母的孝行，并建议："伏望各量事给其衣食，则义有所存，恩有所及。俾人感劝，实在于此。"同年又上《请收养孤弱状》给来瑱，建议如果有孤弱子弟投奔将士，要收养他们，并且给予他们一定量的口粮。"老吾老以及人之老，幼吾幼以及人之幼"在元结身上得到了全面的展现。由于元结解决了不少将士的后顾之忧，他们在战争中也尽其忠勇，元结自安史之乱后指挥的战争没有失败过一次。元结在力所能及的范围内推行孝道精神，并认为孝道与忠君爱国存在一定联系，他说："夫孝而仁者，可与言忠信，而忠信者，可以全义勇。岂有责其忠信，使之义勇，而不劝之孝慈，恤以仁惠？"（《请给将士父母粮状》）在战争年代，特别是安史之乱后，社会动荡不安，出现了一系列社会痼疾。怎样解决这些问题，元结虽没有直接指出，但他认为推行孝道是关键因素，他在《述时》中写道："上全忠孝，下尽仁信，内顺元化，外娱太和，足矣。"《让容州表》中也说："孝于家者忠于国。"这与《论语》中所提倡的"其为人也孝弟（悌），而好犯上者，鲜矣；不好犯上，而好作乱者，未之有也"② 是一致的，所以元结举荐人时，多视其是否有忠孝之心。如，宝应元年元结所奏《举吕著作状》，推举吕谭侄子："质性纯厚，识理通敏，仁孝之性，不惭古人。"元结为文，也注重宣传孝道精神，他在《文编序》中提到作文的目的："其意必欲劝之忠孝，诱以仁惠，急于公直，守其节分。"可以说，元结不仅从思想层面上接受了虞舜孝道思

① （后晋）刘昫等：《旧唐书》卷一〇《肃宗纪》，中华书局1975年版，第258页。
② 程树德：《论语集释》卷一《学而上》，中华书局1990年版，第10—13页。

想，还从多方面践行了虞舜的孝道精神。

一种文化精神的影响力在不同地域并不等同，在该文化精神产生的特定地域，影响力尤大，虞舜孝道精神也是如此。舜帝是中华道德文明的始祖，司马迁在《史记》中说："天下明德皆自虞帝始。"① 舜帝以德而得天下，以德而治天下，而舜德文化的核心便是孝道精神。据司马迁《史记》载："舜，冀州之人也。舜耕历山，渔雷泽，陶河滨，作什器于寿丘，就时于负夏。"② 《孟子》也记载："舜生于诸冯，迁于负夏，卒于鸣条，东夷之人也。"③ 虽然今天学者无法确切考证历山、雷泽、寿丘、负夏的具体位置，但从"冀州之人""东夷之人"，结合舜文化遗迹在今天的分布情况看，舜帝青少年时应该活动于山东、河南一带，其孝道精神也产生于这一带。从文化的影响力来看，舜帝孝道精神影响最大的也是这些地区。如孔、孟都出生于山东地区，他们的著述中也有多处关于孝道的阐述。特别是孟子，言必称尧舜，他认为舜以孝行感化了瞽瞍，在天下人面前做出了表率，是"大孝"，并且认为："尧舜之道，孝弟而已矣。"④ 在《离娄下》《万章上》《尽心上》等篇章中也有关于虞舜孝道的记载，可见舜帝孝道精神对其影响之深。河南地区也是一样，河南舜文化遗迹大多集中分布在黄河两岸，这与虞舜部落从东夷之地向西扩展方向一致，而且分布在河南的遗迹大多和舜帝孝行相关。虞舜孝道精神对今天山东、河南地区民众影响依然深远。

舜帝对湖湘地区的影响不同，据司马迁《史记》记载："（舜）践帝位三十九年，南巡狩，崩于苍梧之野。葬于江南九疑，是为零陵。"⑤ 《山海经》中也有记载："舜之所葬，在长沙零陵界中。"⑥ 从以上史料可以看出，舜帝曾南巡湖湘，且最终葬于湖湘地区，但因舜帝南巡是其晚年之

---

① （汉）司马迁：《史记》卷一《本纪》第一，中华书局 1982 年版，第 43 页。
② （汉）司马迁：《史记》卷一《本纪》第一，中华书局 1982 年版，第 32 页。
③ （清）焦循：《孟子正义》一六《离娄章句下》，中华书局 1987 年版，第 537 页。
④ （清）焦循：《孟子正义》卷二四《告子章句下》，中华书局 1987 年版，第 816 页。
⑤ （汉）司马迁：《史记》卷一《本纪》第一，中华书局 1982 年版，第 44 页。
⑥ （晋）郭璞传，（清）郝懿行笺疏：《山海经笺疏》卷一八《海内经》，齐鲁书社 2010 年版，第 5028 页。

事，与其孝道精神并没有必然联系。舜帝在湖湘地区的影响更多体现了一种文学精神，因而，在湖湘地区有大量关于舜帝与二妃凄美爱情的文学作品。屈原的《湘君》《湘夫人》首肇其端，其后，有关舜帝与二妃的文学作品开始多起来，并与湖湘贬谪文化结合在一起，形成了特有的湖湘骚怨精神，而有关虞舜孝道精神，在元结来到湖湘地区之前很少得到传播。元结任道州刺史后，虞舜孝道精神在湖湘地区传播的契机出现了，元结由舜葬于江南九疑联想到年轻时受到的虞舜孝道文化的熏陶，并进而把孝道文化在湖湘地区进行推广。

虞舜孝道精神与湖湘文化精神在元结身上首次得到了融合，他不仅从理论上宣扬了虞舜的孝道精神，还践行了虞舜孝道精神，为湖湘人士树立了一个良好的榜样。从此之后，虞舜孝道精神开始成为湖湘文化精神的一个有机组成部分，哺育着广大湖湘人士。宋代理学开山祖师周敦颐（湖南道州人）在《通书》中，再次高扬虞舜孝道精神，并把孝道精神与治天下联系起来，他说："尧所以厘降二女于妫汭，舜可禅乎？吾兹试矣。是治天下观于家，治家观身而已矣。"① 湖湘孝道精神得到了进一步弘扬，此后，王夫子、曾国藩、胡林翼、毛泽东、彭德怀等人都以孝道著称，这与虞舜孝道精神的影响分不开，也与元结对虞舜孝道文化的弘扬分不开。

第四节　元结治蛮思想略论

唐朝自安史之乱后，藩镇势力割据一方，反叛者此起彼伏，这不仅导致民众的流离失所，而且苛捐杂税繁多，民不堪重负。地处南荒之地的西原蛮、道州蛮纷纷揭竿而起，攻城略地，烧杀抢掠，广西的容州、桂林，湖南的道州、永州等地多次陷落。这些地区民众在多次遭受战火之后纷纷逃离，住户十不存一，他们极度困苦，濒临绝境。这种情况下，要平叛并治理好南方地区，不仅需要统治者具有卓越的军事才能，还要具有崇高的

---

① （宋）周敦颐著，陈克明点校：《周敦颐集》卷二，中华书局1990年版，第39页。

道德品德。"武力服蛮"和"以德化蛮"须同时进行才能收到良好的治理效果。

元结深刻认识到了这一点，他在《谢上表》指出："臣愚以为，今日刺史若无武略以制暴乱，若无文才以救疲弊，若不清廉以身率下，若不变通以救时须，一州之人不叛则乱将作矣，岂止一州者乎?"元结在道州刺史和容管经略使任上，践行了这一主张，形成了独特的治蛮思想，并且在实践中取得了巨大成就，为唐王朝治理蛮夷地区提供了很好的范例。

一

元结《自释》云："河南，元氏望也。"郑樵《通志》载，元结先人为鲜卑人，"（元姓）又拓跋氏，云黄帝子昌意之后。昌意少子悃，居北土，世为鲜卑君长"①。晁公武《郡斋读书志》也载："右唐元结次山也，后魏之裔。"② 根据颜真卿《元君表墓碑铭并序》可知，元结十二世祖为拓跋遵。《魏书·昭成子孙》载："常山王遵，昭成子寿鸠之子也。"③ 拓跋遵是北魏拓跋寿鸠之子，昭成皇帝拓跋什翼犍之孙，故元结血统与鲜卑皇族有直接关系。至北魏孝文帝时："更为元氏，都洛阳。"盖自孝文帝始，元姓为河南望族。

北魏孝文帝迁都洛阳后，实行了一系列汉化政策，令鲜卑族改穿汉人服装、改说汉话、提倡与汉人通婚等，鲜卑族得以汉化，特别是改拓跋氏为元氏，更是让鲜卑上层社会完全融入汉文化中。唐虞世南《论略》称赞孝文帝："后魏代居朔野，声教之所不及，且其习夫土俗，遵彼要荒，孝文卓尔不群，迁都瀍涧，解辫发而袭冕旒，袪毡裘而被龙衮，衣冠号令，华夏同风，自非命代之才，岂能至此?"④ 南宋叶适也称赞孝文帝："用夏变夷者，圣人之道也。"孝文帝的迁都及改姓应该说对元结影响较大，元

---

① （宋）郑樵：《通志二十略》之《氏族略》第三，中华书局1995年版，第87页。
② （宋）晁公武撰，孙猛校证：《郡斋读书志校证》卷一七，上海古籍出版社2011年版，下册，第855页。
③ （北齐）魏收：《魏书》卷一五《昭成子孙列传》，中华书局1974年版，第374—375页。
④ （清）董诰编：《全唐文》卷一三虞世南《论略》，中华书局1983年版，第10506页。

姓在常山和太原都是望族，元结之十二世祖拓跋遵封为常山王，《元和姓纂》："太原：唐都官郎中元善祎，称昭成帝后。《南宫故事》云：代居太原，著姓。"① 元善祎乃其高祖，其先人代居太原，则郡望亦当为太原。又《唐尚书省郎官石柱题名考》："容府经略、兼中丞元结生友直。为京兆少府。太原人。"② 可见，常山和太原均可以作元结的郡望，但他却在《自释》中说："河南，元氏望也。"自认郡望为河南，说明了他对孝文帝改革的认可和肯定。这对后来元结深入蛮区后在政治、军事，乃至教育上的方略有重大影响。他从自己先人的改革中认识到，蛮区虽然整体上落后于中原地区，但蛮人可以教化，蛮族能够融入汉文化之中。

另外，元结在隐居鲁山期间，其从兄元德秀在鲁山县令上的所作所为也对其治蛮思想的形成起到了一定影响。据李华《元鲁山墓碣铭并序》记载："常获盗未刑，属滨山之乡称猛兽为害，盗请于庭曰：'感明府慈仁，愿杀兽赎罪。'公哀而许焉，僚佐坚请，公无变虑。乃从破械纵之，盗果尸兽复命。吏人老幼，咨嗟震动，发于庭宇，播于四邻，则政化之行可知也。"③ 元德秀又于鲁山修筑琴台以乐化民。这些都让元结认识到蛮是可以教化的，因此他在《送张玄武序》中认为对于蛮族要"如德以涵灌，义以封植""保仁以敦养，流惠以怀恤，知其所劳，示其所安"。而且，在安史之乱发生后不久，元结上《时议三篇》，拜为右金吾兵曹，摄监察御史，充山南东道节度参谋，在唐、邓、汝、蔡等州招缉义军以抵抗安史叛军，据《元君表墓碑铭并序》记载："山棚高晃等率五千余人，一时归附，大压贼境，于是思明挫锐，不敢南侵。"据《唐会要》载："东都西南联邓虢，山谷旷远。多麋鹿猛兽。人习射猎，不务耕稼。春夏以其族党迁徙无常，俗呼为山棚。"④ 这些山棚也即洛阳附近的蛮族，他们主动归附，与元结共同抵御安史叛军，也使得元结对这些蛮族充满了好感，这为后来他坚

---

① （唐）林宝撰，岑仲勉校记：《元和姓纂》卷四《元》，中华书局 1994 年版，第 430 页。

② （清）劳格、赵钺撰，徐敏霞、王桂珍点校：《唐尚书省郎官石柱题名考》，中华书局 1992 年版，第 679 页。

③ （清）董诰编：《全唐文》卷三二〇李华《元鲁山墓碣铭并序》，中华书局 1983 年版，第 4 册，第 3249 页。

④ （宋）王溥：《唐会要》卷六七，中华书局 1960 年版，第 1185 页。

持以德化蛮打下了很好的基础。

二

在广德元年（763）九月，元结授道州刺史。然而，就在这一年道州发生了重大事件，《新唐书·代宗纪》："（广德元年）西原蛮陷道州。"①《新唐书·西原蛮传》："其种落张侯、夏永与夷獠梁崇牵、覃问及西原酋长吴功曹复合兵内寇，陷道州，据城五十余日。"② 元结《舂陵行》序言及道州遭受战争破坏之重："道州旧四万余户，经贼已来，不满四千，大半不胜赋税。"其诗也曰："州小经乱亡，遗人实困疲。大乡无十家，大族命单赢。朝餐是草根，暮食仍木皮。出言气欲绝，言速行步迟。追呼尚不忍，况乃鞭扑之！""去冬山贼来，杀夺几无遗。所愿见王官，抚养以惠慈。奈何重驱逐，不使存活为。"又《贼退示官吏》"癸卯岁，西原贼入道州，焚烧杀掠，几尽而去"。也是指此事。这次事件甚至使得元结道州之任难以成行，直到广德二年（764）年五月，他才到道州刺史上任。

唐代道州是一个少数民族杂居的地方，史书上统称为"道州蛮"，唐昭宗时，"道州蛮酋蔡结、何庚，衡人杨师远各据州叛。宿人鲁景仁从黄巢为盗，至广州，病不能去，以千骑留连州，众饥，从蔡结求粮，乃相倚杖，与州戍将黄行存诱工商四五千人据连州"③。

道州究竟杂居了哪些民族，现在较难考证，但瑶族应该是其境内最主要的民族。据《后汉书》所载，东汉时在湖湘境内就已存在武陵蛮、长沙蛮，根据历代正史中有关南蛮史的记载，武陵蛮是苗瑶民族的先祖、长沙蛮与瑶族有一定关系，杜甫《岁宴行》载："岁云暮矣多北风，潇湘洞庭

---

① （宋）欧阳修、宋祁：《新唐书》卷六《代宗纪》，中华书局1975年版，第169页。

② （宋）欧阳修、宋祁：《新唐书》卷二二二下《西原蛮传》，中华书局1975年版，第6329页。

③ （宋）欧阳修、宋祁：《新唐书》卷一八六《邓处讷传》，中华书局1975年版，第5422页。

白雪中。渔父天寒网罟冻，莫徭射雁鸣桑弓。"① 从洞庭湖到潇湘（今永州地区）均有瑶族的存在。又《梁书》卷三四："州界零陵、衡阳等郡，有莫徭蛮者，依山险为居，历政不宾服，因此向化。"② 梁时，道州地区属零陵，也可见在梁代甚至梁以前时道州地区就有瑶族的分布。《隋书》也云："长沙郡又杂有夷蜒，名曰莫徭，自云其先祖有功，常免徭役，故以为名。其男子但著白布裈衫，更无巾裤；其女子青布衫、班布裙，通无鞋屩。婚嫁用铁钴镥为聘财。武陵、巴陵、零陵、桂阳、澧阳、衡山、熙平皆同焉。其丧葬之节，颇同于诸左云。"③ 也指出了在零陵有莫徭的存在。据《隋书·地理下》："零陵郡。统县五，户六千八百四十五。零陵、湘源、永阳、营道、冯乘。"④ 可见，瑶族在隋代甚至以前就成为道州地区主要民族之一。

元结到任道州刺史后，从以下三方面对道州蛮（以瑶族为主）进行了治理，并取得了一系列成就。

（一）减免赋税

据元结《春陵行》序曰："承诸使征求符牒二百余封，皆曰'失其限者，罪至贬削。'"又曰："军国多所需，切责在有司。有司临郡县，刑法竟欲施。供给岂不忧，征敛又可悲。""邮亭传急符，来往迹相追。更无宽大恩，但有迫促期。欲令鬻儿女，言发恐乱随。悉使索其家，而又无生资。"道州经西原蛮洗劫后，破坏十分严重。元结《奏免科率状》论及道州之民遭战争破坏之惨状："臣当州被西原贼屠陷，贼停留一月余，日焚烧粮储屋宅，俘掠百姓男女，驱杀牛马老少，一州几尽。贼散后，百姓归复，十不存一，资产皆无，人心嗷嗷，未有安者。"以瑶族为主的道州民或流亡他乡，或奋起反抗，道州处在十分危急的境地。在这种情况下，元结坚决抵制了上司派给道州的赋税任务，冒着被革职的危险，上《奏免科率状》："伏望天恩，自州未破已前，百姓久负租税，及租庸等使所有征率

---

① （清）浦起龙：《读杜心解》卷二，中华书局1961年版，第324页。
② （唐）姚思廉：《梁书》卷三四《张缵传》，中华书局1973年版，第502页。
③ （唐）魏征、（唐）令狐德棻：《隋书》卷三一《地理下》，中华书局1973年版，第898页。
④ （唐）魏征、（唐）令狐德棻：《隋书》卷三一《地理下》，中华书局1973年版，第896页。

和市杂物，一切放免。自州破已后，除正租、正庸及准格式合进奉征纳者，请据见在户征送，其余科率并请放免。容其见在百姓产业稍成，逃亡归复，似可存活，即请依常例处分。"又论及未敢征率原因："若依诸使期限，臣恐坐见乱亡。今来未敢征率，伏待进止。又岭南诸州，寇盗未尽，臣州是岭北界，守捉处多。若臣州不安，则湖南皆乱。"《新唐书·元结传》对此事也有记载："久之，拜道州刺史。初，西原蛮掠居人数万去，遗户裁四千，诸使调发符牒二百函，结以人困甚，不忍加赋，即上言：'臣州为贼焚破，粮储、屋宅、男女、牛马几尽。今百姓十不一在，耄孺骚离，未有所安。岭南诸州，寇盗不尽，得守捉候望四十余屯，一有不靖，湖南且乱。请免百姓所负租税及租庸使和市杂物十三万缗。'帝许之。"除此外，又在永泰二年上《奏免科率等状》，再次减免道州之民的赋税，道州百姓得以休养生息。

（二）招缉流亡，率劝贫弱，畲种山林

元结在《谢上表》中，向朝廷建议谨择刺史："则刺史宜精选谨择，以委任之，固不可拘限官次，得之货贿，出之权门者也。凡授刺史，特望陛下一年问其流亡归复几何，田畴垦辟几何；二年问畜养比初年几倍，可税比初年几倍；三年计其功过，必行赏罚，则人皆不敢冀望侥幸，苟有所求。"在《刺史厅记》也指出："天下太平，方千里之内，生植齿类，刺史乃存亡休戚之系。天下兵兴，方千里之内，能保黎庶，能攘患难，在刺史尔。凡刺史若无文武才略，若不清廉肃下，若不明惠公直，则一州生类，皆受其害。"元结"故为此记，与刺史作戒"。实际上，他是在告诫自己怎样去做一个好刺史。为此，元结到任后，开始"招辑流亡，率劝贫弱，保守城邑，畲种山林，冀望秋后，少可全活"（《谢上表》），道州之民开始从战乱中恢复过来。据元结《再谢上表》载："臣前日在官，虽百姓不至流亡，而归复者十无一二；虽寇盗不犯边鄙，而不能兵救邻州；虽赋敛仅能供给，而有司不无罪状；虽人吏似从教令，而风俗未能移易。"在元结的第一任期内，虽然道州未完全从战乱中恢复过来，但基本上稳定了下来。先前的各种危急情况都得以缓解。颜真卿《元君表墓碑铭并序》载："君下

车，行古人之政，二年间，归者万余家，贼亦怀畏，不敢来犯。"在第二任期内，元结在此基础上进一步减免赋税，安抚百姓，他离任时，以至于"百姓诣阙，请立生祠，仍乞再留"。

（三）对道州之民进行道德教化

元结为鲜卑后裔，北魏孝文帝的改革对元结影响重大，他深知对于地处南荒的道州而言，仅仅满足其物质上的需求是远远不够的，要对其进行"汉化"，特别是利用儒家思想对道州之民进行教化，为此，元结开始关注虞舜。据司马迁《史记》记载："（舜）践帝位三十九年，南巡狩，崩于苍梧之野。葬于江南九疑，是为零陵。"[①]《山海经》中也有记载："舜之所葬，在长沙零陵界中。"[②]永泰元年（765）元结以虞舜葬于九疑山（唐时属道州境），故在道州西山建立舜祠，又作《舜祠表》刻于石上。《表》中元结认为舜帝是人民最高的道德典范，舜帝对人民的影响像天地一样深远，也正因为如此，老百姓数千年来才一直敬奉他。第二年，他又上《论舜庙状》，请求皇帝免除舜庙附近两户人家的赋税，以负责打扫管理舜庙，目的是在世人前宣扬舜帝崇高的道德，以达到教化百姓的目的。他在任道州刺史期间，创作了《七泉铭》，命七泉中一泉为潓泉，并为之作铭："沄沄潓泉，流清源深。堪劝人子，奉亲之心。时世相薄，而日忘圣教。欲将斯泉，裨助纯孝。"他试图通过这种潜移默化的形式来对蛮族进行道德教化。他还为道州之民树立了现实道德典范，他作《举处士张季秀状》《张处士表》，表彰张季秀的"介直自全，退守廉让"。元结在日常生活中也以身作则，无论是为官还是隐居都把母亲安置在身边亲自照顾。他在《让容州表》中写道："夫孝而仁者，可与言忠信，而忠信者，可以全义勇。岂有责其忠信，使之义勇，而不劝之孝慈，恤以仁惠？"百姓如果爱家、爱父母，也必然会爱国，这样就不会走向反叛之路。

---

① （汉）司马迁：《史记》卷一《本纪》第一，中华书局 1982 年版，第 44 页。
② （晋）郭璞传，（清）郝懿行笺疏：《山海经笺疏》卷一八《海内经》，齐鲁书社 2010 年版，第 5028 页。

三

　　西原蛮如同零陵蛮、道州蛮一样，均是以地域命名的，西原蛮主要分布在唐代的西原州。据《新唐书·南蛮下》："西原蛮，居广、容之南，邕、桂之西。有宁氏者，相承为豪。又有黄氏，居黄橙洞，其隶也。其地西接南诏。"① 大约在今广西西南部一带，这里主要是今天壮族居住地，还包含苗、瑶、汉等族之百姓，西原蛮作乱是在安史之乱后不久。据《新唐书·西原蛮传》载："至德初，首领黄乾曜、真崇郁与陆州、武阳、朱兰洞蛮皆叛，推武承斐、韦敬简为帅，僭号中越王，廖殿为桂南王，莫淳为拓南王，相支为南越王，梁奉为镇南王，罗诚为戎成王，莫浔为南海王，合众二十万，绵地数千里，署置官吏，攻桂管十八州。所至焚庐舍，掠士女，更四岁不能平。"② 又据《旧唐书·王翃传》："岭南溪洞夷獠乘此相恐为乱，其首领梁崇牵自号'平南十道大都统'，及其党覃问等，诱西原贼张侯、夏永攻陷城邑，据容州。"③ 特别是在广德元年（763），"西原蛮陷道州"。"其种落张侯、夏永与夷獠梁崇牵、覃问及西原酋长吴功曹复合兵内寇，陷道州，据城五十余日。桂管经略使邢济击平之，执吴功曹等。"④ 后来虽然叛乱得到了平息，但道州遭到前所未有的破坏。元结《春陵行》记载："道州旧四万余户，经贼已来，不满四千。""大乡无十家，大族命单羸。朝餐是草根，暮食仍木皮。" 对于西原蛮烧杀掠夺行为，元结深恶痛绝，直言其为"西原贼"。为了防"西原贼"，元结在道州刺史期间做了大量的军事防御措施。元结《谢上表》："臣见招辑流亡，……守城邑。"他在《奏免科率等状》中写道："去年又贼逼州界，防捍一百余日。……今年贼过桂州，又团练六七十日，丁壮在军中，老弱馈粮饷。"在元结的积极防御下，虽然"贼攻永州、陷邵州"，但道州却得以保全。

　　虽然西原蛮和安史之乱一样，对唐王朝造成了重大破坏，但元结对二

---

① （宋）欧阳修、宋祁：《新唐书》卷二二二下《西原蛮传》，中华书局1975年版，第6329页。
② （宋）欧阳修、宋祁：《新唐书》卷二二二下《西原蛮传》，中华书局1975年版，第6329页。
③ （后晋）刘昫等：《旧唐书》卷一五七《王翃传》，中华书局1975年版，第4143—4144页。
④ （宋）欧阳修、宋祁：《新唐书》卷二二二下《西原蛮传》，中华书局1975年版，第6329页。

者的态度显著不同，元结在《大唐中兴颂》中写道："噫嘻前朝，孽臣奸骄，为昏为妖。边将骋兵，毒乱国经，群生失宁。大驾南巡，百寮窜身，奉贼称臣。……地辟天开，蠲除祅灾，瑞庆大来。凶徒逆俦，涵濡天休，死生堪羞。"在元结眼中，发动战争的安禄山不仅是贼，还是妖、是逆徒。当战乱发生后，在其父"而曹逢世多故，不得自安山林，勉树名节，无近羞辱"的勉诫下，元结招集邻里二百余家奔襄阳。据李肇《唐国史补》："元结，天宝之乱，自汝濆大率邻里，南投襄汉，保全者千余家。乃举义师，宛叶之间，有婴城捍寇之功。"① 可以说元结对于安禄山、史思明之类的叛逆者，欲除之而后快。但对西原蛮不同，虽然他称西原蛮为贼，然而在诗文中多次替西原蛮说话。他在《贼退示官吏》中写道："明年，贼又攻永、破邵，不犯此州边鄙而退。岂力能制敌欤？盖蒙其伤怜而已。"又曰："今来典斯郡，山夷又纷然。城小贼不屠，人贫伤可怜。是以陷邻境，此州独见全。使臣将王命，岂不如贼焉？"在元结心中，西原贼与安史之乱中的叛贼并不相同，他们也有人性与同情心，他们的反叛当与官府对他们的盘剥相关。

正因为如此，不管是在道州刺史任上还是在容管经略使任上，虽然西原蛮到处攻城掠地，但元结从未对其进行武力镇压，而是试图通过自己的德行去感化他们。《旧唐书·王翃传》："岭南溪洞夷獠乘此相恐为乱，其首领梁崇牵自号'平南十道大都统'，及其党覃问等，诱西原贼张侯、夏永攻陷城邑，据容州。前后经略使陈仁琇、李抗、侯令仪、耿慎惑、元结、长孙全绪等，虽容州刺史，皆寄理藤州，或寄梧州。"② 但是在元结转容府都督兼侍御史本管经略使后，"容府自艰虞以来，所管皆固拒山谷，君单车入洞，亲自抚谕，六旬而收复八州。"（《元君表墓碑铭并序》）《新唐书·元结传》也载："进授容管经略使，身谕蛮豪，绥定八州。"在唐代文人中，能够以自身道德修养感化蛮夷的除韩愈外应该就是元结了，元结最终收复了容州大部分地区。在今天的容县，依然存有元结留下的经略

---

① （唐）李肇：《唐国史补》卷上《鲁山乳兄子》，上海古籍出版社1979年版，第21页。
② （后晋）刘昫等：《旧唐书》卷一五七《王翃传》，中华书局1975年版，第4143—4144页。

台，这是元结曾经操练军队的地方。

历代统治者对蛮夷都持鄙弃态度，《后汉书》中："昔高辛氏有犬戎之寇，……帝不得已，乃以女配盘瓠。……今长沙武陵蛮是也。"① 认为帝犬为苗瑶人的祖先就是如此。但元结由于自身是鲜卑后裔，并且其先祖成功使其民族和汉民族融为一体，使得元结能持有较为进步的民族观。在他任道州刺史和容管经略使期间，能够积极保民化蛮、道德谕蛮，这使得当地百姓得以休养生息，从某种程度上缓解了唐王朝南方民族危机，对正处于动乱期间的唐王朝具有一定意义。

---

① （南朝宋）范晔撰，（唐）李贤等注：《后汉书》卷八六《南蛮西南夷列传》，中华书局1965 年版，第 2829—2830 页。

第三章　文学篇

作为文学家的元结，其作品艺术成就虽比不上李杜、元白，但仍然在文学史上具有较高地位，这可以从两方面看出：一是历代文人及评论家对元结的评价比较高。如唐杜甫《同元使君舂陵行有序》："道州忧黎庶，词气浩纵横。两章对秋月，一字偕华星。"① 宋高似孙《读漫卿诗》："东西都汉犹司马，三百年唐只次山。"② 明吕柟《泾野子内篇》卷一："唐诗惟张九龄、元结可观也。杜子美虽有忧国爱民之意，乃溺于辞而不反。"③ 清贺贻孙《诗筏》："晋人诗能以真朴自立门户者，惟陶元亮一人。唐诗人能以真朴自立门户者，惟元次山一人。"④ 清张谦宜《茧斋诗谈》："〔元结诗〕高古浑穆，老杜甘处其下，王摩诘更不必言。惟韦苏州略近，而矜贵终让一筹。"二是历代选本对元结诗文的选取率比较高。如宋姚铉辑《唐文粹》选元结诗文二十七篇；王安石《唐百家诗选》选编元结《箧中集》，其篇目与次第与元结所编《箧中集》同；洪迈《万首唐人绝句》选元结作品十三首。明高棅《唐诗品汇》选元结诗十三首；何镗《名山胜概记》选元结文二十三篇；钟惺等《诗归》选元结诗三十四篇。清季振宜《唐诗》选元结诗一百一十四篇；沈德潜《唐诗别裁集》选元结诗十三首；

---

① （唐）杜甫著，（清）仇兆鳌注：《杜诗详注》卷一九，中华书局1979年版，第1692页。

② 北京大学古文献研究所编：《全宋诗》卷二七二一《高似孙集》，北京大学出版社1998年版，第51册，第32011页。

③ （明）吕柟撰，赵瑞民点校：《泾野子内篇》卷一，中华书局1992年版，第1页。

④ （元）辛文房撰，孙映逵校注：《唐才子传校注》卷三《元结辑评》，中国社会科学出版社1991年版，第269页。

孙洙编、于庆元注疏《唐诗三百首注疏》，原选元结诗二首，续选三首。诸选本选元结诗文数量已然不少；从所选作品与元结作品所存数量之比看，元结选取比当居唐代文人前列，也可知元结在文坛之地位。

元结是唐代古文运动的先驱人物，他在诗文创作中喜欢用古体，如诗歌则拟乐府、拟楚辞、拟古诗等，辞赋则拟汉大赋；散文则拟谟、规、箴等文体，唐代流行五、七言近体诗，元结却很少写；而且，元结还喜欢写古道，他在《元谟》中说："上古之君用真而耻圣，故大道清粹，滋于至德，至德蕴沦而人自纯；其次用圣而耻明，故乘道施教，修教设化，教化和顺而人从信；其次用明而耻杀，故沿化兴法，因教置令，法令简要而人顺教。"道德教化是一代不如一代。从他所提倡的古体、古道看，其实观点说不上多进步，甚至给人刻板、空洞、不切实际的印象，远不如刘勰在《文心雕龙·时序》中强调的"故知文变染乎世情，兴废系乎时序"合理。但如果我们如此看元结便错了，他之所以强调恢复古道是因为看到古道"纯真"的一面，他试图用这种"纯真"去矫正现实的浇浮与伪薄，故元结虽然强调恢复古道，但他却从来没有忘却现实，这也是他较之前或同时代古文运动家更进步的地方。

元结早年生活较为单纯，主要围绕读书、隐居、科考三件事进行，接触社会生活面的广度与深度不如同时期的杜甫、刘长卿等人，其复古作品在语言上存在古奥的一面。明胡应麟《少室山房笔丛》中就指出："大概六代以还文尚俳偶，至唐李华、萧颖士及次山辈始解散为古文，萧、李文尚平典，元独矫峻艰涩，近于怪且迂矣，一变而樊宗师诸人，皆结之倡也。"[①]他的《皇谟三篇》《演兴四首》都是极为艰涩之作，但这类作品所占比例并不很高，即使早期作品，一旦关涉现实，语言便平淡起来，如《闵荒诗》《系乐府》等作品，就显得较为平易。而至安史之乱后，元结在逃难及起兵反抗安史叛军的过程中，文学语言发生了极大的改变，他开始用平易的语言来反映现实生活的苦难，甚至还能用口语入诗文。他吸收民歌的特点创作了《欸乃曲》《朝阳岩下歌》，故元结之于古文运动，不仅只

---

① （清）胡应麟：《少室山房笔丛》，上海书店出版社2001年版，第279页。

是对韩愈、柳宗元产生了一定影响，对欧阳修、苏轼等人的创作也有一定影响。故元结的复古思想中有很强的创新意识。

本章主要系统阐述元结复古文学思想产生的文化渊源、复古文学思想的内涵及对自身创作的影响，同时也对元结表文、序体文及山水铭文创作艺术及取得的成就进行深入分析。

第一节　鲜卑视域下元结文学思想与创作析论

元结作为文学家、古文运动先驱人物，在文学思想和创作上表现出了很强的独创性。皇甫湜曾评价他的诗文"于诸作者间，拔戟成一队"[①]；《四库全书总目》也认为他的文章"戛戛自异，变排偶绮靡之习"[②]。在注重骈偶与声律的唐王朝，元结的文学思想与创作实践表现出了迥异于时代作家的鲜明特色，在复古中具有强烈的革新意识。当代学人多关注于元结文学的复古，孙望指出："元结在文学创作上反对绮靡浮华而提倡淳古淡泊的作风。"[③] 也有学人对元结在文学上特别是文体上的革新进行了研究，如姬沈育认为："元结革新文章体裁成就突出，他既有对某些旧文体的改造、拓展，又有创造新文体的成功实践。"[④] 21 世纪以来，元结鲜卑后裔的身份渐为研究者重视，王佑夫指出了唐代元结等鲜卑后裔作家在文学创

① （清）彭定求等编：《全唐诗》卷三六九皇甫湜《题浯溪石》，中华书局 1960 年版，第 4150 页。

② （清）永瑢等：《四库全书总目》卷一四九《次山集》，下册，中华书局 1965 年版，第 1283 页。

③ 孙望：《元次山集》，中华书局 1960 年版，《前言》第 26 页。另有李建昆《元次山之生平及其文学》，台湾商务印书馆 1986 年版，第 150—156 页；王启兴《评元结的复古主义诗论》，《武汉大学学报（社会科学版）》1986 年第 3 期；许总《论元结及〈箧中集〉诗人的人生态度、文学思想与创作倾向》，《徐州师范学院学报》1996 年第 1 期；熊礼汇《"救时劝俗"与"追复纯古"——元结古文创作论》，《佛山科学技术学院学报》2005 年第 4 期等论及元结文学复古思想与创作。

④ 姬沈育：《试论元结革新文体的成就》，《天中学刊》1999 年第 1 期。另有彭小乐《元结的古文革新与唐代古文运动》，《中华文化论坛》2015 年第 9 期；吕双伟《论元结的表文创新及其文学的政治化》，《湖湘论坛》2019 年第 5 期；肖献军《论元结在序体文上的成就与贡献》，《湖湘论坛》2019 年第 3 期等论及元结在文学上的革新。

作和文学批评方面的突出贡献①；彭小乐则在研究元结思想时提及了其鲜卑后裔身份。② 但元结在文学上的复古和创新究竟与其鲜卑血统存在何种关系，或者说鲜卑文化是怎样影响元结思想和创作的却鲜有学者论及。本节拟从鲜卑血统、鲜卑文化对元结的人生道路、个性思想和创作实践的影响来探讨族别与文学的关系，厘清元结文学思想与创作不同于当时作家的根本原因。

一

元结是拓跋鲜卑③后裔。郑樵《通志》记载了元姓的来源："又拓跋氏，云黄帝子昌意之后。昌意少子悃，居北土，世为鲜卑君长……至孝文帝，更为元氏，都洛阳。"④ 颜真卿《元君表墓碑铭并序》则记载元结为后魏昭成皇帝孙常山王拓跋遵的十二代孙。王希恩指出"中国人有认祖归宗的传统，实质上就是一种血缘认同。这种认同，小则家族，大则民族"⑤，对于名门望族唐人更喜欢攀附。拓跋鲜卑曾建立北魏、东魏和西魏等影响中原地区的政权，李唐皇室立国初之母系仍杂有鲜卑血脉。至元结时，鲜卑血统仍是高贵血统。但从元结现存作品来看，他似乎并不认同鲜卑身份，他的文集中没有出现"鲜卑""拓跋"等词。唐代文人在替人作墓表时，往往会追叙祖先功德，而元结为其从兄元德秀所作的《元鲁县墓表》

---

① 王佑夫：《鲜卑匈奴后裔对唐代汉语诗学的贡献》，《民族文学研究》2000 年第 2 期，第 55—60 页。另有朱仰东《〈全唐诗〉所载唐代鲜卑族诗人考论》，《西安建筑科技大学学报》2016 年第 5 期等论及唐代鲜卑作家群。

② 参见彭小乐《论先秦诸子思想对唐代鲜卑族后裔元结的影响》，《贵州民族研究》2015 年第 6 期；彭小乐《论唐代鲜卑族后裔元结的吏治思想》，《贵州民族研究》2016 年第 6 期；彭小乐《论唐代鲜卑族后裔元结山川铭的道德劝诫》，《贵州民族研究》2017 年第 11 期。

③ 不同学者对鲜卑成分有不同划分，如马长寿《乌桓与鲜卑》中依据地域分布把鲜卑分为东部鲜卑、拓跋鲜卑；吴松岩《鲜卑起源、发展的考古学研究》则依据政权建立情况主要分为拓跋鲜卑、慕容鲜卑。本书所述"鲜卑文化"是指拓跋氏建立的鲜卑文化，不涉及其他鲜卑部落文化。参见马长寿《乌桓与鲜卑》，上海人民出版社 1962 年版；吴松岩《鲜卑起源、发展的考古学研究》，上海古籍出版社 2018 年版。

④ （宋）郑樵：《通志二十略·氏族略》，陈宗夔明正德（1506—1521）刻，国家图书馆藏本。

⑤ 王希恩：《民族的血缘性及其在当代中国的演化》，《广西民族研究》2017 年第 2 期。

也没有提及族别。但元结刻意避免"鲜卑""拓跋"并不意味着他看不起自己的血统，相反正是他尊重自己族群的缘故。元结《自释》开篇曰："河南，元氏望也。结，元子名也。次山，结字也。世业载国史，世系在家牒。"马端临《文献通考》载："初，结居商余山著书，其序谓天宝九年庚寅至十二年癸巳，一万六千五百九十五言，分十卷，是盖有意存焉。卷首有《元氏家录》，具纪其世次。"① 可见，元结十分注重其家世，甚至超越了唐代一般文人，不然他不会自称郡望"河南"，并在自己文集前冠以《元氏家录》。之所以不提及"鲜卑""拓跋"，是因鲜卑族经北魏孝文帝改革后，已融入汉民族文化体系中，这也可以说是元结尊重先祖的缘故。

元结文集前的《元氏家录》虽已散佚，但仍能从相关文献及元结的作品中大致勾勒出元结的家世谱系。元结乃黄帝子昌意之后，后魏昭成皇帝拓跋什翼犍为其十四世祖、拓跋寿鸠为其十三世祖、常山王拓跋遵为十二世祖。先祖中对元结产生重大影响的首推拓跋遵。颜真卿在《元君表墓碑铭并序》中论述元结家世也是从这里开始的。因为从拓跋遵开始，鲜卑姓氏拓跋改为了元姓。关于拓跋遵，《魏书·昭成子孙》有记载："少而壮勇，不拘小节……慕容宝之败也，别率骑七百邀其归路，由是有参合之捷。及平中山，拜尚书左仆射，加侍中，领勃海之合口。及博陵、勃海群盗起，遵讨平之。迁州牧，封常山王。"② 可见，拓跋遵以武功见称，并且还因武功获得封地。据颜真卿《元君表墓碑铭并序》云："自遵七叶，王公相继，著在惇史。"《元和姓纂》卷四则载："常山王寿鸠生遵。遵生素达。素达生羽邻、忠、倍斤、尉、货敦、菩萨、淑。"③ 则素达为其十一世祖。然自素达之后六世，元结先祖具体是谁已不可考。又《元君表墓碑铭并序》载元结："高祖善祎，皇朝尚书都官郎中、常山郡公。"赵明诚《金石录·唐元结碑》曰："又《碑》与《元和姓纂》皆云'结高祖名善祎'，

---

① （元）马端临：《文献通考》卷二三二，明嘉靖三年（1524）司礼监刻本。
② （北齐）魏收：《魏书》卷一五《昭成子孙列传》，中华书局1974年版，第374—375页。
③ （唐）林宝撰，岑仲勉校记：《元和姓纂》卷四，中华书局1994年版，第400页。

而《家录》作'善裪',未知孰是也。"① 然元结高祖生平事迹仍记载不详。从元结曾祖开始,生平事迹开始有较详细的记载。颜真卿《元君表墓碑铭并序》:"曾祖仁基,朝散大夫、褒信令,袭常山公。"《新唐书·元结传》:"曾祖仁基,字惟固,从太宗征辽东,以功赐宜君田二十顷,辽口并马牝牡各五十,拜宁塞令,袭常山公。"元结的祖父为元亨,颜真卿《元君表墓碑铭并序》载"祖利贞,霍王府参军,随镇改襄州",仍有从军经历。从元结的先祖可以看出,他们多以武功著称,直至元亨还有从军经历,这对元结的人生有较重大影响。安史之乱后元结在安禄山叛军已然攻陷洛阳的情况下,并没有像其他士人一样到处逃难,而是组织族人在河南鲁山、叶县一带抵抗安史叛军,保全城池十五座,有效抵御了叛军的南下。在唐军节节败退的情况下元结能取得如此大战绩实属不易,这在当时就引起了唐肃宗的关注。元结此后还有过多次指挥军队的经历:在吕諲幕府时,元结领荆南之兵进驻江西,有效抵御了刘展西侵,保全了荆南之地;在道州刺史任上,他组织当地百姓抵抗西原蛮的入侵;容管经略使任上,他"单车入洞",收复八州。

至元结祖父元亨时情形发生了一定变化。《新唐书·元结传》:"祖亨……尝曰:'我承王公余烈,鹰犬声乐是习,吾当以儒学易之。'"元亨后来开始转学儒学,这对元结产生了一定影响。从元结为文来看,他喜欢谈论圣人之道、君王之道、君子之道、孝道等。他多次在诗文中称赞上古帝王"分草实兮,济我生人"(《丰年》)、"类我圣泽兮,涵濡不穷"(《云门》)。在《时议》中他指出如果君王能够有令必行、严格执法、任用贤人、免除徭役、推行威令,则帝王之道自然而及。他认为人生活在社会中,就应遵守"君臣、父子、兄弟、夫妇、朋友之道"(《订古五篇》),不难看出他受儒家影响很深。

元结的父亲元延祖对元结影响更大,但元延祖和元亨不同,他受儒学影响不深,也没有从军经历,他更类似于隐士。据《新唐书·元结传》

---

① (宋)赵明诚撰,金文明校证:《金石录校证》卷二八,广西师范大学出版社 2005 年版,第 486 页。

载："父延祖……逮长，不仕，年过四十，亲娅强劝之，再调春陵丞，辄弃官去，曰：'人生衣食，可适饥饱，不宜复有所须。'"后来到商余山采灵药去了。这对元结起了直接的榜样作用，元结在天宝九载（750）至十二（753）间也像他父亲一样隐居商余，在这里过了三年的习静生活。习静是人在寂静环境中修养心性的一种行为，本身带有较浓厚的道教色彩。通过习静，元结由狂者变成了隐者。这种隐逸思想对元结一生都有影响，在后来的仕宦生涯中，他一直保持着热爱自然山水的习惯，还曾多次辞官归隐，可见元延祖对他的影响。不过，元延祖虽然是个隐士但也并非完全忘却世事，安史之乱发生后，他在临终前勉励元结"而曹逢世多故，不得自安山林，勉树名节，无近羞辱"（《新唐书·元结传》）。元结在安史之乱后起兵反抗叛军，一定程度上受到了他父亲影响。

　　除元延祖外，元德秀对元结的影响也十分明显。元德秀是元结的从兄，但与元结是亦师亦友的关系。元结在十七岁时曾师事元德秀，因而元结的思想、为文及为人处世都受到了元德秀的影响。元德秀与元延祖思想较为接近，做官时间不长，最后隐居于陆浑，也可算得上是隐士。但与元延祖相比元德秀多了份刚正之气。《新唐书》把元德秀归在了"卓行"中，其中最令人赞赏的一件事是唐玄宗曾于五凤楼酺宴，元德秀遣乐工数人，联袂歌《于蒍于》，陈怀州百姓之苦，唐玄宗因此罢黜了怀州刺史。后来元结在为宦生涯中，也多次不畏权势，陈百姓之苦：他上书山南东道节度使来瑱给从军将士父母以口粮；在《贼退示官吏》中，他斥责官不如贼；多次向皇帝上表免除道州百姓的赋税，这些可以明显看出受到了元德秀的影响。除此外，元德秀的孝行也影响着元结。元德秀在去长安参加进士考试时，不忍与母亲分别，背负着母亲前往京师，元德秀也因此以才行第一，登进士科。元结一生也以孝行著称，他在母亲生病时为母亲尝试汤药，还多次向皇帝上表，表示要辞官照顾母亲。元结文集中的《辞监察御史表》《乞免官归养表》《让容州表》《再让容州表》都是为母亲而辞官所上表，与唐代其他文人相比，元结尤重孝行。

　　"到隋唐时，鲜卑作为一个古代民族已不复存在，绝大多数均融合到汉族之中"①，但鲜卑人的血液依然在流淌。鲜卑血缘影响下的元结个性、思想明显不同于唐代其他作家，他在保持纯朴本性的基础上融合了兵家、儒家、道家等各家的优长，形成了独具特色的"漫家"。他在《漫论》中说："吾当于漫，终身不羞，著书作论，当为漫流！于戏！九流百氏，有定限耶？吾自分张，独为漫家。"这种独特的思想和个性直接影响了他的文学创作，使得他的作品既能摆脱时文的约束又能有所创变。

二

就元结前的唐王朝文学而言，骈文和近体诗是最为流行的"当时体"。虽也有陈子昂等文人提出恢复"汉魏风骨"，但和者甚少。文学的变革至安史之乱前后才成为一种必然趋势：一是近体诗在王维、杜甫等人手中已发展到了极致，骈文在体式上也趋于完美，文人要想在文学上取得一定成就就必须有新的突破；二是时代的审美需求也需要对文学作相应改变，安史之乱后唯美主义文学显然适应不了社会的需求，在一个动荡不安的社会里很少会有人去欣赏吟风赏月的篇章。但在同一社会政治体系中，文学的变革也受到了一定限制，因为文学中还有诸多不变因素存在——诸如激发文学创作的外在自然环境具有稳定性，作家群体具有稳定性，文体的语言及外在形式具有稳定性等。因此，文学的演变与革新常以渐进方式出现。新的文学因子最先往往以较弱小的形式慢慢渗入"当时体"中，以其顽强的生命力吸引越来越多的文人关注，并最终战胜正在流行的文体而成为主要的文学体裁。而能承担起这一任务的文人不仅要能准确把握文学发展的方向，还需具备文化变革的基因。具有鲜卑血统的元结正好顺应了这一时代需求而成为唐代古文运动的发起人。

元结的得姓始祖是其十二世祖拓跋遵，但拓跋氏改为元姓却是迁都河南洛阳后的孝文帝拓跋宏所为，这时的北魏政权已经达到了鼎盛期。元结对于这位北魏政治改革家怀着一种崇敬的心情。他在《自释》中介绍自我时说："河南，元氏望也。"郡望也即郡中为众人所仰望的豪门大族。考元

---

① 周伟洲：《中国中世西北民族关系研究》，广西师范大学出版社 2007 年版，第 203 页。

结之郡望，多提及常山。元结的十二世祖拓跋遵便被封为常山王。从西汉直至西晋，常山国、常山郡治所在元氏县。颜真卿《元君表墓碑铭并序》云："高祖善祎，皇朝尚书都官郎中、常山郡公。曾祖仁基，朝散大夫、褒信令，袭常山公。"高祖、曾祖都为常山郡公，则元结之郡望当为常山。也有认为其郡望为太原的，如《元和姓纂》："太原：唐都官郎中元善祎，称昭成帝后。《南宫故事》云：代居太原，著姓。"① 元善祎乃其高祖，其先人代居太原，则郡望抑或为太原。又《唐尚书省郎官石柱题名考》："容府经略、兼中丞元结生友直。为京兆少府。太原人。"② 太原为元氏著姓所在地，元结儿子元友直为太原人，元结也应当为太原人。元结父亲元延祖就是从太原迁入鲁山的，清王雍《鲁山县志》卷五《人物志》中把元延祖归于"流寓"类中，故元结郡望不当为河南，当以常山或太原为是。元结称自己郡望为河南，不仅在于孝文帝更改姓氏，更在于迁都洛阳的北魏在孝文帝时创造了鲜卑史上最为辉煌的文化，这足以引起元结的文化自豪感与归属感。即使在隋唐时期鲜卑作为一民族已不复存在，但具有鲜卑血统之人仍具有较大影响力。王桐龄就指出："以汉族为父系，鲜卑人为母系，造成隋唐两朝之汉族大帝国。"③ 鲜卑后裔在唐代仍属于士族阶层，受鲜卑文化影响的鲜卑裔作家在文学上表现出了较强的创造力。

唐前就有人提倡写作古文，名气较大的是西魏苏绰。至唐代，大约与元结同时，古文运动开始兴起。其中有两位较重要的人物：独孤及和元德秀。独孤及（725—777），他"为文彰明善恶，长于论议"④，又"喜鉴拔后进，如梁肃、高参、崔元翰、陈京、唐次、齐抗皆师事之"（《新唐书·独孤及传》）⑤。梁肃为独孤及学生，独孤及、梁肃对韩愈有直接影响。《旧

---

① （唐）林宝撰，岑仲勉校记：《元和姓纂》卷四，中华书局 1994 年版，第 430 页。

② （清）劳格、赵钺撰，徐敏霞、王桂珍点校：《唐尚书省郎官石柱题名考》，中华书局 1992 年版，第 679 页。

③ 王桐龄：《王桐龄中国民族史》，吉林人民出版社 2013 年版，第 277 页。

④ （宋）欧阳修、宋祁：《新唐书》卷一六二《独孤及传》，中华书局 1975 年版，第 4993 页。

⑤ （宋）欧阳修、宋祁：《新唐书》卷一六二《独孤及传》，中华书局 1975 年版，第 4993 页。

唐书》载："大历、贞元之间，文字多尚古学，效杨雄、董仲舒之述作，而独孤及、梁肃最称渊奥，儒林推重。愈从其徒游，锐意钻仰，欲自振于一代。"① 元德秀（约695—754），"李华兄事德秀，而友萧颖士、刘迅。及卒，华谥曰文行先生。天下高其行，不名，谓之元鲁山"②。"颖士乐闻人善，以推引后进为己任，如李阳、李幼卿、皇甫冉、陆渭等数十人，由奖目，皆为名士。天下推知人，称萧功曹。尝兄事元德秀，而友殷寅、颜真卿、柳芳、陆据、李华、邵轸、赵骅。"③ 可见，盛中唐之际兴起的复古运动实由此二人首创，萧颖士、李华、梁肃、颜真卿、元结等一批古文运动家都跟随二人，韩、柳乃至宋代的欧、苏等也或多或少受此二人影响。独孤及和元德秀都属于鲜卑后裔。"独孤"最先为鲜卑部落，孝文帝迁都洛阳后独孤部也随之进入，后以部落名为姓，遂称独孤氏。元德秀为元结从兄，与元结一样同为拓跋遵后裔。由此可见，盛中唐之际这场颇具声势的复古运动实际上与鲜卑文化有紧密关系。元结在这场复古运动中以其独特的文学主张和杰出的文学成就引起了后人的重视，成为唐宋古文运动的先驱人物。

　　鲜卑文化能成为影响唐代古文运动中最为重要的文化，实际上与其自身所取得的成就密切相关。历史上拓跋鲜卑建立的具有影响中原地区的政权主要有北魏、东魏和西魏。据《魏书·文苑传》载："永嘉之后，天下分崩，夷狄交驰，文章殄灭。"④ 北朝在五胡十六国时期社会状况十分混乱，文学也几乎没有取得任何成就。北魏建立之后，北方政权相对稳定下来，文学也开始发展。《北史·文苑传》也有类似记载："泊乎有魏……有许谦、崔宏、宏子浩、高允、高闾、游雅等，先后之间，声实俱茂，词义典正，有永嘉之遗烈焉。"⑤ 到北魏孝文帝太和年间，文学之士大盛，《北史·文苑传》："及太和在运，锐情文学，固以颉颃汉彻，跨蹑曹丕，气韵

---

① （后晋）刘昫等：《旧唐书》卷一六〇《韩愈传》，中华书局1975年版，第4195页。
② （宋）欧阳修、宋祁：《新唐书》卷一九四，中华书局1975年版，第5565页。
③ （宋）欧阳修、宋祁：《新唐书》卷二〇二，中华书局1975年版，第5769—5770页。
④ （北齐）魏收：《魏书》卷八五《文苑传》，中华书局1974年版，第1869页。
⑤ （唐）李延寿：《北史》卷八三，中华书局1974年版，第2779页。

高远，艳藻独构。"① 直到孝明皇帝元诩时，文章之学依然大盛，"学者如牛毛，成者如麟角"②。北魏之后的东魏和西魏，尚能在北魏文学的基础上有所发展，如西魏的苏绰在复古理论上就有所建树。北周政权建立之初，从西魏入北周的苏绰与一批文人一起以恢复古道为务，并取得了一定成就，然"矫枉非适时之用，故莫能常行焉"③。苏绰之后，"梁、荆之风，扇于关右，狂简之徒，斐然成俗，流宕忘反，无所取裁"④。其后的隋王朝虽然有李谔等人反对骈文，但在时代风气的影响下自身都难以摆脱骈文的影响。至隋炀帝时，淫靡之音响彻于朝，北朝文风荡然无存。

由此可见，北朝文化实际上是以鲜卑为主的文化，北朝文学也基本上是以鲜卑为主的文学。而作为鲜卑后裔并且以先祖为荣的元结自然会受到鲜卑文学的影响。鲜卑文学有何特点呢？首先是文风质朴、刚健。鲜卑文学属于北朝文学。北方地理环境明显不同于南方，北方山雄地广，南方则山清水秀，地理环境的不同会影响到地域性格的形成，《绀珠集》中说："东南，天地之奥藏，其地宽柔而卑，其土薄，其水浅，其生物滋，其财富，其人剽而不重，糜食而偷生，其士懦脆而少刚，笞之则服。西北，天地之劲力，雄尊而严，其土高，其水寒，其生物寡，其财确，其人毅而近愚，饮淡而轻生，士沉厚而慧，挠之不屈。"⑤ 这些都会影响到文学的创作，从而使得北方文学明显不同于南方文学。颜之推在《颜氏家训·音辞》中指出："南方水土和柔，其音清举而切诣，失在浮浅，其辞多鄙俗。北方山川深厚，其音沉浊而铔钝，得其质直，其辞多古语。"⑥ 刘师培也在《南北文学不同论》中写道："大抵北方之地，土厚水深，民生其间，多尚实际；南方之地，水势浩洋，民生其际，多尚虚无。民尚实际，故所著之

---

① （唐）李延寿：《北史》卷八三，中华书局 1974 年版，第 2779 页。
② （唐）李延寿：《北史》卷八三，中华书局 1974 年版，第 2779 页。
③ （唐）李延寿：《北史》卷八三，中华书局 1974 年版，第 2781 页。
④ （唐）李延寿：《北史》卷八三，中华书局 1974 年版，第 2781 页。
⑤ （明）谢肇淛：《五杂俎》卷三引《绀珠集》，《四库禁毁丛刊》，北京出版社 1997 年版，子部第 37 册，第 395 页。
⑥ （南北朝）颜之推撰，王利器集解：《颜氏家训集解》，上海古籍出版社 1980 年版，第 473 页。

文，不外纪事、析理二端；民尚虚无，故所作之文，或为言志抒情之体。"① 故鲜卑文学呈现出刚健、质朴的特征，而这一特征正是先秦两汉时期文学的特征。于是民族性格决定的文学特征便与复古运动结合在了一起。元结的先祖自拓跋遵以来多崇尚武力，元结自身也有率领军队与叛军作战的经历，元结身上依然保持着鲜卑人的性格特征，其文学的特征也与鲜卑文学有着很大的相似性。

其次是鲜卑文学具有开放性。鲜卑文学虽然属于少数民族文学，但它与同一时期北方其他民族的文学不同。自拓跋珪建立北魏政权以来，随着统治区域的不断扩大，北魏采取了一系列缓和与汉民族矛盾的政策。至北魏孝文帝时，不仅迁都于洛阳，还实行了一系列汉化措施，诸如崇尚上古帝王及孔子，"诏祀唐尧于平阳，虞舜于广宁，夏禹于安邑，周文于洛阳"②，"改谥宣尼曰文圣尼父，告谥孔庙"③；重视农业，下诏"务农重谷，王政所先；劝率田畴，君人常事"④；下诏"不得以北俗之语言于朝廷，若有违者，免所居官"⑤；改拓跋姓为元姓、独孤为刘姓，乃至于服饰等都在发生变革。"文学是民族的灵魂"⑥，孝文帝的改革不仅加速了民族的融合，也促使北魏文学发生了改变。《北史·文苑传》概括了孝文帝这一时期的文学："衣冠仰止，咸慕新风，律调颇殊，曲度遂改。辞罕泉源，言多胸臆，润古雕今，有所未遇。是故雅言丽则之奇，绮合绣联之美，眇历岁年，未闻独得。"⑦ 北魏文学开始吸收南朝文学中韵律、骈偶和辞藻等特征，呈现出新的风貌。在东魏和西魏时期，文学围绕着应该保持北朝固有质朴文风还是应该吸收南朝文学新的因素进行了反复斗争，但整体看来，鲜卑文学在坚守质朴、刚健文风时也发生了新变，表现出一定的开放性。元结作品特别是他早期的作品无论在思想内容还是形式上都表现出明

---

① 刘师培：《南北文学不同论》，《国粹学报》1905 年第 9 期。
② （唐）李延寿：《北史》卷三，中华书局 1974 年版，第 108 页。
③ （唐）李延寿：《北史》卷三，中华书局 1974 年版，第 108 页。
④ （北齐）魏收：《魏书》卷七下《帝纪》第七，中华书局 1974 年版，第 170 页。
⑤ （北齐）魏收：《魏书》卷七下《帝纪》第七，中华书局 1974 年版，第 177 页。
⑥ 吕思勉：《中国民族史两种》，上海古籍出版社 2008 年版，第 266 页。
⑦ （唐）李延寿：《北史》卷八三，中华书局 1974 年版，第 2779 页。

显的复古倾向，安史之乱后却在不断发生变化。这些变化与其鲜卑文化中的革新精神是一致的，与鲜卑文学的发展也表现出某种程度的一致性。

自西魏灭国（556）至元结出生（719）的一百六十多年历史中，文坛风气发生了重大改变。鲜卑文学质朴、刚健之风日渐消失，取而代之的是注重外在形式之美的骈文和近体诗。但鲜卑血脉并没有中断，鲜卑文化、民族性格在血缘关系的维系下得以继承下来。即使是元结的父亲元延祖和从兄元德秀，质朴仍然是其性格中最为主要的一面。这一性格在元结身上也得以体现，并与特定时代（安史之乱）和特定机缘（文学求新求变）结合在一起，促使了其文学思想发生转变，创作出更多具有开创性的作品来。

三

鲜卑血统和鲜卑文化影响下的元结在文学思想和文学创作上表现出相当的复杂性。具有质朴民族性格和"漫家"思想的元结自然不愿意接受近体文学在音韵、格律、句式等方面的约束。"在社会动荡不安时期，人们往往幻想着回到过去的幸福岁月，而且社会越动荡，那个非历史的理想距今越久远，它就越趋于完美"①，饱受安史之乱祸患的元结也是如此。这就决定了元结必然抛弃"当时体"而趋向于文学的复古。事实上也是如此，元结的作品表现出强烈的复古倾向。他好用古体、喜谈古道、反对新声。宋晁公武在《郡斋读书志》中指出："（元结）逢天宝之乱，或仕或隐，自谓与世聱牙，岂独其行事而然，其文词亦如之。然其辞义幽约，譬古钟磬，不谐于里耳，而可寻玩。"② 但在古奥的文辞之下，却隐藏着极为真实的情感。下文将从四个方面对元结的"复古"进行阐释。

（一）是雅好古体

元结被认为是唐代古文运动的先驱人物。他雅好古体，所用文体不少盛行于先秦汉魏时期，但不流行于唐代。如元结一生都热衷于铭文创作。

---

① ［英］阿诺德·汤比因：《历史研究》，郭小凌等译，上海人民出版社 2010 年版，第 496 页。

② （宋）晁公武撰，孙猛校证：《郡斋读书志校证》卷一七，下册，上海古籍出版社 2011 年版，第 855 页。

先后写下了《异泉铭》《瀼溪铭》《退谷铭》《阳华岩铭》《五如石铭》《七泉铭》《浯溪铭》等铭文 25 篇。这些铭文多用三言或四言句式写成，呈现出古朴特色。除了铭文，他还留下了楚辞体作品《引极》三首、《演兴》四首；辞赋体作品《说楚王赋》；颂体作品《蛇虎颂》《大唐中兴颂》；箴体作品《县令箴》《自箴》；拟乐府作品《系乐府》十二首；拟上古乐歌作品《补乐歌》十首；拟《诗经》作品《二风诗》十首等。这些盛行于先秦两汉时期但极少为唐人运用的文体占据元结诗文篇目的三分之一左右。此外，还有一些文体，如论说文、五言古体诗，虽然在唐代仍有不少文人创作，但他们兴起并流行于秦汉时期，也可入为古体之中，这类文体在元结作品中又占到了三分之一左右。余下的作品是一些实用性较强的文体，如表、记、状、书等。可以说在唐代文人中，极少有文人如同元结一样偏好古体。他还选编《箧中集》，集沈千运、王季友、于逖、孟云卿、张彪、赵征明、元季川等人的五言古体诗一起，希冀通过文集的流传引起人们对古体的关注。

（二）是推崇古道

元结在《刘侍御月夜宴会序》中感叹："于戏！文章道丧盖久矣，时之作者，烦杂过多，歌儿舞女，且相喜爱，系之风雅，谁道是耶？"可见元结所谓文章之道就是风雅之道。"风雅"一词最先源于《诗经》中类别，后来用以指代《诗经》中现实主义创作原则和创作精神。《诗经》之后，这种创作原则和精神仍然得以延续，如司马迁的"发愤著书"，汉乐府民歌的"缘事而发"，还有三曹、七子等作家体现出的建安风骨，都与《诗经》中的现实主义精神一脉相承。但随着魏晋南北朝时期形式主义文风的兴起，"风雅精神"日渐削弱，至唐时尤甚。白居易在《与元九书》中写道："又诗之豪者，世称李杜。李之作，才矣奇矣，人不逮矣，索其风雅比兴，十无一焉。杜诗最多……然撮其《新安吏》、《石壕吏》、《潼关吏》、《塞芦子》、《留花门》之章，'朱门酒肉臭，路有冻死骨'之句，亦不过三四十首。"[1] 元结也看到了这一现象，并为之担忧。他在《〈箧中

---

① （宋）计有功撰，王仲镛校笺：《唐诗纪事校笺》卷三八，中华书局 2007 年版，第1286 页。

集〉序》中写道："风雅不兴，几及千岁，溺于时者，世无人哉！"他最早有明确纪年的诗歌是作于天宝六载（747）的《闵荒诗》，其序曰："天宝丙戌中，元子浮隋河，至淮阴间。其年，水坏河防，得隋人《冤歌》五篇。考其歌义，似冤怨时主，故广其意，采其歌，为《闵荒诗》一篇。"这就表现了积极的现实主义精神。元结在《二风诗论》中阐述了他创作诗文的目的："吾欲极帝王理乱之道，系古人规讽之流。"他喜欢在诗文中谈论圣人之道、帝王之道、君臣之道、父子之道、朋友之道、君子之道。他赞赏圣人"乘道施教，修教设化，教化和顺，而人从信"（《元谟》），称赞帝尧为仁帝、帝舜为慈帝、夏禹为劳王、殷宗为正王、周成为理王，他们都值得后世君王学习。他在《时议》中指出"若天子能追行已言之令，必行将来之法，且免天下无端杂徭，且除天下随时弊法，且去天下拘忌烦令，必任天下贤异君子，屏斥天下奸邪小人，然后推仁信威令，与之不惑"，就可以达到帝王之道。元结还特别注重孝道，他把七泉之一命名为浡泉，并为之作铭。他任道州刺史后作《论舜庙状》，建议"于州西山上，已立庙讫"，用以表彰舜帝至孝之德。他本人也以实际行动践行孝道，作《辞监察御史表》《乞免官归养表》《让容州表》《再让容州表》等文，多次表示要尽孝道。即使在亲近自然，沉浸于山水之中时，元结也试图探索其中蕴含的自然之道。

（三）是反对新声

这里所说的新声是指魏晋南北朝时兴起的新体文学，包括近体诗和骈文等。古体诗、近体诗及古文、骈文都只是文学体裁，其所承载的内容并无高下之别。近体诗也能反映现实，杜甫反映现实的诗篇不少就是用近体诗写的。骈文也是如此，李商隐的骈文也有不少反映现实之作。近体诗和骈文比较注重外在形式之美，诸如用韵、平仄、对偶等，在修辞手法上也较古体诗更为繁复。这些在文学走向独立的初期阶段有其积极意义。但中国古代文学创作的主体并非是处于底层的老百姓，更多为士人阶层和贵族阶层把握。当文学开始具有了自身形式之美后，文人创作时的注意力便会被外在形式吸引，从而写出更多具有较高艺术性的文学作品来，文人也能从中获得自我满足，从而忽略了对表达内容的追求。唐代的科举考试又把这种形式主义文风推向了极致。在科举考试中，律诗和辞赋在大多场合成了必考内容。所以终有唐一代近体诗和骈赋都是最主要的文学体裁。元结曾在天宝十三载（754）参加了科举考试并中了"上第"，可以推测他年轻时候也经过严格的近体诗及辞赋的训练。但检索元结文集，发现除了两首《欸乃曲》与《橘井》诗大致符合近体诗的格律和用韵，其他诗歌都接近古体。在散文和辞赋方面，元结作品中也没有严格意义上的骈赋或骈文。这与他反对新声的理论主张是一致的。他在《箧中集序》中指出了当时文人在创作上存在的缺陷，说"近世作者，更相沿袭，拘限声病，喜尚形似，且以流易为辞，不知丧于雅正"，批判当时的作者过分注重声韵格律与辞藻，而忽略了文章的内容，认为这样的作品"与歌儿舞女生污惑之声，于私室可矣。若令方直之士、大雅君子，听而诵之，则未见其可"。《刘侍御月夜宴会序》中指出："时之作者，烦杂过多，歌儿舞女，且相喜爱"，并且批判这些作品为"淫靡"之作。元结对当时文坛的批判主要集中在两方面。一是形式主义文风，也就是元结所说的"拘限声病，喜尚形似，且以流易为辞"及"会谐丝竹"。对于这方面，元结并非完全排斥，他只是认为"烦杂过多"，适当注重形式之美是可以的，但不能过度。二是注重感官享乐的内容。这受六朝宫体诗影响较大，六朝宫体诗注重描写男欢女爱生活。进入唐朝后这种风气有所减弱，但宫体诗与宫廷诗结合在一起，滋生了更为广阔的土壤。这种淫靡之音正是六朝覆灭的重要原因。元结对于污惑之声，主张彻底抛弃。在《说楚王赋》中，元结认为这会使"女忘蚕织，男忘耕稼"，会使帝王"不顾宗庙，遂亡人民"，故应"使嬖臣挟玉鼓与巍乐，使阉尹抱天灵魏颎，锁以金索，系于石人，沉之深渊"。元结在《订古五篇》中就感叹君臣、父子、兄弟、夫妇、朋友之道的改变，并为之"嗟之伤之、泣而恨之"，被世俗惑乱了的文人创作的作品就是所谓的"新声"，要用古道订正之。由此可见，主张恢复古道和反对格律新声本质上是同一事物的两个方面。

（四）是道达性情

元结反对新声，但并不反对真性情之作。他在《刘侍御月夜宴会序》中认为文学应该"道达性情"，他说："诸公尝欲变时俗之淫靡，为后生之规范。今夕岂不能道达情性，成一时之美乎?"《述时》指出："至于歌颂讴吟，妇人童子，皆纾性情，美辞韵。"元结主张诗歌反映现实社会，但并不是要求所有诗歌都反映现实。对于那些能抒发真性情的作品，元结也认为值得称赞。元结十分看重人的天生秉性，他特别赞赏孩童，感叹自己不如他们。他在《七不如》中写道："元子常自愧不如孩孺，不如宵寐，又不如病，又不如醉。"小孩不说假话，没有受到外在世俗事物的干扰，保持了人的纯朴之心。元结称自己为"漫叟""漫郎"，他热爱自然山水，漫其所为；经常和朋友漫歌、漫醉、漫游；在官场上他漫言、漫语、漫辞官，都可见其真性情。元结在《元谟》中说："上古之君用真而耻圣，故大道清粹，滋于至德，至德蕴沦而人自纯。"人的纯真本性在受到外在事物激发时会通过不同方式表达出来，故《诗大序》曰："情动于中而形于言，言之不足故嗟叹之，嗟叹之不足故永歌之，永歌之不足，不知手之舞之，足之蹈之也。"① 钟嵘在《诗品·总论》中也说："气之动物，物之感人，故摇荡性情，形诸舞咏。"② 文学作品就是表达人的真性情的一种特殊方式。元结提出的文学应该"道达性情"具有一定的创新性，相比起司马迁的"发愤著书"和韩愈的"不平则鸣"而言，元结的"道达性情"从更广阔的角度阐释了文学与情感的关系，激愤、不平的情感自然可以产生不朽的文学作品，但真挚、醇厚的情感同样也能促使优秀作品产生。元结虽是古文运动的先驱人物，而且他的不少文学作品写得古奥难懂，但他的作品中倾注着强烈的情感，故能以情感人。在元结的笔下，爱国爱民之情、亲情、友情，乃至对叛军的痛恨之情，无不发自于内心。元结在表达情感时往往不加任何修饰，用率性的语言直接表达出来。安史之乱发生后，面对叛军的作乱，他在《大唐中兴颂》中称他们为"孽臣奸骄，为昏为妖"，安史之乱平息后他内心十分高兴，写道"地辟天开，蠲除祆灾，瑞庆大来"；道州刺史任上，他面对官府的忍苦征敛，作《舂陵行》《贼退示官吏》，痛斥官不如贼；当朋友孟云卿要远游南海幕府时，他作《送孟校书往南海并序》，絮絮叨叨告诫孟云卿"勿随长风乘兴蹈海，勿爱罗浮往而不归"；当他的从兄元德秀去世，他作《元鲁县墓表》，为之痛哭不已。元结无论是诗歌还是文章，语言都呈现出质朴特色，但读者能从质朴的语言中感受到纯真的感情。即使具有公务性质的表、状等文体，元结也

---

① （清）方玉润：《诗经原始》卷首下，中华书局1986年版，第45页。

② （梁）钟嵘：《诗品》，何文焕辑：《历代诗话》，中华书局2004年版，第2页。

常常带着感情去写。如他在乾元三年（760）所作的《请省官状》描写战争之后州县的残破："荒草千里，是其疆畎；万室空虚，是其井邑；乱骨相枕，是其百姓；孤老寡弱，是其遗人。"言语之间饱含着对遭受战争之祸百姓的同情。

由此可见，元结提倡的复古并不是主张完全恢复上古时聱牙诘屈的文字，只是主张文学应该恢复其本身所具有的抒情言志功能，不要为外在的形式所蒙蔽。这种复古其本质是革新，是对形式主义文风的批判。

四

正如上文所述，北魏孝文帝拓跋宏是中国历史上杰出的政治改革家。他迁都洛阳并进行的系列改革不仅缓和了鲜卑族与汉族的矛盾，还促进了鲜卑政治、经济与文化的汉化。元结一生都在探索唐王朝长治久安之道，虽然主张恢复上古之道，但更强调要"弘正纪度，劳谦慈惠，与人更新"，主张"除天下随时弊法""去天下拘忌烦令"。不仅政治上如此，元结文学上也在不断创变，无论是文体的开创、语言的扬弃还是内容的新变都体现了其积极的革新精神。

（一）文体上推陈出新

元结文集中涉及的文体极多，包括乐府诗、铭文、表状、辞赋、规体、歌行体、民歌体、骚体、箴体、论说、书、记及五言古体诗、七言古体诗等。元结在文体上推陈出新，表现出了强烈的革新意识。乐府诗自秦汉以来就存在，但魏晋之后多沿用乐府旧题进行创作，元结却"为引其义以名之"，根据内容另立新题，创作了《系乐府》十二首用以反映现实。元结是唐代最早提出系统理论而又创作大量新乐府的文人。此外，元结一生中作了大量铭文。铭文作为一种古老的文体，最先是铸于青铜礼器之上用以纪念或祭祀祖先的文体，后来也泛指刻于其他金石上的文体，内容仍以纪念祖先、颂扬功德为主。到元结手中，铭文不再限于此功能，更多地用来描绘自然山水，铭文的表现范围得到了拓展。不仅如此，铭文的形式也得到了发展，元结笔下的铭文不仅包括铭文本身，还包括铭文前面的序文，而且序文不只是简单交代写作时间、背景等，而是用来描写山水自然，类似于山水游记。这样，序文和铭文相互配合、相得益彰，使得铭文的文学色彩大为增强。他的《寒泉铭并序》《阳华岩铭并序》《朝阳岩铭并序》《东崖铭并序》《冰泉铭并序》等都是这样的作品。如他描写寒泉，序文写道："湘江西峰直平阳江口，有寒泉出于石穴。峰上有老木寿藤，垂阴泉上。近泉堪觑维大舟，惜其蒙蔽，不可得见。跚蹰行循，其水本无名称也，为其当暑大寒，故命曰寒泉"；铭则写道："于戏寒泉，瀛瀛江渚。堪救渴喝，人不之知。时当大暑，江流若汤。寒泉一掬，能清心肠。谁谓仁惠，不在兹水？舟楫尚存，为利未已"。序与铭相配合，既给人以审美享受，又具有一定思想深度，可以说是对铭文的重大突破。元结对表、状等公文也做了较大的改革。唐时表、状等公文已经完全骈偶化。元结在写作这类公文时，打破了固有的写作模式。一方面他在写作中根据实际需要，运用大量散句来陈述事情，另一方面为了满足抒情需要，运用了不少骈偶句式用以表达情感，从而使得他的表、状等文条理清晰，情感充沛，"他在表文的语言形式、思想内容等方面打破常规，戛然独立，堪称是唐代表文创新力度最大者"[1]。辞赋上，元结仿汉大赋作《说楚王赋》，此赋虽然仍然采用问答体，并保持着铺张扬厉的文风，但赋的写作目的发生了改变，从汉大赋润色鸿业为主变为讽喻劝谏为主，改变了汉大赋"劝百讽一"的模式。又唐之前并无规体文，元结创作了《心规》《戏规》《处规》《出规》《时规》，总命名为"五规"。徐师曾《文体明辨·规》指出："然规之为名，虽见于《书》，而规之为文，则汉以前绝无作者。至唐元结始作《五规》，岂其缘《书》之名而创为此体欤？"[2] 除此之外，元结还对歌行、墓表、书、记、论说等文体进行了革新，从而使得传统的文体焕发出新意。

（二）语言上趋向平易

在创作过程中元结对文学语言的运用表现出了明显的阶段性。以安史之乱为界限，其在不同时期对语言的偏好呈现出较大差别。他在语言上的扬弃同样也体现出了其革新精神。就前期而言，元结的作品有仿上古乐歌

---

[1] 吕双伟：《论元结的表文创新及其文学的政治化》，《湖湘论坛》2019 年第 5 期，第131 页。

[2] （明）徐师曾辑：《文体明辨》卷四七《规》，明万历元年（1573）游榕活板印行本，第25 页。

创作的《补乐歌》（四言为主）、仿《诗经·国风》创作的《二风诗》（四言为主），仿楚辞创作的《引极》《演兴》，仿汉乐府创作的《闵荒诗》《系乐府》（五言为主），仿汉大赋创作的《说楚王赋》，仿《尚书》创作的《元谟》《演谟》《系谟》，此外还有规、箴、论、说之作。从元结前期的作品不难发现其复古不仅仅在内容上，于文体上也是如此，甚至还表现在句式及语言上。这种复古当然具有一定现实意义，对于流行的近体诗及骈文是强烈的反击，但语言的艰涩与古奥也影响到了作品的传播，元结的这些作品并不大为当时人接受。安史之乱爆发后，元结开始从书斋生活中走出来，他亲自率领族人抗击安史叛军，在道州刺史任上又广泛接触到了下层老百姓的生活，开始意识到简单地用古道、古体、古言并不能对实际生活产生多大作用。他开始抛弃原来语言，在散文及辞赋上，不再仿写《尚书》、汉赋中古奥的文字，而创作了较多的记、论、表、状、书等作品。这些文体不仅流行于先秦两汉时期，也流行于唐代。与先秦两汉时期作品相比元结作品的语言要平易得多，虽然仍保持了散体的倾向，但吸收了不少口语、戏谑语等生活用语，不少文章还引入了少量骈偶句式。相比较而言，元结后期的散文更容易为人接受，对北宋的古文运动有着直接的影响。在元结后期的作品中虽然仍保留了铭、颂等古老文体，但元结用散体的语言给铭、颂加上了序，从而使得这两类文体无论是叙事还是抒情都得到了增强，语言也变得更为形象、生动，作品的审美艺术性也因此得到了提高。在诗歌方面，元结摒弃了早期的四言及骚体诗，更多采用五言古体诗，语言古淡、拙直，不加任何修饰，如《舂陵行》《贼退示官吏》等。他甚至创作了七言诗歌，如永泰二年创作的《朝阳岩下歌》："朝阳岩下湘水深，朝阳洞口寒泉清。零陵城郭夹湘岸，岩洞幽奇带郡城。荒芜自古人不见，零陵徒有先贤传。水石为娱安可羡，长歌一曲留相劝。"作品采用歌行体形式，不避重复字，语言口语化，颇有民歌风味。大历年间，元结更是吸收了民歌在语言及句式方面的特色，创作了民歌体七言绝句。如《欸乃曲》之二："湘江二月春水平，满月和风宜夜行。唱桡欲过平阳戍，守吏相呼问姓名。"虽然不大讲究对仗，但在平仄和押韵上已与七绝相近，语类风谣，极为平易，直接影响了刘禹锡《杨柳》《竹枝》等民歌体诗的创作。

（三）内容上日渐务实

伴随着文学形式的改变，元结作品的内容也在发生改变。无论是元结前期的作品还是后期的作品都以反映现实为主，贯穿着强烈的现实主义精神。但不同阶段的作品存在较大区别。元结在天宝年间与盛唐其他诗人一样有过一段漫游生活，他在《闵荒诗序》中写道："天宝丙戌中，元子浮隋河，至淮阴间。"在《系乐府·思太古》中写道："吾行遍九州。"元结出生于开元七年（719），比李杜出生略晚，但也感受到了大唐王朝最繁华的一面。天宝年间后，李林甫、杨国忠先后当权，世道开始日渐黑暗，元结也亲身感受到了。他见到了隋河缺口，老百姓到处流离失所，作下了《闵荒诗》；他感受到了科举制度的黑暗，作下了《喻友》揭露李林甫的骗局。元结虽然感受到了社会的日渐黑暗，但他毕竟从大唐盛世走过来，仍然对国家前途充满信心。他把改变现状的希望寄托在君王身上，试图通过总结前代政治的得失来为当代执政者提供经验借鉴。《皇谟》三篇、《二风诗》十首、《二风诗论》、《补乐歌》十首就作于这一时期。元结《二风诗序》曰："天宝丁亥中，元子以文辞待制阙下，著《皇谟》三篇、《二风诗》十篇，将欲求于司匦氏，以裨天鉴。"在《闵荒诗》中，元结也指出"自得隋人歌，每为隋君羞。欲歌当阳春，似觉天下秋。更歌曲未终，如有怨气浮。奈何昏王心，不觉此怨尤"，并且直指当朝统治者"嗟嗟有隋氏，惛惛谁与俦"，此时的元结试图通过自己所了解的古道去影响执政者，进而化解社会中存在的问题。元结把社会治理的希望寄托在统治者甚至是最高统治者身上，对于怎样化解危机却难以提出具体措施。

安史之乱发生后，元结仍然带着极大的同情心描写广大人民在战乱中遭受的苦难，也仍然在诗文中对最高执政者提出建议。安史之乱平息之后，元结甚至作下《大唐中兴颂》对唐肃宗进行歌颂。但此时的元结更多地体现出务实精神，他提出的关于时政的策略，不再显得迂腐而不切实际，而具有了较强的操作性。如他在《谢上表》中指出了刺史对一州百姓的重要性之后，进而指出"特望陛下一年问其流亡归复几何，田畴垦辟几何；二年问畜养比初年几倍，可税比初年几倍；三年计其功过，必行赏罚"；在《问进士》一篇中，他对安史之乱后的唐王朝出现的问题进行了全面深刻的思考，虽然没有提出具体的解决方案，但作为提问者肯定有解决这些问题的答案；在《管仲论》中，元结提出了安史之乱后藩镇专权的问题，并提出了尊王和怎样尊王的具体方案。元结在青年时期特别推崇舜帝，作《二风诗》赞扬舜帝的孝道精神；任道州刺史后，元结制定了措施，直接推行孝道。如他作《浯泉铭》并刻之石上，作《舜祠表》《论舜庙状》，上表君王建立舜祠，免除近庙人家赋税，并令按时洒扫，他把推行舜帝孝道落实到了实处。这种务实精神对中唐文人影响很大，在刘禹锡、柳宗元等人的作品中也多有体现。

元结留下的作品仅二百余篇，这一数量远少于李、杜等作家，而且作品的艺术性也比不上他们，但其作品中体现的创变精神却是值得肯定的。元结以新颖的复古理论和独特的创作成就不仅影响着唐代白居易、刘禹锡、柳宗元等文人，宋代文人欧阳修、苏轼、黄庭坚等也深受其影响。

元结在唐代古文运动中无论是理论上还是创作上都取得了突出成就，这与时代对文体革新的需求相关，是对当时文坛整体状况不满而产生的变革行为。他试图从理论上和创作上扭转文坛风气，因而变革是彻底的。清人沈德潜认为："（元结）不欲规模古人，而奇响逸趣，在唐人中另辟门仞。"① 元结在文学上的复古特别是后期的创作代表了古文运动的发展方向，但这种复古行为在很长时间里是孤独的，难以得到大多数文人认同。古文运动最终取得成功不仅需要影响力更大的文人出现，还需要时代契机的出现，但元结提出的复古理论和其创作中所取得的实际成就在古文运动的发展历程中起到了一定的启发和示范作用。

第二节　元结散文创变过程中的骈散互融现象

元结是盛中唐之际古文运动的倡导者，宋人吴子良曰："唐之古诗，未有杜子美，先有陈子昂；唐之古文，未有韩退之，先有元次山。陈、元盖杜、韩之先驱也。至杜、韩益彬彬耳。"② 肯定了元结在唐代古文运动中的先驱性地位。古文是相对于骈文提出来的一个概念，蒋士铨指出："古

---

① （清）沈德潜：《重订唐诗别裁集》卷三，康熙五十六年（1717）授受堂藏本。
② 程毅中主编，王秀梅等编录：《宋人诗话外编》之吴子良《荆溪林下偶谈》，中华书局2017年版，第1514页。

文如写意山水，俪体如工画楼台。"① 王运熙在《关于唐代骈文、古文的几个问题》中指出："唐代中叶，一部分文人厌恶华靡的骈文，提倡朴实的散文，以先秦西汉的古代文章为宗法对象，故被称为古文。"② 可见，古文和骈文具有某种相对性，故有学者说："次山之文常用四字句式，并非是学习骈体，而有远古之渊源。他的文章一扫骈体之习，凡所为文，皆与时异，而崇尚古风。"③ 这看到元结散文和唐代流行的骈文的不同之处；但是唐代的骈文也有"远古之渊源"，从这点上看，元结的古文特别是山水铭文中的四字句式和骈文仍有相通的地方。元结为官之后，又创作了大量表文，唐代表文流行的仍是骈体，元结的表文更是明显吸收了骈文的特点，呈现出骈散互融现象。

一

在盛中唐之际，元结确实是比较彻底的复古主义者，他的复古首先表现在崇尚古道。为此，他写下了《补乐歌》十首、《二风诗》等，对尧、舜等上古帝王进行了歌颂，同时批判了太康、夏桀等荒淫的君主。元结复古上及太古，他在《元谟》中写道："上古之君用真而耻圣，故大道清粹，滋于至德，至德蕴沦而人自纯。"在《思元极》也说："天旷潒兮杳泱茫，气浩浩兮色苍苍。上何有兮人不测，积清寥兮成元极。"在元结看来，时代越久远道德越清粹，民风越淳朴，他通过这些诗句表达了对上古淳朴生活的向往，这是元结复古的第一个方面。

元结在行为上也实践了其主张。天宝九载（750），他与其弟元季川习静于商余，筑居于余中谷，他在《述命》篇中言："人之命也，亦由是矣。若夭若寿，若贵若贱，乌可强哉？不可强也！不可强也，不如忘情，忘情当学草木。"习静也即习养静寂的心性，元结筑居于山谷中，耕种田地，

---

① 余祖坤编：《历代文话续编》之《骈文通论》，凤凰出版社 2013 年版，第 1211 页。
② 王运熙：《关于唐代骈文、古文的几个问题》，《南阳师范学院学报》2004 年第 1 期，第 66 页。
③ 邹文荣：《试论元结复古以求新变的古文主张》，《兰州教育学院学报》2007 年第 1 期，第 29 页。

隐居山林，忘情世事，其实也是向古人学习。元结每到一处，首先寻找隐居的乐趣，他在《游潓泉示泉上学者》中说："惬心则自适，喜尚人或殊。此中若可安，不佩铜虎符。"《说洄溪招退者》："吾今欲作洄溪翁，谁能住我舍西东。勿惮山深与地僻，罗浮尚有葛仙翁。"元结不仅学习古人的行为，在穿戴上也向古人学习。他在《与何员外书》中写道："昔年在山野，曾作愚巾凡裘，异于制度。凡裘领、缁界、缁缘、缁带，其余皆褐。带联后缝，中腰前系。愚巾，顶方、带方、垂方，缁葛为之，玄丝为缕。次山自衣带巾裘。"而且还鼓励何昌裕能像他一样，能够穿戴"异于制度"的服饰。

元结在诗文创作上也呈现出复古主义倾向。《全唐诗逸》收录了一组《海阳泉帖》（包括诗十三首，铭一篇），该组诗文不见于明本《元次山集》，《全唐诗》《全唐文》皆未收录，日本的太田晶二郎等学者认为这是元结的作品①。其依据除刘禹锡《海阳十咏并引》中提到的"元次山始作海阳湖"及《吏隐亭述》中提到的"海阳之名，自元先生。先生元结，有铭其碣"，此外并无更多有力证据。学者主要依据《海阳泉帖》与元结诗风十分接近来判断，现节录两首如下：

> 自从得海阳，便欲终老焉。怪石状五岳，旋回枕深渊。激繁似涌云，净同冰镜悬。（《海阳泉》节录）
> 海阳泉上山，巉巉尽殊状。忽然有平石，盘薄千峰上。寒泉匝石流，悬注几千丈。（《盘石》节录）②

这与元结喜采用五言形式，喜用生僻字，不讲究对偶与华丽辞藻的复古诗风类似。总观元结诗歌，具有如下鲜明特征：（1）体裁上多古体，主要有四言诗，如《补乐歌十首》《二风诗十首》；乐府诗，如《系乐府十二首》等；五言古诗，如《与党评事》《与党侍御》等；骚体诗，如《引极三首》《演兴四首》《闵岭中》等；歌行体，如《石鱼湖上醉歌》

---

① ［日］太田晶二郎：《无名氏〈海阳泉〉诗当为元结作》，王汉民、陶敏译，《吴中学刊》（社会科学版）1994 年第 4 期。

② ［日］河世宁：《全唐诗逸》卷下，广文书局 1970 年版。

《宿丹崖翁宅》；七言古诗，如《宿洄溪翁宅》《宿无为观》等。在元结的所有诗歌中，大多是唐前流行的体裁，虽也有五言诗（五言四句、五言八句、五言多句）、七言诗（七言四句、七言八句、七言多句），但元结的五言诗和七言诗中极少有合律的。（2）元结的诗歌语言古朴，不假雕饰，用韵自由，不讲究对偶，如《宿无为观》："九疑山深几千里，峰谷崎岖人不到。山中旧有仙姥家，十里飞泉绕丹灶。如今道士三四人，茹芝炼玉学轻身。霓裳羽盖傍临壑，飘飘似欲来云鹤。"元结作诗，似乎在有意打破偶句的形式，而采用散句入诗，诗歌呈现出明显的散文化特色。用韵上，元结的诗歌用韵自由，如《无为洞口作》韵脚为"下""嫁"；"幽""求""休"，中间进行了换韵。元结在《箧中集序》中写道："风雅不兴，几及千岁，溺于时者，世无人哉！……近世作者，更相沿袭，拘限声病，喜尚形似，且以流易为辞，不知丧于雅正。"可见他创作诗歌时有意打破格律。

在为文上，元结也被认为是复古派的代表。宋欧阳修《集古录跋尾》中写道："唐自太宗致治之盛，几乎三代之隆，而惟文章独不能革五国之弊。……次山当开元、天宝时，独作古文，其笔力雄健，意气超拔，不减韩之徒也。可谓特立之士哉！"[1] 明代胡应麟《九流绪论》也说："大概六代以还文尚俳偶，至唐李华、萧颖士及次山辈始解散为古文，萧、李文尚平典，元独矫峻艰涩，近于怪且迂矣，一变而樊宗师诸人，皆结之倡也。"[2] 元结在这场古文运动中，处于先驱地位。清代纪昀等《四库全书总目提要》："考唐自贞观以后，文士皆沿六朝之体。经开元、天宝，诗格大变，而文格犹袭旧规。元结与及始奋起涮除，萧颖士、李华左右之。其后韩、柳继起，唐之古文，遂蔚然极盛。斫雕为朴，数子实居首功。"[3] 元结的文章，特别是他前期的文章，如《七不如七篇》《订古五篇》《自述三篇》，全用散体，这些文章不讲对偶、语言朴质，间或参以对话体形式，

---

① （宋）欧阳修著，李逸安点校：《欧阳修全集》卷一四一《集古录跋尾》，中华书局2001年版，第2261—2262页。
② （明）胡应麟：《九流绪论》卷中，文渊阁四库全书本。
③ （清）永瑢等：《四库全书总目》卷一五〇《毗陵集》，中华书局1965年版，下册，第1285页。

其为文与唐代散文风格有很大不同。

二

　　然而，元结并非是一个为复古而复古的人，他不是一个泥古不化的复古主义者，现实生活中的元结是一个性格诙谐，关怀现实，且极具文学创新性的人。

　　元结的创新首先表现在对文体的开拓上。如铭文，《说文解字》载："铭，记也。"《文心雕龙·铭箴》："故铭者，名也，观器必也正名，审用贵乎盛德。"① 其本意是在器物、碑碣上铸刻的文字，用来记述人物生平事迹、颂扬功德。至刘勰时代，铭文主要还是起颂功、颂德的作用，并不具备多少文学色彩，所以刘勰写道："赵灵勒迹于番吾，秦昭刻博于华山，夸诞示后，吁可笑也！"② 在元结以前，极少有人把铭文当作文学作品看，铭文主要还是实用性文体。元结也继承了这一写法，也写下了一些歌功颂德的文字，如《大唐中兴颂》，但这不是元结铭文的主体，元结的铭文主要是描写自然山水。他一生中共写下了 26 篇铭文，除《大唐中兴颂》《虎蛇颂》《自箴》《县令箴》等篇，其余篇章均为描写自然山水之作。而且元结在写作铭文时，还给每一篇铭文（除 2 篇箴外）加上了序。元结的序，不仅交代了铭文的写作背景，还有如一篇篇优美的山水散文，如他的《寒泉铭序》："湘江西峰直平阳江口，有寒泉出于石穴。峰上有老木寿藤，垂阴泉上。近泉堪戚维大舟，惜其蒙蔽，不可得见。踟蹰行循，其水本无名称也，为其当暑大寒，故命曰寒泉。"这样的文字与铭文相结合，相得益彰，大大增添了铭文的文学性。

　　元结不仅善于改造文体，还善于开创新文体。据洪迈《容斋随笔》："又有《元子》十卷，……而第八卷中所载官方国二十国事最为谲诞，其略云：方国之僧，尽身皆方，其俗恶圆。设有问者，曰：'汝心圆'，则两

① （南朝）刘勰撰，范文澜注：《文心雕龙注》，人民文学出版社 1962 年版，第 193 页。
② （南朝）刘勰撰，范文澜注：《文心雕龙注》，人民文学出版社 1962 年版，第 193—194 页。

手破胸露心，曰：'此心圆耶？'圆国则反之。言国之僧，三口三舌。相乳国之僧，口以下直为一窍。无手国足便于手。无足国肤行如风。其说类近《山海经》，固已不琕，至云：恶国之僧，男长大则杀父，女长大则杀母。忍国之僧，父母见子，如臣见君。无鼻之国，兄弟相逢则相害。触国之僧，子孙长大则杀之。"元结这类作品遭到了前人的批评，被认为"皆悖理害教，于事无补"①，然从洪迈的描写看，这类作品当属于小说类。宋王尧臣《崇文总目·小说类》中就记载："《猗玕子》一卷，元结撰。"另外，在元结早年时还著有《异录》，据其名称，也应该是小说类作品。可见，元结在小说上也有所成就。中国古代小说发展较为缓慢，至魏晋南北朝时，始出现小说的雏形，然其时未必有意为小说。元结的这些作品虽已散轶，但从洪迈的片段记载中可以看出元结当是在有意为小说。元结的这些作品，产生于安史之乱前后，是唐代较早的小说了，则元结在文体上开创意义较大。

元结虽然对上古道德的纯粹表示羡慕，但他并非主张人们重返上古社会，他的复古以矫正当下时弊为目的，故其诗文呈现出明显的现实主义文风。元结创作《二风诗》十篇，纯用古体，他在《二风诗序》中写到了创作这组诗歌的目的："天宝丁亥中，元子以文辞待制阙下，著《皇谟》三篇、《二风诗》十篇，将欲求于司匦氏，以裨天监。"在《二风诗论》中他写道："客有问元子曰：'子著《二风诗》，何也？'曰：'吾欲极帝王理乱之道，系古人规讽之流。'"《系乐府十二首》："古人歌咏不尽其情声者，化金石以尽之，其欢怨甚耶戏！尽欢怨之声者，可以上感于上，下化于下，故元子系之。"元结青少年时生活在盛唐开元、天宝年间，其时唐王朝表面呈现出繁荣景象，但实际已潜伏着重重危机。唐玄宗宠幸李林甫、安禄山，官场黑暗，他与杨氏姐妹过着奢华享受的生活，老百姓却遭受自然灾害的威胁，挣扎在死亡的边缘，而且，唐玄宗好大喜功，不断开拓边土，也使得人民饱受战争的灾祸。元结就亲自见证过，《闵荒诗序》："天宝丙戌中，元子浮隋河，至淮阴间。其年，水坏河防，得隋人《冤歌》

① （宋）洪迈：《容斋随笔》卷一四《元次山元子》，明弘治十一年（1498）李瀚刻本。

五篇。考其歌义，似冤怨时主，故广其意，采其歌，为《闵荒诗》一篇。"元结借《冤歌》五篇，对唐王朝统治者提出警告：如果再这样持续下去，势必会重蹈隋王朝灭亡的覆辙。他在诗歌中写道："奈何昏王心，不觉此怨尤。遂令一夫唱，四海忻提矛。"据元结《喻友》载，天宝六载（747）元结参与制举考试，李林甫以草野之士卑贱，恐泄漏当时之机，结果没录取一人，反而"遂表贺人主，以为野无遗贤"，这样的现实令元结反思，他认为唯有以古道才能拯救时弊。在他前期的诗文中复古思想提得较多，主要是主张任用贤才、提倡节俭，反对奢侈之风，反对穷兵黩武，这些正是当时唐王朝要解决的问题。

安史之乱后，唐王朝面临的危机更加严重，元结基本上舍弃了间接讽喻的方式，在诗文中直接指出唐王朝面临的弊端，他在《舂陵行》中写道："所愿见王官，抚养以惠慈。奈何重驱逐，不使存活为。"《贼退示官吏》中也说："使臣将王命，岂不如贼焉？今彼征敛者，迫之如火煎。"元结的作品，均是有为而作，他想用古道来矫正时弊。在《问进士》中，元结更是提出了唐王朝面临的现实问题："天下兴兵，今十二年矣。杀伤劳辱，人似未厌。控强兵、据要害者，外以奉王命为辞，内实理车甲、招宾客、树爪牙。"小人在朝，贤士在野；田地荒芜，太仓空虚；物价飞涨，人心惰游。虽然元结没有明确回答这些问题，但从《问进士》中可以看出元结对现实的关注。

三

从以上分析可以得知，元结虽然提倡复古主义文学观，但他的复古不是终极目的，只是一种手段，其最终目的是为现实服务，是为了"将欲求于司匦氏，以裨天监"。元结文学上的复古针对性较强，主要是针对当时的时文，他在《箧中集序》中写道："近世作者，更相沿袭，拘限声病，喜尚形似，且以流易为辞，不知丧于雅正。"《刘侍御月夜宴会序》中写道："于戏！文章道丧盖久矣。时之作者，烦杂过多，歌儿舞女，且相喜爱，系之风雅，谁道是耶？"可见元结从两个方面反对骈文，一是从形式上看，骈文"拘限声病，喜尚形似，且以流易为辞"，一是内容上反对，时文多写歌儿舞女的内容。元结反对的正是骈文的两个重要特征。元结之所以反对骈文，除认为骈文无补于现实外，另一重要原因是元结性格浪漫，崇尚自由，不愿受骈文形式的束缚。元结在《自释》写道："后家瀼滨，乃自称浪士。及有官，人以为浪者亦漫为官乎，呼为漫郎。既客樊上，漫遂显。樊左右皆渔者，少长相戏，更曰聱叟。"元结性漫浪、诙谐，崇尚自由，这使得元结为文极具个性。与唐代同一时期的作家相比，元结除有意避免写作绝句、律诗外，几乎擅长于任何一种文体，因为律诗与绝句不自由，需要注意对偶、平仄和音韵。骈文也一样，也是元结所不喜欢的，所以在安史之乱发生之前，在元结尚未进入官场之前，他不仅没有写过一篇骈文，甚至连严格的骈句也没写过一句。

但元结的文学创作在不断发生改变。在安史之乱前，元结诗歌基本是四言诗、五言诗和骚体诗；安史之乱至隐居武昌期间创作的诗歌，四言诗与骚体诗变少了，五言诗成了主要诗体；任道州刺史后，五言诗仍有不少，但七言诗占了相当大的比例，并且逐步抛弃了年轻时期钟情的骚体诗、四言体诗。这一转变说明了元结开始意识到复古只是一种形式，当有更适合反映现实的形式并且更容易为读者接受时，他便会放弃原有的形式而选择新的形式。元结在为文上也是如此。在安史之乱发生前，无论是创作上还是理论上他都反对骈文，但安史之乱发生后不久，他进入官场，并上《时议》三篇，其上有句："今河北陇阴，奸逆尚余；今山谷江湖，稍多忘命；今所在盗贼，屡犯州县；今天下百姓，咸转流亡；今临敌将士，多喜奔散；今贤士君子，不求任使。"又有："天子往在灵武，至于凤翔，无今日兵革，而能胜敌；无今日禁制，而无亡命；无今日威令，而盗贼不起；无今日财用，而百姓不亡；无今日封赏，而将士不散；无今日朝廷，而人思任使。"当然，这样的文字更多像战国策士的文风，但从中不难发现，文中出现了大量的四字句，还有些句子运用对比手法。骈文又称四六文，其主要采用四、六字句式，讲究对偶的工整、音韵的铿锵及行文的气势，如果把元结《时议》中的这些句子与骈句进行比较，不难发现元结散文发展到此时，已不同于之前的文体，有向骈文过渡的趋势。

骈文与颂、表、状、耒、铭等不同，是从形式的角度来定义的一种文体，本身与内容没有任何关系。"以对偶句（骈句）为主的文章叫做骈文。与之相对，以非对偶句（散句）为主的文章叫做散文。"① 不过到南北朝时，文人意识到了骈文的形式之美，比较适宜于表情达意，于是用骈文描写山水和情感。到唐时，骈文的表现空间得到了进一步拓展，皇帝的诏书，大臣的表、状，大多用骈文书写，骈文成了当时官方流行的文体，称为时文，骈文也开始由抒情文体走向应用文体。元结在未进入官场前受这种文体影响较小，但自进入官场后，复古的文学样式让他难以融入社会之中，这在某种程度上促使他改变文风。但骈文严格的对仗，标准的四六格式与元结崇尚自由的个性相抵触，这一矛盾的解决需要元结个人的努力，骈文要适应社会，适应元结的为现实而作的文学观，元结也必须要适应骈文，他对骈文（主要是对骈句）的革新在他进入官场后就提上了日程。

骈文本身与内容并不相关，这从骈文最初表情、写景到后来用之于朝廷公文可以看出，骈文在内容方面试图突破表情写景的范畴。但这一文体存在缺陷，它具有唯美性，需要作者花费大量时间在文章的形式上。文人在写作过程中，要考虑用典、押韵、对偶、句式，发展到唐代时，还要考虑平仄。闻一多先生曾说过，律诗是"带着镣铐跳舞"，骈文也与之类似。因为太注重形式，作者往往会忽略其内容，或者为了形式的完美而改变其内容，于是骈文便带上了形式主义色彩。莫道才先生指出，"以诗为文"是骈文文体本质特征。② "以诗为文"概括非常准确，但骈文正因为带上了"以诗为文"的形式，也导致了骈文在内容上具有了诗歌的主要特征：长于抒情而弱于叙事，故这一文体的使用范围大大受到了局限。

骈文是一种自上而下推行的文体，唐代的科举考试考律赋，对骈文的推行也起了一定作用，不少参加科举考试的学子在创作赋时，实际上写成了骈赋，其句式、用韵、用典与骈文并无多大异处，如咸通三年（862）王棨创作的《倒载干戈赋》就是一篇典型的骈赋。元结在天宝年间多次参

---

① 谭家健：《关于骈文研究的若干问题》，《文学评论》1996 年第 5 期，第 111 页。
② 莫道才：《以诗为文：骈文文体诗化特征论》，《广西师范大学学报》（哲学社会科学版）1997 年第 2 期，第 72 页。

加进士考试，并在天宝十三载考中了进士，无疑对律赋和骈文十分了解。又唐代庙堂音乐盛行，祭祀、颂歌其辞多用四言形式，而且也还押韵、用典。骈文又称为四六文，且四六这一名称比骈文还早，其句式主要以四言和六言为主，但如果统计一下就会发现，在骈文中四言远比六言要多，因而唐代的庙堂音乐在某种程度上与骈文有相通之处，元结在此之前就创作了大量的四言庙堂歌辞，这也是元结为什么能够由极力反对骈文而最后能够大量运用骈句进行创作的原因。元结对骈文的革新主要表现在以下三个方面：

首先，根据骈句长于表情，弱于叙事的特征，决定哪些文章采用骈句写，采用多少骈句写。元结骈文句式较多的文章有：（1）表情文。骈文完美的文学样式适合于陈情。在元结文中，那些需要陈情百姓疾苦，反映百姓苛税繁重、民不聊生现状的表、状文，元结用了较多骈句，如《请省官状》陈述唐、邓两州在安史之乱遭受战争破坏之惨烈："荒草千里，是其疆畎；万室空虚，是其井邑；乱骨相枕，是其百姓；孤老寡弱，是其遗人。哀而恤之，尚恐冤怨；肆其侵暴，实恐流亡。"这样的句子情感充沛，可以充分打动上层统治者，从而达到预先设定的目的。另外，元结三代单传，其父在安史之乱稍后便去世，在长达二十多年的仕宦生涯中，元结与其母相依为命，但安史之乱后的唐王朝并不太平，元结开始由文人转变为武将，常年在外带兵作战，很多时候他不得奉养其亲，这令元结十分痛苦，他多次上表陈情，表达弃官归隐，侍奉老母的愿望。先后写下了《辞监察御史表》《乞免官归养表》《让容州表》《再让容州表》等文，言辞恳切，甚为感人，在这些文章中，也运用了较多骈句。（2）写景文。骈句音韵铿锵，犹如山涧流泉，优美动听。元结的写景文较多，如《寒亭记》《殊亭记》《右溪记》《九疑图记》等，采用了不少骈句。如《寒亭记》："及亭成也，所以阶槛凭空，下临长江，轩楹云端，上齐绝颠。若旦暮景气，烟霭异色，苍苍石埔，含映水木。"《右溪记》："水抵两岸，悉皆怪石，欹嵌盘屈，不可名状，清流触石，洄悬激注，佳木异竹，垂阴相荫。"除此两类文外，元结文中所用骈句甚少。可见，元结在改造骈文时把骈文表达的内容局限在六朝骈文表达的范围，这一回归，在某种程度上也是一种"复古",它更符合骈文文体的特征。

其次，吸收并改造骈文句式，以散句对之，把诗化的骈文改为散文化的骈文。在元结的文章中，如六朝骈文那样，讲究四六句式，讲究对偶、用典的骈文，一篇也找不到，甚至在元结的文章中，像六朝那样严格的四六句式也没有一句，所以不少人认为元结是一个彻底的复古主义者。但在传统的骈文表现领域，如抒情文、写景文中，元结并没有完全抛弃骈文，他对骈句进行了改造，改造后的文章，依然具有六朝骈文的味道。下面对比一下六朝骈文和元结的文章，可以发现二者间的关系：

> 往往见大谷长川，平田深渊，杉松百围，榕栝并之，青莎白沙，洞穴丹崖，寒泉飞流，异竹杂华，回映之处，似藏人家。实有九水，出于中山。(元结《九疑图记》)

> 夹峰高山，皆生寒树。负势竞上，互相轩邈；争高直指，千百成峰。泉水激石，泠泠作响；好鸟相鸣，嘤嘤成韵。蝉则千转不穷，猿则百叫无绝。鸢飞戾天者，望峰息心；经纶世务者，窥谷忘反。①(吴均《与朱元思书》)

这两段文字有许多类似的地方，都以四言句式为主，都注意音韵之美，押韵都较为自由，可以自由换韵，甚至连描写的对象、描写中蕴含的画面都有某种相似性。但二者还是有所区别，吴均《与朱元思书》虽以四言为主，但中间还是夹杂着整齐的六言句，因而是典型的四六文，元结《九疑图记》则没有采用六言的形式，在元结的其他文章中，也极少采用四、六言相配合的句式。《与朱元思书》多采用隔句对，且对仗工整，这一句式也是六朝骈文常采用的句式，而《九疑图记》没有出现隔句对，就是当句对也不多，四言句子多以流水对形式出现。《九疑图记》散文化特征明显，《与朱元思书》诗化倾向较强。经过改造后的骈文句式与散文句

---

① 严可均辑：《全上古三代秦汉三国六朝文》之《全梁文》卷六〇，中华书局1958年版，第6610—6611页。

式互融了，这样的句式既具有散文的特征，又具有骈文的特征，表达上也更自由了。

再次，骈文在兴起之时，就注重用典，发展到唐代时用典更繁。元结之文，少用典故，多直抒胸臆。典故与骈文的结合，带有某种必然性。如前所言，骈文是一种注重形式美的文学，带有形式主义倾向，也因此招致了不少批评，元结就在《刘侍御月夜宴会序》《箧中集序》等文章中批评过。为了改变骈文内容的空虚，于是在骈文中加入了大量典故。典故用多了，内容加深了，但也使得骈文难以卒读，同时也极大增强了文人在写作过程中的难度。为此，元结在用典上也对骈文进行了改造。下面比较一下元结的《让容州表》和卢照邻的《乐府杂诗序》：

> 时方大暑，南逾大山，举家漂泊，寄在湖上，单车将命，赴于贼庭。臣将就路，老母悲泣。……昔徐庶心乱，先主不逼；令伯陈情，晋武允许。（元结《让容州表》）
>
> 君升堂入室，践龟字以长驱；藏翼蓄鳞，展龙图以高视。林宗一见，许以王佐之才；士季相看，知有公卿之量。南国蛟龙之耀，下触词锋；东家科斗之书，来游笔海。朝阳弄翮，即践中京；太行垂耳，先鸣上路。①（卢照邻《乐府杂诗序》）

元结和卢照邻的文章都运用了典故，这些典故也都加深了文章的表达内容。但在典故的运用上有所不同。元结用典较疏，且用熟典；卢照邻用典很密，多用僻典。自然，卢照邻的文章展示了其渊博知识和文学才华，但对于没有深厚文学功底的人而言，很难读懂。元结的文章却通俗易懂，以情感人。如读到"令伯陈情，晋武允许"，自然会想到李密的《陈情表》，会想到他陈情时的感人泣下的情形。用此类典故再结合元结的实际，容易催人泪下。这样的用典，同样也符合元结的"浪漫"性格。

经过元结改造过了的骈文，在形式上完全打破了骈文的局限，成了抒

---

① （唐）卢照邻撰，祝尚书笺注：《卢照邻集笺注》，上海古籍出版社1994年版，第342页。

写自由、而又适合于表情达意的文字。由于加进了不少散文句式，元结的文章行文也更为流畅。元结不仅成为古文运动的先驱，同样也是唐代骈文革新运动的先驱，对韩、柳古文运动及骈文的革新影响巨大。

第三节　元结序体文创作情况及其成就与贡献

序又称"序文""序言"。"序"字出现较早，《诗·大雅·行苇》："序宾以贤。"① 其意是按一定的次序区分排列。也有次序之意，如《庄子·天道》："春夏先，秋冬后，四时之序也。"② 但序与文学最早发生关系却是秦汉时候的事。因为先秦时期的经典在经历"焚书坑儒"和"书同文"后，传至汉代时已变得深奥难懂，成了一门高深的学问。当时的经学大师为了让这些经典更易为人接受，开始对经典进行诠释。这在当时应该是极为流行的事，因为从秦汉时期的文献中可以发现大量的"序"，其中影响最大的当为西汉时的《毛诗序》及东汉时期的《离骚经序》。但这种序的依附性很强，必须依附于其他作品而存在，也就是说，没有甲（作品）就不存在乙（序）。序成为一种独立文体还需等到韩愈、柳宗元时期，而元结对推动序从一种依附性文体走向独立文体起到了重大作用。

一

序有两种形式，一是代序。《文心雕龙·论说》云："序者次事。"③ 秦汉时期的经文（如《诗经》）的序多属于此类型。序和经文作者不同，序的主要用途是解读经文，探讨经文的写作背景、写作目的及其蕴含意义。这种形式的序到后世依然还有发展，晋皇甫谧替左思写的《三都赋序》、南北朝时期萧统的《文选序》等都属于这一类型。直到今天，"代序"依然是较为流行的文体，序的作者和文的作者仍存在分离现象。二是

---

① （南宋）朱熹集：《诗集传》卷一七，中华书局 2017 年版，第 295 页。
② 曹础基：《庄子浅注》，中华书局 2000 年版，第 189 页。
③ （梁）刘勰著，杨明照校注：《增订文心雕龙校注》卷四《论说》一八，中华书局 2012 年版，第 244 页。

自序。据刘知几《史通·序传》："盖作者自叙，其流出于中古乎，按屈原《离骚经》，其首章上陈氏族，下列祖考，先述厥生，次显名字。自叙发迹，实基于此。"① 但《离骚》中序还没有与文剥离开，还是统一整体。在《毛诗序》创作后不久，留给了人们一个问题：对于深奥难懂的古人作品，今人可以作序对其文意予以疏通，如果今人的作品创作出来，作者担心人们看不懂怎么办？那也应该加一个序，以说明自己的创作背景、创作过程和创作意图，以让阅读者能够更深入地了解作品。为了有别于经序，最先序文的作者标明了"自序"，如汉司马迁《太史公自序》就是这样。在这篇序文中司马迁明确了写作《史记》的目的，概述了各篇的写作大旨。吕思勉在《史通评·内篇序传》指出该篇序作用："一曰：序者，绪也，所以助读者，使易得其端绪也，一曰：序者，次也，所以明篇次先后之义也。"② 并且指出"人之知我，必不如我自知之真，亦断不如我自知之悉，然则欲举我为何如人以告读者，诚莫如我自为之之得矣。"③ 实际上司马迁的自序与"毛诗序"是一脉相承，在体制上有较多类似。《汉书》的《叙传》与司马迁的自序类似。魏晋南北朝时期，曹丕、曹植、傅玄、葛洪、陶渊明都有自序之作。这类序文写得多了，便渐成习俗，以致不再以"自"明序了。

　　在唐前序文中，尤以文集总序较为突出。作为作品总集前的序文，创作者大多不满足对作品的创作背景、创作过程和创作目的作叙事性或说明性介绍，而是试图通过这些表象探讨文学发展的规律，揭示文学的发展与作家、时代、地域环境及民情风俗等方面的关系，显示出那个时代的文人对文学的深层思考。如《毛诗序》中写道："风，风也，教也；风以动之，教以化之。"④ 探讨诗歌与教化的关系。《太史公自序》："《诗》三百篇，大抵贤圣发愤之所为作也。"⑤ 探讨文人的遭遇与创作的关系。《文选序》：

---

① （唐）刘知己撰，（清）浦起龙释：《史通通释》卷九，文渊阁四库全书本。
② 吕思勉：《史通评》，商务印书馆 1934 年版，第 49 页。
③ 吕思勉：《史通评》，商务印书馆 1934 年版，第 49 页。
④ （清）朱鹤龄：《诗经通义》卷一，文渊阁四库全书本。
⑤ （汉）司马迁：《史记》卷一三〇，中华书局 1959 年版，第 3300 页。

"盖踵其事而增华，变其本而加厉。物既有之，文亦宜然。"① 探讨文学的发展和时代的关系。不仅如此，文人在自序创作过程中，往往把自身身世和创作相结合，来表现创作的艰难，这样的文章往往写得文情并茂，虽说为序，然其表达内容深广，即使没有文集的存在也是一篇优秀的散文。

自魏晋南北朝时始，文学开始走向自觉，文人数量与作品数量大增，随之而来的是序的数量的增多。由于文人的参与，序开始从议论、说明为主向叙事、抒情为主转变，序的文学性大为加强。如王羲之的《兰亭集序》、王勃的《滕王阁序》、李白的《春夜宴从弟桃花园序》等都成为名篇，其文学成就远远高于诗文本身。在序中另有赠序一类，其创作目的与其他序大致相同，是为交代创作背景，其本身也并不具备独立性，其后往往附有诗文，但由于是与亲朋好友临别前作，往往带有很强的情感性。较早的有曹植的《赠白马王彪序》，从此序中可见曹植悲伤、痛恨和愤怒的复杂感情，这与其他议论性、说明性序不同，因情感因素本身是文学故有的内在因素，这类作品已经具备了较强的文学性。后来，赠序与诗文开始分离开来，成为叙事完整、表达情感充分的一类新型文体，如，韩愈的《送董邵南游河北序》《送孟东野序》、宋濂的《送东阳马生序》等就是这样。

序文的发展大致经历了由简单到复杂，由依附到独立，由重议论、说明到重叙事、抒情的转变过程，在经历了无数文人的艰辛努力后，序才成为一种艺术性、审美性、情感性俱佳的新型文学体裁。而其中唐代文人元结的序文创作，以其数量之多、艺术之高、开创性之大成为序文发展史上不可或缺的一环，为序这一文体的发展、定型乃至成熟做出了重大贡献。

二

据统计，元结现存诗文 230 余篇，而序文创作达 72 篇（其中含小序 20 篇）。其中文序 32 篇（包括骚序、颂序、铭序、赠序等），诗序 40 篇（包含小序），另有类序数篇。其内容主要包含以下方面：

---

① （梁）萧统编，（唐）李善注：《昭明文选·序》，上海古籍出版社 1986 年版，第 1 页。

（一）交代创作背景

文人在创作作品时，由于受文体的限制，很多内容不能在作品中表达，或者说虽然能够表达，但会影响到作品的艺术性。故文人往往会把这部分内容另用文字进行说明。这部分内容包括作品创作时间、地点、人物、发生的事件、最后的结局等。中国文学带有很强的文体区分性，每一类文体都有其特定的表达范围，而其中诗歌受到的约束最大。中国的大多数诗歌抒情性质比较强，如果在创作过程中把这些记叙、说明性语言加入诗歌中，会影响情感的表达。但这些背景性内容又不是可有可无的，它能还原创作背景，引导读者身临其境体会文人创作时的情感体验活动，如果缺少它可能会引起读者对内容的误解。这些说明或者记叙性文字，几乎出现在元结的每一首序中。但并不是每一要素会同时出现，元结会根据诗文的具体需要安排序的内容。如，《漫歌八曲序》："壬寅中，漫叟得免职事，漫家樊上，修耕钓以自资，作《漫歌八曲》与县大夫孟士源，欲士源唱而和之。"这篇序内容较全面，交代了写作的时间、地点、具体事件、交往的人物及写作目的。《漫酬贾沔州序》则不同："贾德方与漫叟者，惧漫叟不能甘穷独，惧叟又须为官，故作诗相喻，其指曰：'劝尔莫作官，作官不益身。'因德方之意，遂漫酬之。"主要只是解释自己为什么要创作这首诗。元结还有些序文对时事背景有交代，如《舂陵行序》："癸卯岁，漫叟授道州刺史。道州旧四万余户，经贼已来，不满四千，大半不胜赋税。到官未五十日，承诸使征求符牒二百余封，皆曰：'失其限者，罪至贬削。'"此序交代了元结任道州刺史时道州的现状——不仅遭受了西原蛮的侵夺，还遭受到了官府的层层剥削。元结的这类序大多语言简明扼要，但对于准确理解其诗文起重大作用。

（二）发表个人见解

在中国文体的分类中，往往把"序""论"合为一类。《文心雕龙·论说》："圣哲彝训曰经，述经叙理曰论。论者，伦也；伦理无爽，则圣意不坠。"① 也就是说凡是那些解释经典、说明道理的文字都可以叫作"论"。故《文心雕龙》认为，议、说、传、注、赞、评、序、引等都是由论这种文体生化而来。徐师曾《文体明辨》认为，序文"其为体有二，一曰议论，二曰叙事"②。早期的序便有这种功能，《诗大序》几乎全篇都是说理性文字。在元结的序中仍有不少论说之文。如，《补乐歌十首序》就探讨了音乐与歌辞的关系。在元结的序中，《箧中集序》《刘侍御月夜宴会序》《文编序》影响较大，集中表达了元结的文学观，指出了当时文坛上存在的弊病："近世作者，更相沿袭，拘限声病，喜尚形似，且以流易为辞，不知丧于雅正。"（《箧中集序》）认为当时之文已偏离了文学发展的正确轨道："文章道丧盖久矣，时之作者，烦杂过多，歌儿舞女，且相喜爱，系之风雅，谁道是耶？"（《刘侍御月夜宴会序》）主张作文应该多抒发情感、多反映现实："多退让者、多激发者、多嗟恨者、多伤闵者。其意必欲劝之忠孝，诱以仁惠，急于公直，守其节分。"（《文编序》）元结的这些观点，在日渐注重声律和辞藻的盛中唐之际，无疑起到了矫正时弊的作用，对于中唐时韩、柳提倡的古文运动起直接的导向作用。元结之序除了对文学现象有所探讨外，也有一些序对时政、伦理道德等方面进行了探讨，如《送张玄武序》对唐玄宗穷兵黩武出兵滇外的行为进行了谴责；《订古五篇序》对"君臣、父子、兄弟、夫妇、朋友之道"进行了探讨。由于元结同时又是政治家、思想家，他在序中的论说观点鲜明，内容深刻。

（三）描绘自然风景

自魏晋南北朝以来，文人宴游、集会渐多，引觞赋诗成为宴游、聚会的常态模式。这类诗歌较少关注国事民生，而对于聚会时的自然美景及宇宙人生却十分在意。再加上这一时期骈文兴起，成为一代之文学，重形式之美的骈文与重自然美景的游宴结合在一起，产生了不少美文，如，王羲

---

① 范文澜：《文心雕龙注》，中华书局 1962 年版，第 326 页。
② （明）吴讷、（明）徐师曾、（明）陈懋仁：《文体序说三种》，（台北）大安出版社 1998年版，第 91 页。

之的《兰亭集序》、孙绰的《兰亭诗序》、颜延之的《曲水诗序》、陶渊明的《游斜川序》等。直到唐代，这类序文仍注重对自然风景的描写，如王勃的《滕王阁序》，就以"落霞与孤鹜齐飞，秋水共长天一色"而闻名。由于注重自然景观的描写和宇宙人生的探讨，使得这类序文学色彩突出，甚至序的成就远远超过了诗歌的成就。元结的序也特别注重自然景物的描写，其对自然山水的描写主要集中在以下三类序文中：一，游宴类序。元结追求个性自由，天性爱好自然山水，而且善于发现、欣赏大自然之美，在武昌、衡阳、祁阳、道县、江华等地，留下了不少游宴之作，如，《石鱼湖上作序》《瀤阳亭作序》《石鱼湖上醉歌序》等，诗人在游宴时对目触之美景进行了生动描摹，表现出了诗人过人的艺术审美能力。二，铭文类序。这类序也大多是元结游宴时作，不同于一般游宴之作的是，诗人不仅留下了作品，而且还刻石勒铭。值得注意的是元结直接以铭命名之文共有19篇，其中保存完整的铭文17篇，这17篇铭文全部有序，而且每篇序中都重点描写了大自然美景，就艺术性而言，部分序的审美性超过了铭文本身。三，类序。元结还有一些序虽然不以序命名，但从内容上看还是可以归纳在序中。如《九疑山图记》，很明显这是一篇附在《九疑山图》前的一篇序文，然却以记命名，但在本质上是篇序。在这篇序文中同样也对九疑山雄伟、壮观之景进行了生动描绘。

（四）表达真挚情感

序除了具有陈述创作背景这一基本功能外，部分作者在陈述创作背景时，也会触及个人情感。这种情感包括仕途的挫折、亲友的别离等。如，《太史公自序》中就抒发了司马迁遭受李陵之祸的屈辱和悲愤；陶渊明的《答庞参军序》："自尔邻曲，冬春再交；欵然良对，忽成旧游。俗谚云：'数面成亲旧'，况情过此者乎？人事好乖，便当语离；杨公所叹，岂惟常悲？"[1] 抒发了对朋友的相思之情。元结受儒家思想影响较深，诗文中情感的抒发多数体现了中和之美。但同时元结早年就"习静"于商余，追求个性的自由，当其情感已不能受儒家思想克制时，道家崇尚自由的个性使得

---

[1] （东晋）陶渊明著，逯钦立校注：《陶渊明集校注》，中华书局1979年版，第150页。

情感无节制地流露出来，他的《辞监察御史表》《让容州表》《再让容州表》便是其情感泛滥的体现。在元结的序文中，也有不少重情感抒发的。首先是重朋友之间的离别之情。元结的序不少属于赠序，如，《别王佐卿序》《送孟校书往南海序》《送王及之容州序》等，元结对朋友及后辈殷殷关切之情，溢于言表。在《送孟校书往南海序》中，元结写道："南海幕府有乐安任鸿，与次山最旧，请任公为次山一白府主，趣资装云卿使北归，慎勿令徘徊海上。"人在送别时，多祝福朋友前程远大，然元结却期望朋友能早日归来，如非真正关心，不可能作有此语。另外，元结关注民生、关爱百姓，不少序中对于百姓遭受苦难表示了深切同情，对叛乱者残害百姓、官府压榨百姓表现出无比痛恨，如《与瀼溪邻里序》《大唐中兴颂序》《春陵行序》等就是这样的篇章。

三

判断作家在文学史上的成就与地位，虽然作品的数量及表达的内容是考量的重要因素，但却不是决定性因素。一个人在文学史上的地位，应该是由其对文体敏锐的感受力及创造力决定。故屈原于骚体，杜甫、李白于诗体，韩愈、柳宗元于文体，苏轼、辛弃疾于词体都具有开拓性质，故其地位亦高。元结对序的贡献，不仅仅只是表现在其内容的丰富上，更主要表现在他对序体的创造性开拓上。

（一）体制形式拓展

元结在序上的革新首先体现在体制形式上。其革新有二：一是大大扩增了序的长度及在诗文中所占比例。序体文带有很强的附属性，一般情况下都是依附于其他文体而存在，但并不意味着每一类文体都适合于用序。所以序与诗文的匹配比例始终不高。如陶渊明总共有诗文 130 余篇，其中有序的才 17 篇，另加 1 篇类序①。唐代序作大家王勃存作品 170 多篇，存

---

① 据逯钦立《陶渊明集校注》统计，中华书局 1979 年版。

序43篇①。元结诗文230余篇，序文数量却达到了72篇，无论是数量上还是所占比例上，元结的序文不仅高于前代文人，也高于唐代其他文人。而且元结的序100字以上的有25篇；200字以上的有8篇，300字以上的有3篇。与元结之前的序相比，序的长度增加了不少。以陶渊明为例，其序文中除《感士不遇赋序》《归去来兮辞序》《桃花源记》（类序）三篇在200字以上外，其他序文大多短小。数量的增多与体制的增长使得元结的序能够容纳更为深广的内容。所以至元结时作序的目的不再局限于交代写作背景，时事政治、写景绘物、发表议论、抒发别情、参加游宴都可以通过序来表达，序的作用大为增强。二是拓展了序的表达范围。元结几乎把序运用到了他的每一类文体中，他的诗序就涉及四言诗序、五言诗序、七言诗序、骚体诗序等，他的文序包括文集序、赠序、颂序、铭序、论序，其中尤以铭序、赠序突出，不仅数量多（铭序17篇，赠序8篇）篇幅长（100字以上的达15篇），而且艺术性高。虽然以上各类序文都曾出现在元结之前作家的作品中，但尚未有作家能够如此娴熟、广泛地运用各类序文。

（二）表现手法新颖

元结在表现手法上也对序进行了革新，体现在如下方面：其一，结合内容表达的需求，选择适合于文体本身的表现手法进行表达。早期的序文大多以议论、记叙为主，主要交代背景或者发表作者对问题的看法，但并不是这两种方式适合于所有文体。如，元结的写景铭文较多，铭文本身是以描写自然景物为主，如果在序中插入过多的议论或记叙就会影响铭文的阅读。所以在他的这类序文中，一改序文的常规写法，大量插入描写性语句，他的《峿台铭序》："从未申至丑寅，涯壁斗绝，左属回鲜，前有磴道，高八九十尺，下当洄潭。其势不硠礚，半出水底，苍然泛泛，若在波上。"与铭文本身"湘渊清深，峿台峭峻。登临长望，无远不尽。……阳崖砻琢，如瑾如珉"交相辉映，形成了一个整体。如果在序中过多插入议论或者说明性语句，序会带给读者附属物的感觉。而他的赠序不再以描写

---

① 据《王子安集注》《全唐文》统计，参考吴振华《论王勃的诗序》，《中国文学研究》2010年第2期，第50页。

为主，而较多采用记叙和抒情的手法。《送谭山人归云阳序》："子去为吾谋于牧犊，近峻公有泉山，山石老树，寿藤萦垂，水可灌田一夫，火可烧种菽粟，近泉可为十数间茅舍，所诣才通小船，则吾往而家矣。"絮絮叨叨，如话家常，而相思之情遂生。《别崔曼序》："吾子勉之！所相规者，宜缓步富贵，从容谋画，少节酒平气概耳。"关切、勉励、期盼，情真意切，感人甚深。其二，元结把古文和时文结合起来，对序文句式句法进行革新。元结是唐代古文运动的先驱人物，他的序大多文字古朴，语言平实，既保留了古文句式灵活自由的特色，同时又吸收了骈文的长处，并对其加以改造，形成新的语言形式。骈文又称四六文，句式以四字句或六字句为主，因过于注重形式之美，多次遭到了元结的批评。但这并不意味着元结只是盲目复古先秦汉魏之文，他对骈文句式进行了改造，摒弃了骈文中大量的六字句而保留了其四字句，改正对、反对为流水对，从而使得其序读起来既朗朗上口，又显得古香古色。如《抔湖铭序》就体现了这种特色："抔湖东抵抔樽，西侵退谷，北汇樊水，南涯郎亭。有菱有荷，有菰有蒲。"元结对序表现手法的革新使得他的序既保留了汉魏六朝以来骈序的优点，同时又呈现出鲜明的个性特征。

（三）审美艺术性增强

在元结之前，不少序文在审美艺术上取得了较高的成就，如王羲之的《兰亭集序》、王勃的《滕王阁序》等，但从整体上而言序的审美艺术性不高，这主要是由序最初产生的目的所决定。序主要是为了交代写作背景、分享写作过程、明确写作目的等，说明性质很强，如《诗大序》《离骚经序》等。司马迁的《太史公自序》在现在看来，是一篇审美艺术性相当强的文学作品，但司马迁在创作此序过程中自身可能并没有意识到是在创作文学作品，他只是用序抒发人生中的不幸遭遇以及这些遭遇对他创作《史记》的影响，故吕思勉在《史通评》中说："此序传之所由兴，不过以完其书序之则，初非欲自表暴也。"① 魏晋南北朝时期文学开始从自发阶段进入自觉阶段，但自觉意识到序也是一种文体，从而要对序进行艺术性处理

---

① 吕思勉：《史通评》，商务印书馆1934年版，第49页。

则在更后。从《典论·论文》《文赋》《文章流别论》等对文体的阐述来看，还没人意识到序也是一种文体。南朝刘勰的《文心雕龙》开始对序略有提及，初唐刘知几《史通·序传》正式提出序这种文体，序才逐渐进入自觉阶段。于是文人开始有意识地增强序的审美特性。初盛唐时，序的文学色彩开始增强，但也大多局限于游宴、赠别这类情感性较强的序中，文人开始借用诗文中一些常用的抒情手法来写序。至元结时，序的审美特性显著得到了增强，游宴、赠别之类的作品抒情性、审美性得到了进一步增强，如《石鱼湖上醉歌序》："欢醉中，据湖岸引臂向鱼取酒，使舫载之，遍饮坐者。意疑倚巴丘酌于君山之上，诸子环洞庭而坐，酒舫泛泛然触波涛而往来者，乃作歌以长之。"清代张谦宜评曰："简而远，此境最不易到。"①（《茧斋诗谈》），该序重意境的营构，颇类陶渊明、李白之诗，应该是有意而为之。除赠别、游宴之作外，他的《自述三篇序》《虎蛇颂序》《七不如七篇序》《舂陵行序》等也可以看出元结是有意而为之，具有审美特性较强的序较同时期作家皆要多。

（四）文体独立性渐显

序在其产生初期，是一种依附性较强的文体。序的依附性主要体现在以下两个方面：一是序必须依附诗文而存在。据统计，两汉序文总共有七十余篇，这些序文都是依附作品而存在，早期不存在有序无文现象。从魏晋南北朝一直到元结时代皆是如此。有些序的文学性虽然不断得到了增强，但依然摆脱不了受诗文本身的限制。王勃《春日孙学士宅宴序》："侠客时有，且倾鹦鹉之杯；文人代轻，聊举麒麟之笔。人采一字，四韵成篇。"② 序仍是为诗文而作。二是序的成就与诗文成就仍具有不可比性。如，《太史公自序》《离骚经序》《文选序》虽然艺术性较高，但与《史记》《楚辞》《文选》的成就相比差距仍较大。魏晋南北朝至初盛唐时，序的独立倾向虽有所增强，但附属性地位依然没有改变。至元结时才开始逐渐摆脱附属性地位，表现出较强的独立倾向。首先，出现了不依附于诗

---

① （清）张谦宜：《茧斋诗谈》卷四，乾隆年间本。
② （唐）王勃：《王子安集》卷一，文渊阁四库全书本。

文的具有完全独立性的序。如《别韩方源序》《送谭山人归云阳序》《别崔曼序》等，在序的结尾都未提及诗文创作情况。如《别崔曼序》："吾子勉之！所相规者，宜缓步富贵，从容谋画，少节酒平气概耳。"当无诗文附于其后。这样的序虽然仅出现在赠序中，且数量不多，但标志着序这种文体从附属性地位中完全独立出来。其次，出现了与诗文相互补充、相互依存的序。这样的序即使脱离诗文，可读性也十分强。在元结现存的17篇铭文序中，甚至出现了序文的艺术性超过铭文的现象。如果去掉序文，铭文成为形式呆板、体制单调的四言诗。加上序文后，一改铭文厚实典重、不适于写景的特点，成为形式自由灵活、艺术审美性较强的新的文学样式。

四

一种文体自其产生到逐步成熟完善，需要经历漫长的历史时期，既有其自身的演变规律，也与文人努力开拓相关。序的发展也遵循着这一规律：由简单到复杂，由依附到独立，由质朴到注重审美艺术。而元结正是序发展史上的关键一环，他的序之所以取得如此大成就，主要与以下两方面因素相关：

其一，善于继承前人的优秀成果。元结作为古文运动的先驱人物，表现出了明显的复古倾向。他的复古主要是复先秦汉魏之古，这在他早期的诗文中表现特别明显。他早期的诗歌多四言诗和五言诗，明显可以看出受《诗经》和《汉乐府》影响很深。如他的《补乐歌十首》就是采用了《诗经》的体制。如《丰年》："猗太帝兮，其智如神。分草实兮，济我生人。猗太帝兮，其功如天。均四时兮，成我丰年。"四言句式和重章叠句的体制与《诗经》类似，章与章之间只变换少数几个字。他的《系乐府十二首》则采用五言诗的形式，受汉乐府诗歌影响非常大。他用诗歌反映现实和民生疾苦，但不同于唐代的五言诗，他喜欢用古体，不讲究对偶，押韵比较自由。而且，"古人歌咏不尽其情声者，化金石以尽之，其欢怨甚耶戏！"他的诗歌也如同《诗经》《汉乐府》一样，可以配乐演唱。也正因为如此，元结的序受《毛诗序》影响非常深。《毛诗序》又分为诗大序和小序。大序主要探讨了诗歌的本质、分类、表现手法和社会作用。小序则列于每篇诗歌之前，揭示该诗的美刺讽喻功能及教化作用。如果对比元结早期作品的序，可以看出明显受到了《毛诗序》的影响。《补乐歌十首》前有总序，总序谈乐声的起源、发展及其社会功能，其后在每一首诗之前都作有小序，小序则论诗的主旨。《二风诗序》则同时受到了《毛诗序》《离骚经序》的影响。除了有总序之外，其下的十首诗都带有小序。但与《补乐歌十首》不同的是，《二风诗》句式受楚辞影响较大，虽然依然采用的是重章结构，但不再是四言句式，而采用杂言句式，句子中带有楚辞特有的语气词"兮"，大序也受《离骚经序》影响较大。在《离骚经序》中，不再注重诗歌的社会功能的阐释，而重在概述屈原生平及其对创作的影响，特别提到了屈原创作《离骚》的目的，"言己放逐离别，中心愁思，犹依道径，以风谏君也"①。在《二风诗有序》中，也主要记载自己创作《二风诗》的经过，强调其创作目的是为了"以裨天监"，是"古之贱士不忘尽臣之分耳"。

除了受《诗大序》和《楚辞》中的序影响较大外，曹植、陶渊明、王羲之、王勃等人的序作对元结的序也有一定影响，其中陶渊明的序对元结影响尤大。陶渊明品质高洁，崇尚自由，甘于过贫贱的生活，这一点元结与他相似。元结一生曾隐居于鲁山、九江、武昌、祁阳等地，多次上表辞官。正因为性格的类似，元结在诗文中多次提到陶渊明。"陶家世高逸，公忍不独然？"（《招陶别驾家华阳作》）"此樽可常满，谁是陶渊明？"（《窊樽诗》）多次表达要像陶渊明一样隐居的愿望。陶渊明是较早替自己诗文写序的人，在陶渊明的诗文中有序文 17 篇，如《与殷晋安别序》："殷先作晋安南府长史掾，因居浔阳；后作太尉参军，移家东下，作此以赠。"② 比较一下元结的《寄源休序》："辛丑中，元结与族弟源休皆为尚书郎，在荆南府幕。休以曾任湖南，久理长沙；结以曾游江州，将兵镇九

---

① （东汉）王逸：《楚辞章句》卷一，文渊阁四库全书本。
② （东晋）陶渊明著，逯钦立校注：《陶渊明集校注》，中华书局 1979 年版，第 59 页。

江。自春及秋，不得相见，故抒所怀以寄之。"可以发现在句法、语言及情感上，二文都存在相似之处。除此外，另有元结《与党评事序》《与党侍御序》《与瀼溪邻里序》等与陶渊明此篇相似。陶渊明有《九日闲居并序》："余闲居，爱重九之名。秋菊盈园，而持醪靡由，空服九华，寄怀于言。"① 元结的《石鱼湖上醉歌序》《漫歌八曲序》《石鱼湖上序》等与之类似，都侧重于抒发某种情怀。陶渊明有《游斜川序》，元结的《浯溪铭》《阳华岩铭》《丹崖翁宅铭》《朝阳岩铭》等与之类似，都侧重于对自然景物的描写。陶渊明有《答庞参军并序》，元结则有《送孟校书往南海序》《送谭山人归云阳序》《送王及之容州序》等，都是通过平实的语言，生活的细节，抒发对朋友的相思离别之情。通过以上对比可以发现，陶渊明的序文创作对元结影响甚深。

其二，与强烈的文体革新精神相关。元结是唐代古文运动的先驱人物，虽然这场古文运动是提倡复先秦两汉之文，元结的作品特别是他的早年的作品如《说楚王赋》《三谟》等，有较强的模仿痕迹，但在骈文和律诗盛行的盛中唐时期，复古本身就是就包含着革新因素，而不是因循守旧。安史之乱后，元结开始意识到古文的缺陷，虽然重质但比较晦涩难懂，不容易为人接受，故一改其前期文风。特别是元结写作的实用性文体，如表、奏议、赠序等文，语言平易，以情动人，甚至在他后期的文章中，表现出了明显的骈散合流趋势，在某种程度上对宋代欧阳修等人诗文革新运动有启发作用。或是因为这方面原因，欧阳修在《新唐书》中以二千多字的篇幅为元结立传，这篇传记全文引用了元结的《时议三篇》，这篇文章的文风与欧阳修的文风具有较大的共性。元结对文体的革新，超越了他所处时代的大多数作家，直接开启了宋代文风。在序的创作上，也充分体现了元结的创新性。虽说远在秦汉时期序就已经存在，但其发展还是相对缓慢。即使到了陶渊明时代，序依然是一种依附性较强的文体，除了少数篇章写得较具文学色彩，大多数篇章还只是承袭前代，主要交代写作的背景、目的，带有很强的说明性质，序只是诗或者文外的补充性文字，

---

① （东晋）陶渊明著，逯钦立校注：《陶渊明集校注》，中华书局1979年版，第106页。

距离成为一种独立性文体还很远。元结在对文体革新时，同时也对序进行了革新。与诗或文相比，序不再是可有可无的附属物，而成了与文相当，甚至在文学性上超越诗和文的倾向。清黄周星评《送孟校书往南海序》就说："一序古拙隽妙，诗特平平，然自非俗笔可及。"（《唐诗快》）在元结的序文中，不少诗文已经散佚，而序独存。如《送张玄武序》《送王及之容州序》《别王佐卿序》等，这些序虽在当时并不具有独立性，然而在其流播过程中，因其艺术上成就高于诗，故反而序存留了下来，成为一种相对独立性的文字。

元结对序体文的开拓对后继作家影响较大。韩愈、柳宗元、欧阳修、苏轼、宋濂在此基础上进一步对序体文革新，序体文最终取得了与其他体裁文学的对等地位，成为审美性、情感性、功用性合一的新型文体。

第四节　元结、柳宗元湘南山水文学比较分析

铭之文体功能主要有二：一为颂扬功德，也即《礼记·祭统》所载："夫鼎有铭。铭者，自名也，自名以称扬其先祖之美，而明著之后世者也。"① 二为自警之词，如《礼记·大学》所载"苟日新，日日新，又日新"② 就是自警之词。游记则以叙事为主，兼及议论抒情和山川景观的描写。二者由于承载的内容有较大不同，语言有较大差别（铭文以四言为主，游记则多杂言），风格上也有较大不同。在唐以前，二者并无多少交集，基本没有可比性。但这一情况在唐代文人元结、柳宗元手中发生了较大改变。元结拓展了铭文表达内容，铭不仅仅只是颂扬功德或者自警之词，还可以表现更为广阔的内容，自然山水便是内容之一；柳宗元的游记也是以山水为描写对象，展示了人与自然山水间的情感交流。这样，两种不同的文体便具有了一定可比性。

---

① 杨天宇：《礼记译注》，上海古籍出版社 2004 年版，第 646 页。
② 杨天宇：《礼记译注》，上海古籍出版社 2004 年版，第 3 页。

一

元结字次山，唐代古文运动的先驱，擅长于铭文特别是山水铭文创作。据统计，在元结铭文中以铭命名的有25篇，另有2篇箴、2篇记、3篇颂属于广义上的铭文，合计为32篇。32篇铭文中，属于自警之词的有2篇箴，1篇记；属于颂扬功德有3篇颂；其余26篇均为山水铭文，其中18篇作于湘南地区的永州、道州。

元结于天宝九载（750）至天宝十二载（753）习静于商余山，在这里他创作了第一篇山水铭文《水乐铭》，铭文前有序，概说作者对南磴悬水之热爱，序后有铭文四句12字："烟才通，寒淙淙。隔山风，考鼓钟。"序文相互配合、相互补充，构成了一个整体。这一结构后来成了元结山水铭文的基本结构模式，但三字句的铭文在元结文章中仅此一篇。天宝十二载（753）元结在长安，作《文编》，苏源明及礼部侍郎阳浚对其赞赏有加，后举进士，入为上第。安史之乱爆发后，元结为避乱徙全家于江西九江瀼溪，在这里，元结作下了《瀼溪铭》，铭文有序，序长达130余字，此序叙事、议论、描写、抒情相结合，有如一篇说理抒情散文；铭文则采用四言形式，问答结合，这成了元结铭文中的常体。后来，元结起兵反抗安史叛军，向肃宗上《时议》三篇，为肃宗所称赞，拜右金吾兵曹，摄监察御史，充山南东道节度参谋，从此进入官场。由于元结性浪漫，其母渐老，他多次上书辞官以奉养老母，后来得以隐居樊上，又创作了《异泉铭》《抔樽铭》《退谷铭》《抔湖铭》来抒写隐居生活的乐趣。但这种隐居生活并没有持续太久，广德元年（763）元结出任道州刺史，次年五月抵达道州。

自广德元年（763）至大历二年（767），元结两任道州刺史；又自大历四年（769）四月至大历六年（771）九月，元结因母亲去世，守孝祁阳（在今永州），元结在湘南时间长达八年。在八年时间里，他共创作了18篇山水铭文，占到了其山水铭文总数的69%。这些铭文主要分布在道州、永州两地，其中作于道州的有《阳华岩铭》《五如石铭》《七泉铭》《窊樽铭》和《右溪记》，作于永州的则有《丹崖翁宅铭》《朝阳岩铭》《浯溪铭》《峿台铭》《唐庼铭》《东崖铭》《寒泉铭》。元结在湘南地区创作的山水铭文数量之多、艺术水平之高，不仅在铭文史上绝无仅有，在中国写景散文史上也不多见。

在柳宗元作品中，也有铭文6篇，此六篇铭文皆由序和铭文构成，铭文为四言形式，在形式上与元结铭文一致。然柳宗元的六篇铭文，无一篇山水铭文，都是称扬当世或者先祖功德的文章。对自然山水的描写，主要体现在他的游记中。柳宗元共有"记"35篇，属于游记的有20篇，20篇中，作于柳州的有2篇，雍州、桂州、潭州的各1篇，其余15篇作于永州，其数量大抵与元结的山水铭文相当。在15篇山水游记中，《永州韦使君新堂记》《永州崔中丞万石亭记》《零陵三亭记》三篇虽有写景，但为应人而作，多颂赞之词；《永州龙兴寺东丘记》《永州法化寺新作西亭记》《永州龙兴寺西轩记》乃就柳宗元自身周边环境进行描写，余下的9篇则为严格意义上的游记。

柳宗元，字子厚，河东人。生于大历八年（773），也即元结去世后的一年，贞元九年（793），柳宗元参加科举考试，进士及第。贞元二十一年（805），柳宗元参与了王叔文、王伾主导的"永贞革新"，由于革新触犯了宦官、藩镇的利益，再加上革新人员的冒进，革新迅速走向失败。八月，贬王叔文渝州司户，王伾开州司马，不久王叔文被赐死，王伾病死。《旧唐书·宪宗纪》载："（永贞元年冬十月）壬申，贬正议大夫、中书侍郎、平章事韦执谊为崖州司马，以交王叔文也。……己卯，再贬抚州刺史韩泰为虔州司马，河中少尹陈谏台州司马，邵州刺史柳宗元为永州司马，连州刺史刘禹锡朗州司马，池州刺史韩晔饶州司马，和州刺史凌准连州司马，岳州刺史程异郴州司马，皆坐交王叔文。初贬刺史，物议罪之，故再加贬窜。"① 且"纵逢恩赦，不在量移之限"②。柳宗元任永州司马长达十年，元和十年始回归朝廷。元和元年左右，作有《永州龙兴寺东丘记》《永州

---

① （后晋）刘昫等：《旧唐书》卷一四《宪宗上》，中华书局1975年版，第413页。
② （后晋）刘昫等：《旧唐书》卷一四《宪宗上》，中华书局1975年版，第418页。

龙兴寺西轩记》；元和三年左右，作有《永州法化寺新作西亭记》；元和四年或稍后，柳宗元写下了"永州八记"，也即《始得西山宴游记》《钴鉧潭记》《钴鉧潭西小丘记》《至小丘西小石潭记》《袁家渴记》《石渠记》《石涧记》《小石城山记》；元和七年至八年间作有《永州韦使君新堂记》《零陵三亭记》；元和八年，柳宗元游黄溪，作《游黄溪记》，又作有《永州崔中丞万石亭记》。在这些游记散文中，尤其以作于元和四年左右的"永州八记"著称，人们在谈及唐代游记散文创作甚至是中国游记散文创作时，都离不开对柳宗元"永州八记"的探讨。

二

元结湘南山水铭文与柳宗元湘南山水游记堪称唐代山水文学的代表，二者具有较多共性。其一，二者都表现了作者亲近山水的愿望。无论是元结还是柳宗元，都表现出了对自然山水的热爱，并表达出了主动亲近自然山水的愿望。柳宗元亲近山水，更多体现出了对山水的主动追寻，"永州八记"就是对永州自然山水主动追求的结果。柳宗元对自然山水的主动亲近不仅体现在对山水的追寻上，而且他把自己的居住地定在了靠近自然山水的地方。柳宗元湘南山水游记的撰写大抵是以其在零陵的三个居住点为中心来写的，这三处居住点是龙兴寺、法华寺及冉溪之畔。元结也是一样，一方面，元结会主动追寻自然之美，如阳华岩、朝阳岩等，元结也是以居住地为中心创作铭文的。元结在湘南的居住地主要有两处，一是道州东郭，《七泉铭》《五如石铭》等就作于此地。一在祁阳，《浯溪铭》《峿�铭》《峿台铭》《东崖铭》也在其居住地附近，由此可以看出，二人无论是行为上还是心理上均主动亲近湘南自然山水。

其二，描写对象具有共性。柳宗元山水游记以永州的山山水水为描写对象，元结的湘南山水铭文描写对象相对广泛些，主要包括永州和道州两地，就描写对象所处地域而言，二者有交叉处。这就决定了描写对象具有某些相似之处。湘南地区多高山深壑，据统计今天的永州境内（大致相当唐代道、永两州）有 30 座海拔 1500 米以上山峰，如韭菜岭、畚箕窝等，但这些山峰远离两州的政治中心，难以轻易抵达。在零陵、道州两城的周围，有山有水，但山水都比较秀气，柳宗元笔下的东山、西山、小石城山、愚溪、黄溪，元结笔下的七泉、五如石、浯溪、朝阳岩、阳华岩这些景色无不具有小巧、秀丽的特征，使得二人在描写对象上具有某种相似性。这一审美情趣不同于初盛唐时期的审美情趣，这是对另一种美的发现，开启了中晚唐时期纤微、幽约的审美倾向。

其三，重视自然天成之美。无论是柳宗元还是元结，都很少对人工造作之美进行描绘，而对于那些自然天成之美的景物，不惜笔墨进行描绘，表现出了重自然天成之美的审美倾向。柳宗元《袁家渴记》："有小山出水中，皆美石，上生青丛，冬夏常蔚然。其旁多岩洞，其下多白砾，其树多枫柟石楠，楩槠樟柚，草则兰芷。又有异卉，类合欢而蔓生，轇轕水石。"① 元结在《宛樽铭》中写道："片石何状？如兽之踆。其背顑宛，可以为樽。空而临之，长岑深壑。广亭之内，如见山岳。满而临之，曲浦回渊。长瓢之下，江湖在焉。彼成全器，谁为之力。天地开凿，日月拉拭。寒暑琢磨，风雨润色。"在他们笔下，很少见到人工斧凿的痕迹，当自然之美被蒙蔽时，他们只是清理污秽，绝不对自然之美做任何人为的破坏，他们也经常有构建亭台的行为，但这一切只是为了更好地欣赏自然美景。

其四，重美的发现过程。如果熟悉湘南人文历史就可以看出，道州、永州的人文历史、自然风光远较元结、柳宗元笔下描写的出众得多，然而二人却甚少关注，二人关注的大多是前人所未关注的。如元结《朝阳岩铭》："永泰丙午中，自舂陵诣都使计，兵至零陵，爱其郭中有水石之异，泊舟寻之，得岩与洞。此邦之形胜也，自古荒之而无名称，以其东向，遂以朝阳命焉。"元结笔下的五如石、七泉、宛樽、朝阳岩、浯溪、峿台、庼廎、东崖、寒泉等都为其首次发现。柳宗元的游记也体现了美的发现过程，如《永州韦使君新堂记》："始命芟其芜，行其涂。积之丘如，蠲之浏如。既焚既酾，奇势迭出，清浊辨质，美恶异位。"② 《零陵三亭记》："零

---

① （唐）柳宗元：《柳宗元集》卷二九，中华书局 1979 年版，第 768—769 页。
② （唐）柳宗元：《柳宗元集》卷二七，中华书局 1979 年版，第 733 页。

陵县东有山麓，泉出石中，沮洳污涂，群畜食焉，墙藩以蔽之，为县者积数十人，莫知发视。河东薛存义，……乃发墙藩，驱群畜，决疏沮洳，搜剔山麓，万石如林，积挒为池。"①"永州八记"之美，也是柳宗元首次发现的。这种发现之美在柳宗元身上表现更为突出，在永州，浯溪、朝阳岩自然风光是较为特异的，经过元结的品题应该更为人知，然而此二处却没有出现在柳宗元山水游记中，其原因还是在于它们已为元结所发现，柳宗元似乎在有意避免重复发现。

最后，元结山水铭文和柳宗元山水游记在形式上也有相通之处。铭文和游记是两类不同的文体，然而，元结的铭文大体上用的是墓志铭结构，唐代的墓志铭有共同特征，基本上采用的是序加铭文式的结构，这一结构使得唐代铭文明显不同于唐前铭文，因为唐代铭文的序无限加长，很多铭文的主体成了前面的序，而序是用散句写成的，最后的铭只是结尾的一个点缀。元结的山水铭文既不同于秦汉铭文重铭又不同于唐代铭文重序，而是铭、序兼重。不仅如此，元结为了使序和铭成为一个统一的整体，还对序进行了改造，唐代铭文多采用四言形式，序则采用散句形式，但元结吸收了六朝山水骈文的一些特点，在序的部分，采用了不少四言句式。如《峿台铭》："从未申至丑寅，涯壁斗绝，左属回鲜，前有磴道，高八九十尺，下当洄潭。其势硱磳，半出水底，苍然泛泛，若在波上。石巅胜异之处，悉为亭堂。小峰歁窦，宜间松竹，掩映轩户，毕皆幽奇。"这样的序和铭结合在一起，构成了统一整体。柳宗元的游记在某种程度上也受到了六朝写景骈文的影响，特别是写景部分四字句更多。如《零陵三亭记》："爰有嘉木美卉，垂水丛峰，珑玲萧条，清风自生，翠烟自留，不植而遂。鱼乐广闲，鸟慕静深，别孕巢穴，沉浮啸萃，不畜而富。伐木坠江，流于邑门。陶土以埴，亦在署侧。人无劳力，工得以利。"② 相近的描写对象、相近的句式特征，使得两类不同的文体呈现出某些共同的审美倾向。

---

① （唐）柳宗元：《柳宗元集》卷二七，中华书局 1979 年版，第 737—738 页。
② （唐）柳宗元：《柳宗元集》卷二七，中华书局 1979 年版，第 738 页。

三

但由于时代不同、文人生活经历不同、写作背景不同，元结的铭文和柳宗元的游记还是存在较大区别。这主要表现在以下方面：

首先，元结强调留名后世，柳宗元追求心灵的宁静。就元结铭文中所写内容看，元结的山水铭文更适合于写成山水游记，但元结却写成铭文，这与他留名后世的思想相关，因为铭文刻于石上，能够让人更长久地记住。在元结的铭文中，他多次表达了这种思想。如《五如石铭》："不旌尤异，焉用为文。刻铭石上，于千万春。"《㐲樽铭》："此器大朴，尤宜直纯。勒铭亭下，以告后人。"《朝阳岩铭》："刻石岩下，问我何为？欲零陵水石，世人有知。"如果说以上铭文还只是想使自己发现的自然山水为人记住，在他的《浯溪铭》《峿台铭》《㡓庼铭》留名后世的思想就更加明显了。水是吾之水，台是吾之台，庼是吾之庼，元结自己也说："吾欲求退，将老兹地。溪古荒芜，芜没盖久。命曰浯溪，旌吾独有。"（《浯溪铭》）则后世所记住的，就不仅仅只是自然山水，还包括元结其人了。元结这种强烈留名后世的思想后来遭到了一些文人的反感。欧阳修在《集古录跋尾》卷七载："次山喜名之士也，其所有为，惟恐不异于人，所以自传于后世者，亦惟恐不奇而无以动人之耳目也。视其辞翰，可以知矣。古之君子诚耻于无闻，然不如是之汲汲也。"[1] 同书同卷又载："颜子萧然卧于陋巷，人莫见其所为，而名高万世，所谓得之自然也。结之汲汲于后世之名，亦已劳矣。"[2] 对元结强烈留名后世的思想提出了一定的批判。柳宗元却不同，作为一个被贬谪到永州的文人，在当时的他看来留名后世并不具备多大可能性，他所期望的就是能够通过游山玩水来发泄贬谪生活的痛苦，希望自己能沉浸于自然山水中，获得内心的片刻宁静。柳宗元在《零陵三亭记》中写道："邑之有观游，或者以为非政，是大不然。夫气烦则虑乱，视壅则志滞。君子必有游息之物，高明之具，使之清宁平夷，恒若

---

[1] （宋）欧阳修：《集古录跋尾》卷七，江苏古籍出版社1998年版，第72页。
[2] （宋）欧阳修：《集古录跋尾》卷七，江苏古籍出版社1998年版，第72页。

有余，然后理达而事成。"① 柳宗元贬谪永州，心中充满抑郁，内心并不宁静，他想通过山水来抒写个人的忧愤。

其次，元结铭文体现了其实用主义文学观，柳宗元山水游记强调文学的艺术审美。元结现实主义文学观突出，这种文学观甚至演变成实用主义文学观。元结创作铭文，或强调教化、或强调功用。《七泉铭》序曰："于戏，凡人心若清惠，而必忠孝、守方直，终不惑也。故命五泉，其一曰漫泉，次曰浊泉，次曰瀑泉、沴泉、渲泉，铭之泉上，欲来者饮漱其流而有所感发者矣。"《寒泉铭》："于戏寒泉，瀺瀺江渚。堪救渴喝，人不之知。时当大暑，江流若汤。寒泉一掬，能清心肠。"在元结笔下，七泉可化人，寒泉可救渴，洞樽（《五如石铭》）、宎樽可以贮酒，浯溪、阳华可安家，抔湖可泛舟，峿台可瞻眺，元结笔下的这些景物，大多具有一定的社会功用。这与元结现实主义文学观具有一致性，元结在《刘侍御月夜宴会序》中表达了这种文学观："于戏！文章道丧盖久矣，时之作者，烦杂过多，歌儿舞女，且相喜爱，系之风雅，谁道是耶？诸公尝欲变时俗之淫靡，为后生之规范，今夕岂不能道达情性，成一时之美乎？"也就是说，文章要符合风雅的审美规范，要有利于道德教化。《元谟》中也写道："故乘道施教，修教设化，教化和顺而人从信。"相比起元结，柳宗元的山水游记基本上摆脱了为现实而作的文学观，表现出纯文学倾向。由于摆脱了现实、功利主义的影响，柳宗元对自然山水之美似乎更为敏感，阅读柳宗元的山水游记，可以发现柳宗元在用心品读自然，同为小而微的自然风景，元结更注重实用性，柳宗元却更注重景物本身的审美属性，从某种程度上看，柳宗元的山水游记在审美艺术上要高于元结的山水铭文，柳宗元甚至还能把对山水的品鉴上升到理论的高度。他在《永州龙兴寺东丘记》中写道："游之适，大率有二：旷如也，奥如也，如斯而已。其地之陵阻峭，出幽郁，寥廓悠长，则于旷宜；抵丘垤，伏灌莽，迫遽回合，则于奥宜。因其旷，虽增以崇台延阁，回环日星，临瞰风雨，不可病其敞也；因其奥，虽

① （唐）柳宗元：《柳宗元集》卷二七，中华书局1979年版，第737页。

增以茂树丛石，穹若洞谷，蓊若林麓，不可病其邃也。"① 表现出了对自然山水独特的鉴赏能力。

再次，二人在审美上虽然倾向于对湘南水石的描写，但相比较而言元结爱水、柳宗元爱石。在元结的作品，从标题中可以看出与水有关的就多达 15 篇——《瀼溪铭》《异泉铭》《抔湖铭》《七泉铭（七篇）》《浯溪铭》《水乐铭》《寒泉铭》《右溪记》《㬉泉铭》，作于湘南地区的有 10 篇，在具体铭文中，元结之文更是篇篇涉及水。元结之所以爱水，是因为水与元结思想和性格相合之处。元结受道家隐逸思想影响较大，天宝九载（750）至天宝十二载（753）元结习静于商余，筑居于余中谷。所谓习静，是指习养静寂的心性。元结在《述居》篇中写道："乃相与占山泉，辟榛莽，依山腹，近泉源，始为亭庑，始作堂宇，因而习静，适自保闲。"又曰："予当乘时和，望年丰，耕艺山田，兼备药石，与兄弟承欢于膝下，与朋友和乐于琴酒，寥然顺命，不为物累，亦自得之分，在于此也。"在三年习静期间，元结创作了《浪翁观化并序》（并序）《时化》《世化》等文，可以明显见到这一时期元结的文学创作受道家思想影响较深。"仁者乐山、智者乐水"，道家自认为是智者，在《老子》中，认为水是最接近大道的，如"上善若水。水善利万物而不争。处众人之所恶，故几于道"②。"天下莫柔弱于水，而攻坚强者莫之能胜，以其无以易之。"③ 元结对水的追求与热爱与他对道的追求是一致的。除此外，元结在性格上崇尚自由，他在《自释》说："后家瀼滨，乃自称浪士。及有官，人以为浪者亦漫为官乎，呼为漫郎。既客樊上，漫遂显。樊左右皆渔者，少长相戏，更曰聱叟。"后又被相诮者呼为"漫叟"，从中可见元结浪漫性格以及对自由的崇尚。进入官场后，元结崇尚自由性格得到了进一步发展，他先后写下了《辞监察御史表》《乞免官归养表》《让容州表》《再让容州表》，反复表明自己归隐的决心，虽有以奉养老母的因素在里面，但也与元结性格浪漫的因素相关。在某种程度上，水的自由流动与元结不愿受拘束的一面

① （唐）柳宗元：《柳宗元集》卷二八，中华书局 1979 年版，第 748 页。
② 陈鼓应：《老子注译及评介》，中华书局 1984 年版，第 89 页。
③ 陈鼓应：《老子注译及评介》，中华书局 1984 年版，第 350 页。

具有相通性，水是自由的象征，元结崇尚自由，这导致了元结作品水意象大为增加。水与石具有不可分性，但元结笔下的石虽奇却缺少刚性。柳宗元无论是为人处世还是性格上均与元结有较大不同，元结时刻以做官为累，柳宗元却积极追求功名。他在《与杨京兆凭书》写道："夫知足与知止异，宗元知足矣。若便止不受禄位，亦所未能。今复得好官，犹不辞让，何也？以人望人，尚足自进。"① 对待官场，柳宗元采取了截然不同的态度。在性格上，柳宗元在《答问》中说："徒知开口而言，闭目而息，挺而行，踬而伏，不穷喜怒，不究曲直，冲罗陷井，不知颠踣。"② 韩愈在《柳子厚墓志铭》评价柳宗元："隽杰廉悍，议论证据古今，出入经史百子，踔厉风发，率常屈其座人，名声大振。"③ 由此可知，柳宗元在性格上较为刚直，相对而言，柳宗元对"石"的描写比元结多，《永州崔中丞万石亭记》："绵谷跨溪，皆大石林立，涣若奔云，错若置棋，怒者虎斗，企者鸟厉。抉其穴则鼻口相呀，搜其根则蹄股交峙，环行卒愕，疑若搏噬。"④《钴鉧潭西小丘记》："其石之突怒偃蹇，负土而出，争为奇状者，殆不可数。其嵚然相累而下者，若牛马之饮于溪；其冲然角列而上者，若熊罴之登于山。"⑤ 即使是写水，也完全不是元结笔下的涓涓细流，而是体现了水的刚性的一面，他在《钴鉧潭记》中写道："其始盖冉水自南奔注，抵山石，屈折东流，其颠委势峻，荡击益暴，啮其涯，故旁广而中深，毕至石乃止。流沫成轮，然后徐行。"⑥ 而袁家渴之溪水更是逆行之水，在柳宗元笔下，水和石往往都带有刚性美，这与柳宗元刚直性格相符，明显不同于元结笔下的湘南山水。

最后，元结对湘南自然山水是因奇而爱，柳宗元是因怜而爱。元结多对湘南地区奇石、奇水进行描写。如"朝阳水石，可谓幽奇"（《朝阳岩

① （唐）柳宗元：《柳宗元集》卷三〇，中华书局 1979 年版，第 791 页。
② （唐）柳宗元：《柳宗元集》卷一五，中华书局 1979 年版，第 433 页。
③ （唐）韩愈撰，（宋）魏仲举集注：《五百家注韩昌黎集》卷三二，中华书局 2019 年版，第 1330—1331 页。
④ （唐）柳宗元：《柳宗元集》卷二七，中华书局 1979 年版，第 735 页。
⑤ （唐）柳宗元：《柳宗元集》卷二九，中华书局 1979 年版，第 765 页。
⑥ （唐）柳宗元：《柳宗元集》卷二九，中华书局 1979 年版，第 764 页。

铭》)、"水抵两岸，悉皆怪石，欹嵌盘屈，不可名状"（《右溪记》）。欧阳修在《集古录跋尾》中说："元结好奇之士也，其所居山水必自名之，惟恐不奇。"① 也正因为好奇，所以人和景物之间不能完全融为一个整体，元结虽然时刻在自然山水中强调自我意识，如命七泉之一为漫泉，又曰浯溪、峿台、庼庼。但对于大自然中的奇怪山水，他虽然感叹大自然的鬼斧神工，会带着新奇的眼光去鉴赏自然美景，会产生为我独有的强烈愿望，但却难以与外在自然景物产生情感上的共鸣。元结是以刺史的身份来道州的，刺史是一州最高长官，在某种程度上，这也是元结"占有"意识的一个来源。柳宗元却不同，柳宗元参与了永贞元年的政治革新，而且成为革新集团中的核心人物。据《新唐书·柳宗元传》载："贞元十九年，为监察御史里行。善王叔文、韦执谊，二人者奇其才。及得政，引内禁近，与计事，擢礼部员外郎，欲大进用。"② 《资治通鉴》载："每事先下翰林，使叔文可否，然后宣于中书，韦执谊承而行之。外党则韩泰、柳宗元等主采听外事，谋议唱和。"③ 然而，在不到半年时间里，革新便走向失败，柳宗元从处于政治权力中心一下被贬谪到永州当司马，在贬谪之初，柳宗元还面临生命的威胁（参与革新的王叔文被处死），内心充满恐惧，但柳宗元事业心极强，追求功业之心较强烈，永贞革新失败后，发生了二王八司马事件，参与革新的人或被杀，或被贬为远州司马。但八司马的遭遇并不完全相同，据《旧唐书·程异传》载："元和初，盐钱使李巽荐异晓达钱谷，请弃瑕录用，擢为侍御史，复为扬子留后，累检校兵部郎中、淮南等五道两税使。"④ 在短时间里，程异便从远州司马回归朝廷，并委以重任。在与程异的对比中，柳宗元感觉自己被朝廷遗弃了。这种被遗弃感深深印在柳宗元脑海中，并通过永州的自然山水折射出来，所以在"永州八记"中，到处是被遗忘的自然山水。"我见青山多妩媚，料青山见我应如是"，

---

① （宋）欧阳修：《集古录跋尾》卷七，江苏古籍出版社 1998 年版，第 72 页。

② （宋）欧阳修、宋祁：《新唐书》卷一六八《柳宗元传》，中华书局 1975 年版，第 5132 页。

③ （宋）司马光编著，（元）胡三省音注：《资治通鉴》卷二三六《唐纪》五二，中华书局 1956 年版，第 7609 页。

④ （后晋）刘昫等：《旧唐书》卷一三五《程异传》，中华书局 1975 年版，第 3738 页。

在永州的这些自然山水看来，柳宗元不也是被遗弃的对象吗？这样人与山水不仅仅只是鉴赏和被鉴赏的关系，他们之间发生了情感的共鸣，在柳宗元笔下，永州山水是其知己，他与永州山水惺惺相惜，同病相怜。尚永亮先生说："（柳宗元游记）既重自然景物的真实描摹，又将主观情感不露痕迹地大量融注其中，令人于意会中明确领略到作者的情感指向。"① 这种人与自然的无间隔的情感交流，在元结的文学作品中难以找到。

　　元结的山水铭文和柳宗元的山水游记堪称唐代山水文学的代表，代表着山水文学的两种不同风格，他们的创作对于湘南地区而言不仅仅只是文学上的意义，而且对于湘南山水文化资源的发掘、旅游业的发展都具重大意义。今天，柳子庙、浯溪碑林、朝阳岩石刻、阳华岩石刻等都成了全国重点文物保护单位，元、柳二人因给湘南地区留下了丰厚的文化遗产而备受后人称赞。

---

　　① 尚永亮：《寓意山水的个体忧怨和美学追求——论柳宗元游记诗文的直接象征性和间接表现性》，《文学遗产》2000 年第 3 期，第 28 页。

第四章　石刻篇

石刻有狭义和广义之分，狭义的石刻是指运用雕刻技法在石质材料上创造出的各类艺术品，广义的石刻则不仅指刻于石上，也包含刻于"金"上之艺术品。本章所述摩崖石刻属于狭义石刻中的一类，是与活碑相对应的一类艺术。摩崖石刻具有悠久的历史文化，传说始于夏禹所作的《岣嵝碑》，然该原碑已佚。潇湘水道上的摩崖石刻肇始于唐且在唐末已初具规模，至宋时则蔚然大观，明清延续唐宋石刻在规模上进一步扩大。自宋以来研究摩崖石刻名家辈出，形成一门新的学问——"金石学"，欧阳修、赵明诚、孙星衍、王昶、陆增祥、赵之谦、罗尔纲、岑仲勉等都取得了杰出成果。

摩崖这一艺术行为在古代称作"铭"，其最初有"镂刻"之意，后来才转化为一种文体。《礼记·祭统》所载："铭者自名也，自名以称扬其先祖之美，而明著之后世者也。"[1] 铭含有称颂祖先并使其留名后世之意。文人在潇湘水道上留下摩崖石刻其目的也在于留名后世，但却不是祖先而是自己。唐代元结为潇湘水道上摩崖石刻的开创者，他就具有留名后世的思想。他在大历年间寓居祁阳时创作了《浯溪铭》："溪古荒芜，芜没盖久。命曰浯溪，旌吾独有。"元结强烈留名后世的行为甚至招致了欧阳修的批评，他在《集古录跋尾》中评价："颜子萧然卧于陋巷，人莫见其所为，

---

① （明）王夫之：《礼记章句》卷二五，岳麓书社2011年版，第1166页。

而名高万世，所谓得之自然也。结之汲汲于后世之名，亦已劳矣。"① 但也正是由于元结有强烈留名后世的思想，他才在潇湘水道上留下了众多石刻。这些石刻吸引着后来的文人，他们以元结石刻为中心，对石刻内容进行品评、议论、称颂，进而形成摩崖石刻艺术群，并开始具有鲜明的特色。

潇湘水道上出现众多的摩崖石刻艺术群与唐代文人元结的到来有密切的关系。他曾在广德元年（763）至大历四年（769）两任道州刺史，后又于大历三年（768）至大历七年（772）定居祁阳，多次经历潇湘水道，为其胜景所吸引而创作了大量作品。元结对其文学才华极为自负，他曾作《大唐中兴颂》，在序文中写道："于戏！前代帝王有盛德大业者，必见于歌颂，若今歌颂大业，刻之金石，非老于文学，其谁宜为。"他想流传自己作品于后世，于是把它们摩刻于石壁之上，从而开启了潇湘水道上摩崖石刻之端。据统计，元结有 25 篇摩崖作品作于潇湘水道上的道州、永州。其中作于道州的有《阳华岩铭》《五如石铭》《七泉铭》《㲉樽铭》《右溪记》《舜祠表》《九疑山图记》《寒亭记》《无为洞题名》，作于永州的则有《丹崖翁宅铭》《朝阳岩铭》《浯溪铭》《峿台铭》《㟏庼铭》《东崖铭》《寒泉铭》《右堂铭》《中堂铭》《大唐中兴颂》。元结留下的铭文因其文学和书法艺术性高而备受后世文人喜爱。处于潇湘水道之上以元结铭文为中心形成的具有一定规模的摩崖石刻艺术群主要有浯溪碑林石刻、朝阳岩石刻、阳华岩石刻、寒亭暖谷石刻、无为洞石刻，七泉石刻、五如石石刻、丹崖石刻等。另外，处于潇湘水道上的淡岩石刻、狮子岩石刻、月岩石刻等，也或多或少受到了元结的影响。

与佛道名山的摩崖石刻相比，潇湘水道上的摩崖石刻具有很高的文学艺术价值。这与行走于潇湘水道上文学之士较多相关。中国历朝统治者对南方和北方统治策略有明显区别，北方各族崇尚武力，故统治者多据重兵，多用武将，南方民族的反抗则比北方弱得多，故统治者多推行教化，多用文士。元结就是以文士身份出任道州刺史的。在途经潇湘水道时，元

---

① （宋）欧阳修：《集古录跋尾》卷七，江苏古籍出版社 1998 年版，第 72 页。

结创作了大量具有文学性的铭文、诗歌、游记等，并把这些文字著录于岩壁之上。一般而言，一个地区摩崖石刻的性质与首创者留下作品的性质紧密相关，元结作品的文学性自然影响到了后来的摩崖石刻者，特别是远道而来的贬谪文人。唐代不少文人贬谪于该地或更远的岭南地区，潇湘水道就成了必经之地。如，黄庭坚等人就曾经历该地并留下了石刻。潇湘水道不仅交通便利而且风景优美，"潇湘八景"就分布在这一水道之上，清王士祯在《浯溪考》中就曾赞誉这一带美景："楚山水之胜首潇湘。"这无疑会激起文人创作的热情，美景与哀情相结合，于是产生了大量不朽诗篇。另外还有一批本土文人，或出于对本地山水的热爱，或出于对前贤的倾慕，也会留下一定数量的文学作品。潇湘水道也是沟通安南等地的重要通道，越南使者就曾在浯溪留下不少诗作，刻之于石的有五首。就文体而言，潇湘水道上所刻诗、记、铭、赋等较多，虽然某些文体如铭文唐前文学性并不强，但潇湘水道上的铭文多为山水铭文，它与诗、记、赋等文体同样具有较强的文学性。另外，潇湘水道上还留下了少量颂体文，由于所颂内容具有较大争议性，引起文人争相附议，形成文学史上奇特的现象，浯溪碑林的《大唐中兴颂》就是如此。除文学价值外，潇湘水道上摩崖石刻也具有书法价值。为了体现文人的不朽价值，文人不仅用心思撰写文学作品，还喜欢请书法家书写文学作品，这样更能使自己的作品得以流传下来。如元结在潇湘水道上的摩崖石刻，就请了当时著名书法家颜真卿、瞿令问、袁滋、高重明等人书写。除唐代书法家，潇湘水道上也留下了不少宋及以后的书法家如米芾、黄庭坚、何绍基等人的不朽作品。潇湘水道摩崖石刻聚集了唐及以后各朝篆、草、行、楷、隶等作品，成为活本书法字典，后世游览者拓片、临摹，徘徊久之而不忍离去。

　　潇湘水道上摩崖石刻也具有道德传播价值。文人之所以摩文于石主要是为了追求人生之不朽。把文字摩刻于岩壁之上，与纸质文本相比更容易保存下来，更容易实现文人不朽的价值。司马迁曾论述人生的三不朽在于"立德、立功、立言"，摩崖石刻首先在于立言，但往往追求"不朽"之言的文人也十分注重道德的修养。如潇湘摩崖石刻的开创者元结和颜真卿就是人格完美、道德纯粹之人，他们的道德之美也往往体现在其作品中，如浯溪碑林中由元结撰文、颜真卿书写的《大唐中兴颂碑》，"噫嘻前朝，孽臣奸骄，为昏为妖。边将骋兵，毒乱国经，群生失宁。""我师其东，储皇抚戎，荡攘群凶。复服指期，曾不逾时，有国无之。事有至难，宗庙再安，二圣重欢。"言语之中充满了爱国热情，从中也可见元、颜品德之高尚。除元、颜之外，在潇湘水道上留下石刻的黄庭坚、范成大、米芾、何绍基、吴大澂等都是品德高尚之人。正如前所述，潇湘水道是自湖湘进入岭南的一条交通要道，当人们经过该水道时，无不舣舟欣赏摩崖石刻，自然也就为这些文人的高尚道德所感染。时至今天，潇湘水道的交通地位日渐减弱，但陆上交通却变得极为便利，在旅游业日渐发展的今天，浯溪碑林石刻、朝阳岩石刻、阳华岩石刻等已列为全国重点文物保护单位，寒亭石刻则为省级文保单位，他们吸引着无数的摩崖石刻艺术爱好者前往观瞻，摩崖石刻对于民众的思想道德的影响正在不断扩大。

潇湘水道上摩崖石刻还具有丰富的旅游价值。就潇湘水道上的摩崖石刻而言，大多处在山水俱佳之处，如浯溪碑林、朝阳岩、阳华岩等处，即使没有摩崖石刻的存在，也足以吸引人们目光，当摩崖石刻艺术群形成之后，自然风景与人文意蕴相得益彰。所以潇湘水道上的摩崖石刻艺术群自唐宋以来便成了文人士子登临游览之处，他们在饱览山水风光与摩崖石刻后，又往往激起题诗留字兴趣，从而更加丰富了该地的文化内涵。潇湘水道上的绝大多数题诗留字都是前人游览后作下的作品。时至今天，潇湘水道上的摩崖石刻虽然不能再题诗留字了，但仍然吸引了众多的游客，其中浯溪碑林在2009年就被列为国家4A级景区，朝阳岩石刻、淡岩石刻、阳华岩石刻等都成了国家重点文物保护单位。值得注意的是，当今旅游业日渐繁荣，各地纷纷建起了古城、爱情小镇、古村之类的人造景点，虽然也有所依托，但文化底蕴远不如摩崖石刻深厚，而且这些建筑大多雷同，游客见多了便会生厌。如果以摩崖石刻为基础，挖掘其中蕴含的旅游资源，将会大大提高其影响力。如祁阳的浯溪碑林除了摩崖石刻和重建的几个亭子外，吸引游客的地方不多。从摩崖石刻中我们可以获知元结曾在这里建有右堂、中堂和左堂，后来人们在这里又建有元颜祠等，如能在不破坏现存文物的基础上重新恢复原有的部分景观，当极大提高今天人们游览该地

的兴趣，从而可以创造更大的经济价值，也能使人们得到更深刻的道德
教育。

　　在元结留下的诸多石刻中，尤以颜真卿书写、大历六年刻石的《大唐
中兴颂》最具价值，本章将以《大唐中兴颂》为中心，通过对《大唐中兴
颂》的创作、书写及其在唐、宋、元、明、清诸朝的接受和传播情况，来
探讨潇湘水道上摩崖石刻的艺术、道德、旅游价值，从更深层面揭示出元
结对潇湘水石文化的影响。

第一节　《大唐中兴颂》的创作及在唐代的接受情况

　　元结的《大唐中兴颂》由于具有极高的艺术魅力，又处在交通要道之
上，受到了自宋以来许多文人的关注，留下了数百篇相关诗文。然而这篇
足以令元结留名后世的作品却在他去世后的唐王朝鲜有人提及，这与安史
之乱本身性质相关，也与安史之乱发生后唐肃宗的所为相关，更与元结写
作《大唐中兴颂》的动机和心理相关。元结在写作该《颂》时正是其领荆
南之兵平定刘展之乱后，中间夹杂了部分个人因素。另外，颂作为一种文
体可以赞颂或讽喻，就元结所处时代而言，只适合于作既具歌颂性质又具
讽喻性质的颂，但元结的《大唐中兴颂》却是一篇歌颂性质很强的颂，这
给人以阿谀之嫌，引起了唐人的反感，故唐人对该《颂》淡然视之。

一

　　在中国碑刻史上，可能没有比元结《大唐中兴颂》更负盛名的了。宋
代洪迈在《容斋随笔》誉其为："次山《中兴颂》与日月争光。"① 宋黄庭
坚、张耒、李清照、陆游、陈师道、范成大等人皆参与进来，明胡应麟、
湛若水、归有光等人，清刘熙载、翁方纲、袁枚等人也参与了《大唐中兴
颂》的讨论。可以说"《大唐中兴颂》一篇，足名世矣"②。《大唐中兴颂》

---

　　① （宋）洪迈：《容斋随笔》卷一四，中华书局 2005 年版，第 188 页。
　　② （明）杨慎：《升庵诗话》卷二，《历代诗话续编》，中华书局 2006 年版，第 663 页。

之所以受人关注，主要原因有以下两方面：

（一）《大唐中兴颂》本身的艺术魅力

《大唐中兴颂》具有多维的艺术价值。据明董其昌《画禅室随笔·楚中随笔》："余至衡州，欲观《大唐中兴颂》。永州守以墨刻进，亦不甚精。盖彼中称为三绝碑，曰元漫郎颂，颜平原书，并祁阳石为三，殊可嗤恨。石何足绝也？盖两公书与文与其人为三绝耳。"① 董其昌认为三绝碑应是文绝、书绝和人绝。明徐弘祖在《徐霞客游记·楚游日记》中则肯定了石绝，他对《大唐中兴颂》旁镜石之奇有载："浯溪由东而西入于湘，其流甚细，溪北三崖骈峙，西临湘江，而中崖最高，颜鲁公所书《中兴颂》高镌崖壁，其侧则石镜嵌焉。石长二尺，阔尺五，一面光黑如漆，以水喷之，近而崖边亭石，远而隔江村树，历历俱照彻其间，不知从何处来，从何时置此，岂亦元次山所遗，遂与颜书媲胜耶！"② 今天祁阳石仍是中国国家地理标志产品，如此则《大唐中兴颂》成了"四绝碑"了。

"四绝"中尤其以"人品绝"和"书法绝"为人称道。《大唐中兴碑》是由元结和颜真卿两人共同完成的，元结写作《颂》，颜真卿书写。正史中对两人人品几乎没有指瑕，可以算得上是完人。早年的元结就表现出忧国忧民的一面。如天宝五载（746），元结自隋河至淮阴，其年水坏河防，元结得隋人《冤歌》，采其歌，作《闵荒诗》，表达了对遭受水患百姓的关切。天宝十四载（755），安禄山据范阳反，安史之乱爆发，中原大地惨遭荼毒，元结选择的不是逃命，而是招集邻里二百余家奔襄阳，抵抗安史叛军，其英勇行为，令玄宗感到惊异。后又在泌南地区招缉义军，使得史思明不敢南侵。在道州刺史任上，元结招缉流亡，率劝贫弱，保守城邑，畲种山林，又多次奏请皇帝减免道州科税，道州之民得以生息。元结不汲汲于名利，多次上表要求弃官奉养老母。颜真卿在《元君表墓碑铭并序》赞曰："次山斌斌，王之荩臣。义烈刚劲，忠和俭勤。炳文华国，孔武宁屯。

---

① （明）董其昌撰，印晓峰点校：《画禅室随笔》卷四《楚中随笔》，华东师范大学出版社2012年版，第142页。

② （明）徐弘祖：《徐霞客游记》卷二下《楚游日记》，上海古籍出版社1987年版，第211页。

率性方直，秉心真纯。见危不挠，临难遗身。允矣全德，今之古人。"颜真卿也是一样，安史之乱发生后他以文人身份参与了平叛藩镇的战争，最后以身殉国，死在叛军李希烈手中。据殷亮《颜鲁公行状》载："贞元元年，河南王师复振。贼虑蔡州有变，乃使其将辛景臻，于龙兴寺积薪，以油灌。既纵火，乃传希烈之命：若不能屈节，自即裁之。公应声投地，臻等惊惭，扶公而退。希烈审不为己用，其年八月二十四日，又使景臻等害于龙兴寺幽辱之所，凡享年七十七。"① 令狐峘《光禄大夫太子太师上柱国鲁郡开国公颜真卿墓志铭》对颜真卿赞曰："矧我文忠，人之纪纲。功侔四时，节贯雪霜。焕乎立言，殁而弥彰。日居月诸，垂范无疆。"② 可见，元结和颜真卿在唐代可以算是全德之人。后人对《大唐中兴颂》碑的瞻仰，在某种程度上是对二人人品的瞻仰。

元结的《颂》和颜真卿的书法可以说都是绝品。刘勰《文心雕龙·颂赞》："颂者，容也，所以美盛德而述形容也。"③ 《毛诗序》曰："颂者，美盛德之形容，以其成功，告于神明者也。"④ 也就是说，颂不是什么事情都能写，必须是重大历史事件才能写。那么元结在《颂》中所写事件是否重大呢？其《序》曰："天宝十四载，安禄山陷洛阳。明年，陷长安。天子幸蜀，太子即位于灵武。明年，皇帝移军凤翔，其年复两京，上皇还京师。"其颂曰："噫嘻前朝，孽臣奸骄，为昏为妖。边将骋兵，毒乱国经，群生失宁。……独立一呼，千麾万旟，我卒前驱。我师其东，储皇抚戎，荡攘群凶。复服指期，曾不逾时，有国无之。事有至难，宗庙再安，二圣重欢。"主要是写"安史之乱"发生后，唐肃宗指挥军队收复长安的过程。元结认为这是件"地辟天开"的大事。从历史的角度看，安史之乱不仅仅

---

① （清）董诰编：《全唐文》卷五一四殷亮《颜鲁公行状》，中华书局 1983 年版，第 5231 页。

② （清）董诰编：《全唐文》卷三九四令狐峘《光禄大夫太子太师上柱国鲁郡开国公颜真卿墓志铭》，中华书局 1983 年版，第 4014 页。

③ （梁）刘勰著，杨明照等校注：《增订文心雕龙校注》卷二《颂赞》，中华书局 2012 年版，第 107 页。

④ （清）阮元校刻：《毛诗正义》，清嘉庆刊本《十三经注疏》，中华书局 2009 年版，第 568 页。

是唐王朝的转折点，甚至是整个封建社会的转折点。能够在战乱发生后收复二京，自然是值得歌颂之事，元结所歌之事足以成颂。颂也不是什么人都能写，还必须在当时有一定名气。元结和颜真卿也基本上具备这一条件。元结的创作在当时就颇有名气，与杜甫、刘长卿、颜真卿及《箧中集》中诸诗人有交往，元结对自身文学才华也颇自负，他在《大唐中兴颂》中写道："若今歌颂大业，刻之金石，非老于文学，其谁宜为？"他认为歌颂大业之事，除了他元结，没有人比他更胜任这一任务了。

颜真卿就更不用说了，他是继王羲之之后成就最高、影响最大的书法家。亚栖《论书》道："凡书通即变，王变白云体，欧变右军体，柳变欧阳体。永禅师、褚遂良、颜真卿、李邕、虞世南等，并得书中法，后皆自变其体，以传后世，俱得垂名。"① 《大唐中兴颂》碑方正浑朴、气势磅礴，是颜真卿书法艺术达到巅峰的代表作。正因为颂碑在文学、书法上的特殊艺术价值，再加上元、鲁二公人格之高尚，吸引了无数文人为之驻足，对其观赏和品题，这是该《颂》在唐后大受关注的原因。

（二） 与该《颂》特殊的地理位置相关

《大唐中兴颂》碑地处交通要道之上。据宋人周去非《岭外代答》载，入岭南的交通路线有五条："自福建之汀，入广东之循、梅，一也；自江西之南安，逾大庾入南雄，二也；自湖南之郴入连，三也；自道入广西之贺，四也；自全入静江，五也。"② 在五条线路中，第一条线路除转道福建入广州之外，几乎无人走此路线。刘长卿自苏州贬谪南巴时，就避开了此路线。第二条路线在江西境内。张九龄开元四年十一月以"左拾遗内供奉"的身份负责开通大庾岭，行于此路线上的人主要是江左和江右人士，刘长卿贬谪南巴时就是走的这条路线。但这依然不是南下岭南的主要路线。张九龄虽然负责开凿了这条路线，但他自己并没有走过此条路线，取道此路入长安比取道湖湘水路入长安路程要远约千里。这样南下岭南的路

---

① （清）董诰编：《全唐文》卷九二〇亚栖《论书》，中华书局1983年版，第9591页。
② （宋）周去非著，杨武泉校注：《岭外代答校注》卷一《地理门》，中华书局1999年版，第11页。

线主要集中在后三条。后三条虽为三条，实则一条。此条路线是自洞庭湖始，其后入湘江，至衡州沿耒水而至郴州而入连州；至永州沿潇水而至道州而入贺州；至永州沿海阳河而至全州。可见，《大唐中兴颂》碑处在南下岭南的交通主要道上。唐时，湖湘及岭南是贬谪相对集中之地，那些贬谪于湘南及岭南地区及流寓于该地做官的文人大多要经过湘江抵达浯溪，《大唐中兴颂》碑正处于湘江边上，无需绕道瞻仰，故历代写作的数百篇有关《大唐中兴颂》碑的诗文，其作者大多到过该地。如黄庭坚、张耒、范成大等人曾经历过浯溪，并写下了与《大唐中兴颂》碑相关的诗文。

元结之后的唐朝，实际上也有很多人经历过这条路线，这条路线南下岭南相对较近，而且因为是水路，可以减少旅途颠簸之苦。柳宗元、刘禹锡、吕温等人就走过这条路线，而且也受到了元结的影响，如刘禹锡就曾写过《含辉洞述》文中写到："前此二千石御史中执法河南元次山、谏议大夫北平阳亢宗、司刑大夫东平吕和叔，皆硕人也，《考槃》、《招隐》之致，恒汲汲然，卒使兹境贵于异日。"① 《吏隐亭述》中写道："海阳之名，自元先生。先生元结，有铭其碣。元维假符，予维左迁。其间相距，五十余年。对境怀人，其犹比肩。"② 吕温在《道州刺史厅后记》更是推崇元结，"贤二千石河南元结字次山，自作《道州刺史厅事记》，既彰善而不党，亦指恶而不诬，直举胸臆，用为鉴戒。昭昭吏师，长在屋壁，后之贪虐放肆以生人为戏者，独不愧于心乎？"③ 除此外，还有皇甫湜作有《题浯溪石》、元有让作有《复游浯溪》、王雍作有《后浯溪铭》、韦辞作有《修浯溪记》，然以上数篇文章中都只提到了浯溪或者"浯溪铭"，对于在其附近的《大唐中兴颂》碑却视而不见。可见，唐人并不缺乏文人经历浯溪，并不缺乏文人关注元结，是什么原因使得唐代文人对浯溪和"浯溪铭"赞赏有加而对如此一方巨型石刻却视而不见呢？

---

① （唐）刘禹锡撰，卞孝萱校订：《刘禹锡集》卷三九，中华书局1990年版，第584页。

② （唐）刘禹锡撰，卞孝萱校订：《刘禹锡集》卷三九，中华书局1990年版，第585页。

③ （清）董诰编：《全唐文》卷六二八吕温《道州刺史厅后记》，中华书局1983年版，第6338页。

二

在《大唐中兴颂》创作前六年，也即天宝十四载（755），唐王朝发生了一件惊天动地的大事，该年十一月安禄山率兵十余万，以诛杨国忠为名发动叛乱，史称安史之乱。《旧唐书·玄宗纪》载："十一月……丙寅，范阳节度使安禄山率蕃、汉之兵十余万，自幽州南向诣阙，以诛杨国忠为名，先杀太原尹杨光翙于博陵郡。"①元结《大唐中兴颂》也载："噫嘻前朝，孽臣奸骄，为昏为妖。边将骋兵，毒乱国经，群生失宁。"在镇压安史之乱过程中各大藩镇乘乱而起，唐王朝从此进入了一个割据时代。安史之乱的最终平定虽存有异说，但一般以宝应元年（762）正月史朝义兵败自缢为结束标志。《旧唐书·史朝义传》记载了这一时间："二年正月，贼伪范阳节度李怀仙于莫州生擒之，送款来降，枭首至阙下。"②《大唐中兴颂》是否与此相关呢？南宋吴曾《能改斋漫录》载"湖南浯溪，在永州北一百余里，流入湘江，其溪水石奇绝。唐上元中，邕管经略使元结罢任居焉，以其所著《中兴颂》刻之崖石，抚州刺史颜真卿书"③。今湖南祁阳有浯溪公园，内有摩崖石刻数百方，《大唐中兴颂》乃其中一方。碑文后署"上元二年（761）秋八月撰，大历六年（771）夏六月刻"，《金石录》卷八也载："唐中兴颂上：元结撰，颜真卿正书。大历六年六月。"④然考元结行迹，上元二年无湖南之行。则《颂》之结尾："湘江东西，中直浯溪，石崖天齐。可磨可镌，刊此颂焉，何千万年！"非上元二年《颂》中内容，乃大历六年石刻《颂》时元结即景而作。可见《大唐中兴颂》作于上元二年，刻于大历六年。

天宝十四载至上元二年（761）间是否有值得歌颂的事情呢？应该是有的。《大唐中兴颂》其序曰："天宝十四载，安禄山陷洛阳。明年，陷长

---

① （后晋）刘昫等：《旧唐书》卷九《玄宗下》，中华书局1975年版，第230页。
② （后晋）刘昫等：《旧唐书》卷二〇〇上《史朝义传》，中华书局1975年版，第5382页。
③ （宋）吴曾：《能改斋漫录》卷一四，上海古籍出版社1979年版，第403页。
④ （宋）赵明诚撰，金文明校证：《金石录校证》卷八《唐中兴颂》，广西师范大学出版社2005年版，第140页。

安。天子幸蜀，太子即位于灵武。明年，皇帝移军凤翔。其年复两京，上皇还京师。"其颂曰："天将昌唐，繄晓我皇，匹马北方。独立一呼，千麾万旟，我卒前驱。我师其东，储皇抚戎，荡攘群凶。复服指期，曾不逾时，有国无之。事有至难，宗庙再安，二圣重欢。"但"二圣重欢"、收复西京之事发生在至德二载（757），而《大唐中兴颂》的写作时间在四年之后，这样看来，元结的这篇颂应该在四年前（收复两京后）或者两年后（安史之乱结束时）写才及时。

但元结创作《大唐中兴颂》夹杂了部分个人因素，这和他上元年间的一段经历相关。据《资治通鉴》载："（上元元年十一月）以展为都统淮南东、江南西、浙西三道节度使；密敕旧都统李峘及淮南东道节度使邓景山图之。……甲午，展陷润州。……丙申，展陷升州。"[①] 刘展之乱发展极为迅速，独孤及《豫章冠盖盛集记》载："岁次辛丑春正月，东诸侯之师有事于淮西。是役也，以蜂虿窃发，华夷震惊，执事者匪遑启居，亦既播越。我都督防御观察处置使兼御史中丞韦公元甫，克振远略，殷为长城，且修好于邻侯，从交相见，敦同盟戮力之义，图靖难勤王之举。……于是户部尚书兼御史大夫李公峘至自广陵，越州刺史兼御史中丞杜公鸿渐至自会稽。润州刺史试鸿胪少卿韦公儇至自京口，苏州刺史韦公之晋至自吴，庐州刺史前尚书右丞徐公浩至自合淝。"[②] 又言"由是越人、吴人、荆人、徐人，以其孥行，络绎荐至大江之涘。于是乎宏舸巨鹢，舳接舻隘，辎车鸾镳，轊挂毂击。每讲射合礼，宾主好会，峨星弁，执象笏，雁行而揖者，五十有九人。"[③] 据《旧唐书·肃宗纪》载"（上元元年八月）丁丑，以太子宾客吕諲为荆州大都督府长史、澧朗硖忠五州节度观察处置等使"[④]，及元结《与韦洪州书》载"某月日，荆南节度判官水部员外郎兼

---

① （宋）司马光编著，胡三省音注：《资治通鉴》卷二二一《唐纪》三七，中华书局1956年版，第7097—7099页。

② （清）董诰编：《全唐文》卷三八九独孤及《豫章冠盖盛集记》，中华书局1983年版，第3952页。

③ （清）董诰编：《全唐文》卷三八九独孤及《豫章冠盖盛集记》，中华书局1983年版，第3952—3953页。

④ （后晋）刘昫等：《旧唐书》卷一〇《肃宗纪》，中华书局1975年版，第259页。

殿中侍御史元结顿首"，可知当时元结在吕諲幕府。又据元结《寄源休序》："辛丑中，……休以曾任湖南，久理长沙；结以曾游江州，将兵镇九江。自春及秋，不得相见，故抒所怀以寄之。"而独孤及《豫章冠盖盛集记》言荆人至豫章或与元结领荆南之兵镇于九江相关。元结《与韦洪州书》："某月日，荆南节度判官水部员外郎兼殿中侍御史元结顿首……端公前牒则请不交兵，端公后牒则请速交兵，如此，岂端公自察辨误耶？有小人惑乱端公耶？端公又云：'荆南将士侵暴。'端公岂能保荆南将士必侵暴乎？岂能保淮西将士必不侵暴乎？"元结以节度判官身份领荆南之兵镇于九江，而韦元甫此时为洪州刺史江西观察使，九江乃江西观察使所辖范围，元结领兵镇于九江或出于对刘展及其余部的震慑。然江淮之乱实属节度使之间混战，本无正义可言，据《资治通鉴·上元元年》载："延恩知展已得其情，还奔广陵，与李峘、邓景山发兵拒之，移檄州县，言展反。展亦移檄言峘反，州县莫知所从。"① 韦元甫之所以拒荆南之兵或许与李峘的到来有一定关系，但元结最终领荆南之兵镇于九江，可见韦元甫还是听从了元结的意见。不久，刘展之乱平，独孤及《豫章冠盖盛集记》载："岁二月，楚氛扫除，江介底定，然后皆整归旆，分镳言旋。"② 可见，元结亲自参加了这次平叛。本年八月元结作下了《大唐中兴颂》，其后还军于荆南。虽然元结之前自己组织义军抵抗过安史叛军，但这一次毕竟是指挥正规军队和叛军作战，而且还很快取得了胜利。虽然元结在《大唐中兴颂》中没有提及这次平叛，但该事件应对此《颂》的写作起了某种推动作用。

大历六年（771）时，也就是距离元结写作《大唐中兴颂》十年之后，他把该《颂》刊刻于石上。《金石萃编》载："尚书水部员外郎兼殿中侍御史荆南节度判官元结撰，金紫光禄大夫前行抚州刺史上柱国鲁郡开国公颜真卿书。"又曰："上元二年秋八月撰，大历六年夏六月刻。"又目下有

---

① （宋）司马光编著，（元）胡三省音注：《资治通鉴》卷二二一《唐纪》三七，中华书局1956年版，第7098页。

② （清）董诰编：《全唐文》卷三八九独孤及《豫章冠盖盛集记》，中华书局1983年版，第3953页。

注："正书，在祁阳县石崖。"① 在这十年中，安史之乱平定，虽然西原蛮在道州等地发生叛乱，但自广德二年（764）至大历六年，道州几无战祸。大历三年（768）元结自道州刺史转容府都督兼侍御史本管经略使，岭南溪洞夷獠发生叛乱，《旧唐书·王翃传》："岭南溪洞夷獠乘此相恐为乱，其首领梁崇牵自号'平南十道大都统'，及其党覃问等，诱西原贼张侯、夏永攻陷城邑，据容州。前后经略使陈仁琇、李抗、侯令仪、耿慎惑、元结、长孙全绪等，虽容州刺史，皆寄理藤州，或寄梧州。"② 但据《新唐书·元结传》记载，元结在这一时期曾"身谕蛮豪，绥定八州"。元结大历六年刻《中兴颂》于石壁之上，说明了他再次对《颂》的内容的肯定。

三

这方元结自身肯定且被后人认为是"三绝碑"的《大唐中兴颂》却在其去世后长达一百多年时间里遭遇到了冷落。虽有不少文人过祁阳、访浯溪，却无人对此石刻称赞。其原因可能是唐人普遍认为元结所处的那段时间不值得称颂，更不值得铭于石上。古人作颂并刻于金石，必然有重大事情发生，有值得歌颂之事。如果无过人之事而作颂，就会被人认为是阿谀奉承之辞。据元脱脱《宋史·文苑一》载："又有马应者，薄有文艺，多服道士衣，自称'先生'。开宝初，效元结《中兴颂》作《勃兴颂》，以述太祖下荆、湖之功，欲刊石于永州结颂之侧，县令恶其夸诞，不以闻。"③ 这就是一个典型的例子。应该说元结对《大唐中兴颂》也是持谨慎态度，否则不会经过十年时间才刻于石上，但他没有意识到朝政并没有就此稳定下来。

如果从整个唐王朝的历史看，元结生活的那个朝代值得歌颂的地方确实不多。自安史之乱发生后的三十年里，京都长安就被攻破了多次：至德元载（756），安史叛军攻破长安，唐玄宗逃往成都；宝应二年（763），吐

---

① （清）王昶：《金石萃编》卷九六（四库全书本），上海古籍出版社1986年版。
② （后晋）刘昫等：《旧唐书》卷一五七《王翃传》，中华书局1975年版，第4143—4144页。
③ （元）脱脱等：《宋史》卷四三九《马应传》，中华书局1985年版，第13012页。

蕃攻破长安，代宗逃往陕州。元结去世后不久的建中四年（783）十月，泾原兵变，长安再次被攻破，德宗逃往奉天。特别是宝应二年这次，安史叛军虽然平息了，但外寇又入侵了。据《旧唐书·代宗纪》："冬十月庚午朔。辛未，高晖引吐蕃犯京畿，寇奉天、武功、盩厔等县。……丙子，驾幸陕州。……戊寅，吐蕃入京师。"① 此时距离《大唐中兴颂》写作时间仅两年，并且石刻时间还在此事之后。在如此短的时间内唐王朝发生了如此多动乱，无怪乎唐代文人对此《颂》视而不见。可见，在元结创作《大唐中兴颂》之前，唐王朝有值得歌颂的地方；在元结石刻《大唐中兴颂》前，这段历史已不值得歌颂了。元结去世之后又有不同的情况：一是唐王朝再次陷入混乱，比较重大事件有大历八年（773）哥舒晃杀岭南节度使，据岭南反；唐建中四年（783）泾原兵发生哗变，奉朱泚为帅，攻入长安，朱泚称帝；唐德宗兴元元年（784），李希烈反叛，自立为帝；此外，吐蕃、回纥、南诏多次犯边。唐王朝的命运并没有朝"中兴"的道路发展下去，这在后来的接受者看来，唐王朝还远未达到"中兴"的程度，该《颂》似有阿谀之嫌。

永贞元年（805），唐王朝发生了一次重大变革，后代史学家称为"永贞革新"，这次革新由于顺宗皇帝个人身体原因及革新者的冒进措施，很快走向了失败。继位后的宪宗没有完全废除新法，并且较坚定地执行了平藩政策，特别是元和十二年（817）李愬夜袭蔡州，擒吴元济，淮西平定；元和十三年（818）平卢都知兵马使杀李师道献朝廷，标志着自安史之乱六十多年来藩镇跋扈之势至此告一段落，藩镇在名义上重归唐王朝。这是唐王朝自安史之乱后的第一次"中兴"，史学家称为"元和中兴"。如果对比元结所生活的时代，这才是一个值得称颂的时代，所以元结的《大唐中兴颂》在这一时代的人看来，也是难以接受的。元和中兴之后，唐王朝从此进入了一个更为混乱的时代，距离中兴道路越来越远，故虽然元结的《大唐中兴颂》为名家所书，又刻在交通要道之上，但终有唐一代该《颂》始终不为人重视。

---

① （后晋）刘昫等：《旧唐书》卷一一《代宗纪》，中华书局 1975 年版，第 273 页。

元结这篇《颂》在唐代不为人重视，还有一个重要原因与颂这种文体本身相关。在古代，颂有两种写法：（1）纯粹歌颂之作。《释名》："颂，容也。叙说其成功之形容也。"① 《周礼》注云："颂之言诵也、容也，诵今之德广以美之。"② 歌颂的内容既可以是功业，也可以是颂德。范成大说："夫颂者，美盛德之形容，以成功告于神明者也，别无他意，非若风雅之有变也。商、周、鲁三诗，可以概见。"③ 也就是说颂是专门用于歌颂的文体，不像风雅那样有变风、变雅用来微讽。如果翻阅《诗经》中的三颂，大多是以歌颂为主的篇章。（2）颂兼具有歌颂和讽喻的作用。宋俞成在《萤雪丛说》："夫以歌颂之作，不专为称美设也，多寄意于讥讽，一则有爱君之诚，一则有贬上之意。二者虽若相反，而于措辞立言，各有所主，不得不然。"④ 这种情形在三颂中极少见。但三颂中《敬之》《小毖》等篇在自陈其过，歌颂的意味并不明显。到汉代时，这一情况发生了改变，赋、颂两种文体开始出现交融现象，赋可以用来颂，颂也可以用来讽喻，最具代表性的作品就是马融的《广成颂》。《后汉书·马融传》载："邓太后临朝，骘兄弟辅政。而俗儒世士，以为文德可兴，武功宜废，遂寝搜狩之礼，息战陈之法，故猾贼从横，乘此无备。融乃感激，以为文武之道，圣贤不坠，五才之用，无或可废。元初二年，上《广成颂》以讽谏。"可见，两汉时期，颂开始吸收赋的讽谏的特点，不再是纯粹的歌颂之作。

既然颂有两种写法，《大唐中兴颂》也有两种写法，一是写成纯粹的歌颂之作；二是在歌颂之时寄寓讽喻。那么元结采用了哪一种写法呢？他在《大唐中兴颂序》中写道"天宝十四载，安禄山陷洛阳；明年，陷长安"，不提"汉皇重色思倾国"；"天子幸蜀，太子即位于灵武"，不提肃宗篡位。《颂》言"事有至难，宗庙再安，二圣重欢"，不提李辅国、张太

---

① （汉）刘熙撰，（清）毕沅疏证，（清）王先谦补：《释名疏证补》卷二《释言语》第一二，中华书局2008年版，第114页。

② （清）孙诒让：《周礼正义·春官宗伯》第三，中华书局2013年版，第1843页。

③ （宋）范成大撰，孔凡礼点校：《骖鸾录》，中华书局2002年版，第58页。

④ （宋）俞成：《萤雪丛说》，《丛书集成初编》据《儒学警悟》排印本，中华书局1985年版，第3—4页。

后事。这些说明了元结写这篇颂时在尽量避写玄宗、肃宗之恶，他是真心想写成一篇歌功颂德之作。但问题是玄宗、肃宗就真那么伟大吗？安史之乱的发生真与他们无关吗？熟悉历史的人都知道，玄宗和肃宗在历史上是远远不如周文王、周武王的，也远不如周公和孔子，既然是这样，那《大唐中兴颂》为什么要写成一篇完全的歌功颂德之作呢？唐人心中应该有所不满，但他们没有说，元结毕竟是一个人格较为完善的人物，不能因为一篇文章就把他否定了，而且元结还是当代的人物，还得有所避讳。但唐后就有人对元结进行批评了，李清照就写过《和张文潜〈浯溪中兴颂〉二首》，诗中有句"尧功舜德本如天，安用区区纪文字。著碑铭德真陋哉，乃令神鬼磨山崖"①、"君不见，惊人废兴传天宝，《中兴碑》上今生草。不知负国有奸雄，但说成功尊国老"②，明显表达出了对元结的不满情绪。元代马端临在《文献通考》中也写道："当是时，白刃胁迁，尽去左右之人而居西内，上皇辟谷成疾，以致殂殒，其异于赵武灵王沙邱之祸几希矣！夫以讨贼之故，夺父之位，其终至于如此，使安庆绪、史朝义而有知，岂不含笑于九泉？元结颂唐中兴，曰盛德，曰大业，是过誉其始，而未知其终也。"③ 说元结的《大唐中兴颂》"但说成功尊国老""过誉其始"，实际上否定了元结的这种写法，在他们看来，《大唐中兴颂》应该采用第二种写法，也即既要有"美修"，又要有"讥讽"，这样才符合事情的实际情况，否则就是阿谀奉承之辞。这可能是唐人否定《大唐中兴颂》的一个最主要原因。

从《大唐中兴颂》在唐代的零接受情况可以看出，一篇文章能否在一个时代传播，不仅与作品的内容和艺术水平相关，还与作者写作心态和时代背景相关，甚至还与接受者的心理相关。如果没有宋代人"中兴"的强烈愿望，如果没有黄庭坚的"点破"引发的争议，《大唐中兴颂》可能只是一篇普通的作品，不会受到太多关注。

---

① （宋）李清照著，黄墨谷辑校：《重辑李清照集》卷五，中华书局 2009 年版，第 79 页。
② （宋）李清照著，黄墨谷辑校：《重辑李清照集》卷五，中华书局 2009 年版，第 79 页。
③ （元）马端临：《文献通考》卷二五二《帝系考》三，中华书局 2011 年版，第 6794 页。

第二节　宋人的中兴梦及对《大唐中兴颂》主题探讨

元结《大唐中兴颂》在唐代很少受人关注，宋代却颇受重视，主要原因与黄庭坚的《书磨崖碑后》相关。在《书磨崖碑后》一诗中，黄庭坚指出《大唐中兴颂》中有"微言大义"，但他用以证明《颂》中具有微言大义的证据都缺乏说服力。这引起宋代文人激烈的讨论，围绕着《大唐中兴颂》形成了四种不同的观点：微言大义说、歌功而不颂德说、歌功颂德说、鄙陋之辞说。这既与宋王朝"中兴"时代背景相关，也与宋代文人好议论风气相关，更与黄庭坚挑起的这起"罪案"相关。正因为黄庭坚的《书磨崖碑后》的存在，使得《大唐中兴颂》得以在宋代广泛流传。

一

元结在文学史上的地位主要是由两诗一颂决定的，诗为《舂陵行》与《贼退示官吏》，颂为《大唐中兴颂》，而《大唐中兴颂》影响尤大。宋代洪迈在《容斋随笔》中称赞："次山《中兴颂》与日月争光。"[1] 明代杨慎《升庵诗话》中也说："《大唐中兴颂》一篇，足名世矣。"[2] 明代董其昌《画禅室随笔·楚中随笔》载："余至衡州，欲观《大唐中兴颂》。永州守以墨刻进，亦不甚精。盖彼中称为三绝碑，曰元漫郎颂，颜平原书，并祁阳石为三，殊可嗤恨。石何足绝也？盖两公书与文与其人为三绝耳。"[3] 但后人评价极高的这篇《颂》，在唐五代时并没受到多少人关注。唐皇甫湜作《题浯溪石》、元有让作《复游浯溪》、王雍作《后浯溪铭》、韦辞作《修浯溪记》，以上数篇诗文都只提到了浯溪或者《浯溪铭》，对于在其附近的《大唐中兴颂》却视而不见。如果没有黄庭坚的出现，《大唐中兴颂》也许会像元结的其他作品一样鲜为人知。

① （宋）洪迈：《容斋随笔》卷一四《元次山元子》，中华书局 2005 年版，第 188 页。
② 丁福保辑：《历代诗话续编》之杨慎《升庵诗话》卷二，中华书局 2006 年版，第 663 页。
③ （明）董其昌撰，印晓峰点校：《画禅室随笔》卷四《楚中随笔》，华东师范大学出版社 2012 年版，第 142 页。

崇宁三年（1104）黄庭坚因"幸灾谤国"的罪名贬往宜州，当他途经祁阳，见到了《大唐中兴颂》碑，于是写下了《书磨崖碑后》，现节录如下：

> 明皇不作苞桑计，颠倒四海由禄儿。九庙不守乘舆西，万官已作乌择栖。抚军监国太子事，何乃趣取大物为。事有至难天幸尔，上皇蹢躅还京师。内间张后色可否，外间李父颐指挥。南内凄凉几苟活，高将军去事尤危。臣结《舂陵》二三策，臣甫《杜鹃》再拜诗。安知忠臣痛至骨，世上但赏琼琚词。①

节录部分一是陈述安史之乱发生的经过：首叙唐玄宗宠幸安禄山导致了安史之乱的发生；次叙安史之乱发生后，太子自立为帝；末叙唐玄宗返回长安后，由于受李辅国等人的离间，导致与肃宗不和，玄宗被幽拘于南内，过着凄凉的生活。二是以新的眼光重读了《大唐中兴颂》，认为该《颂》如同杜甫的《杜鹃》诗一样，运用了春秋笔法，而世人都没有读出其中的微言大义。南宋洪迈对黄庭坚的观点作了进一步阐释，他在《容斋五笔》中写道："唐肃宗于干戈之际，夺父位而代之，然尚有可谅者。曰：'欲收复两京，非居尊位，不足以制命诸将耳。'至于上皇还居兴庆，恶其与外人交通，劫徙之西内，不复定省，竟以怏怏而终，其不孝之恶，上通于天。"② 并且认为黄庭坚"揭表肃宗之罪，极矣"③。南宋曾季狸《艇斋诗话》也载："其（《大唐中兴颂》）首云：'天宝十四年，安禄山陷洛阳，明年陷长安，天子幸蜀，太子即位于灵武。'以上四句即《春秋》书法也。"④ 此说还得到了张安国等人的支持。

---

① （宋）黄庭坚撰，（宋）任渊、史容、史季温注：《黄庭坚诗集注》卷第二〇《书磨崖碑后》，中华书局 2003 年版，第 690 页。

② （宋）洪迈：《容斋随笔·五笔》卷二《诸公论唐肃宗》，中华书局 2005 年版，第 850 页。

③ （宋）洪迈：《容斋随笔·五笔》卷二《诸公论唐肃宗》，中华书局 2005 年版，第 850 页。

④ 丁福保辑：《历代诗话续编》之曾季狸《艇斋诗话》，中华书局 2006 年版，第 301 页。

　　黄庭坚最先注意到《大唐中兴颂》是因为该《颂》由唐代著名书法家颜真卿书写。黄庭坚在《书磨崖碑后》开篇写道："春风吹船着浯溪，扶藜上读《中兴碑》。平生半世看墨本，摩挲石刻鬓成丝。"[①] 黄庭坚是著名的书法家，而该碑又为唐代书法家颜真卿书写，因此有英雄相惜之感。但在欣赏该碑过程中他开始由书法想到了该《颂》写作的历史背景，也就是诗歌中提及的"明皇不作苞桑计，颠倒四海由禄儿。九庙不守乘舆西，万官已作鸟择栖。抚军监国太子事，何乃趣取大物为。事有至难天幸尔，上皇蹒跚还京师。内间张后色可否，外间李父颐指挥。南内凄凉几苟活，高将军去事尤危。"[②] 黄庭坚对这一段历史概括得十分准确，在安史之乱爆发前唐玄宗过着荒淫的生活，这是安史之乱爆发的重要原因。安史之乱爆发后，据《旧唐书·肃宗纪》载："是月甲子，上即皇帝位于灵武。礼毕，冕等跪进曰：'自逆贼凭陵，两京失守，圣皇传位陛下，再安区宇，臣稽首上千万岁寿。'群臣舞蹈称万岁。上流涕歔欷，感动左右。"[③] 肃宗继位在天宝十五载七月甲子，但八月癸巳肃宗派出的使者才到成都，玄宗始知皇太子即位，于是令人起草诏书及册文。《全唐文》卷三六七贾至《肃宗皇帝即位册文》："维天宝十五载岁次景申八月癸未朔十八日己亥，皇帝若曰：'咨尔元子某，惟天为大，惟人君则之。……钦哉！慎乃有位，无忝我祖宗之丕烈矣！"[④] 从以上史料可以看出，肃宗的继位其实是篡位。至德二载九月，广平王李豫统朔方、安西、回纥、南蛮、大食之众二十万，收复西京。十月，肃宗自凤翔还京，遣太子太师韦见素入蜀迎上皇。《旧唐书·肃宗纪》载："冬十月乙巳朔，……诏曰：'缘京城初收，要安百姓，又洒扫宫阙，奉迎上皇。以今月十九日还京，应缘供顿，务从减省。'

　　① （宋）黄庭坚撰，（宋）任渊、史容、史季温注：《黄庭坚诗集注》卷第二〇《书磨崖碑后》，中华书局2003年版，第589—690页。

　　② （宋）黄庭坚撰，（宋）任渊、史容、史季温注：《黄庭坚诗集注》卷第二〇《书磨崖碑后》，中华书局2003年版，第690页。

　　③ （后晋）刘昫等：《旧唐书》卷一〇《肃宗纪》，中华书局1975年版，第242页。

　　④ （清）董诰编：《全唐文》卷三六七贾至《肃宗皇帝即位册文》，中华书局1983年版，第3732页。

……癸亥，上自凤翔还京，仍遣太子太师韦见素入蜀迎上皇。"① 然而，由于李辅国等人的离间，返京后的玄宗实际上过着幽禁的生活，玄宗和肃宗间的父子情感不复存在。黄庭坚诗中提及的这段历史具有真实性，在正史中可以找到依据。无论是玄宗还是肃宗在此段时间里值得歌颂处不多。

在唐代，元结和杜甫一样人品相当高尚，颜真卿的《元君表墓碑铭并序》和欧阳修《新唐书·元结传》对其人品几乎没有挑剔。于是黄庭坚作了一个大胆的推测，在元结生活的那个年代没有产生颂文的基础，无论是玄宗还是肃宗都没有值得称颂的方面，元结这样人格高尚的人怎么可能会写这种阿谀奉承之作呢？何况此《颂》还涉及颜真卿，颜真卿也是十分正直的人，据《全唐文》卷五一四殷亮《颜鲁公行状》载："贞元元年，河南王师复振。贼虑蔡州有变，乃使其将辛景臻，于龙兴寺积薪，以油灌。既纵火，乃传希烈之命：若不能屈节，自即裁之。公应声投地，臻等惊惭，扶公而退。希烈审不为己用，其年八月二十四日，又使景臻等害于龙兴寺幽辱之所，凡享年七十七。"② 也就是说，即使元结真写了歌功颂德之作，颜真卿也不会替其书写。颜真卿既然书写了这篇《颂》，那就证明这篇《颂》并不是真正的"颂"，至少不是完全意义上的"颂"，《颂》里面一定还包含了别样的内容，这便是黄庭坚所说的"微言大义"。正因为隐含有"微言大义"，才使得这篇"歌功颂德"之作得以流传下来。

二

那么，黄庭坚又是怎样证明元结《大唐中兴颂》中具有"微言大义"的呢？元结的这篇《颂》是否真具有微言大义呢？

如果从黄庭坚《书磨崖碑后》中罗列的历史事实看，这些历史是不值得歌颂的，所以黄庭坚在诗中写道："臣结《舂陵》二三策，臣甫《杜

---

① （后晋）刘昫等：《旧唐书》卷一〇《肃宗纪》，中华书局1975年版，第247页。
② （清）董诰编：《全唐文》卷五一四殷亮《颜鲁公行状》，中华书局1983年版，第5231页。

鹃》再拜诗。安知忠臣痛至骨，世上但赏琼琚词。"① 原来元结的《颂》不同于一般的颂（琼琚词），而是别有深意。黄庭坚还真找到了一些证据，如元结在道州期间写的《问进士》《奏免科率等状》等文章，无一不是陈述安史之乱给社会、人民带来的巨大灾难。除此外还有元结的《舂陵行》，该诗写于广德二年（764），元结《舂陵行序》中言及道州遭受战争破坏之重："道州旧四万余户，经贼已来，不满四千，大半不胜赋税。"其诗也曰："州小经乱亡，遗人实困疲。大乡无十家，大族命单羸。朝餐是草根，暮食是木皮。出言气欲绝，言速行步迟。追呼尚不忍，况乃鞭扑之!""去冬山贼来，杀夺几无遗。所愿见王官，抚养以惠慈。奈何重驱逐，不使存活为!"该诗作于《大唐中兴颂》后两年，在黄庭坚看来这些诗文才符合元结作品的风格。因而元结的《大唐中兴颂》绝不是称颂之作。黄庭坚还举出了杜甫的《杜鹃》诗加以证明，他认为杜甫的诗和元结的《颂》都具有微言大义。先看杜甫的《杜鹃》，其诗曰："西川有杜鹃，东川无杜鹃。涪万无杜鹃，云安有杜鹃。我昔游锦城，结庐锦水边。有竹一顷余，乔木上参天。杜鹃暮春至，哀哀叫其间。我见常再拜，重是古帝魂。生子百鸟巢，百鸟不敢嗔。仍为喂其子，有若奉至尊。鸿雁及羔羊，有礼太古前。行飞与跪乳，识序如知恩。圣贤古法则，付与后世传。君看禽鸟情，犹解事杜鹃。今忽暮春间，值我病经年。身病不能拜，泪下如迸泉。"② 该诗提到了古帝、杜鹃、禽鸟，看似是指玄宗和肃宗的关系，中间隐含微言大义。杜甫的《杜鹃》诗提到了西川、东川、涪州、万州、云安等地名，应是杜甫离开成都草堂至云安时作，诗作时间当在永泰二年（766）间。陈贻焮先生认为："《杜鹃》因杜宇的传说联想到玄宗的失位，有所感发而作此诗，那倒是比较合乎情理，合乎创作规律的。"这与黄庭坚所持观点大致相同，但这只是根据诗歌的字面意义做出的推测，如果联系该诗的写作背景，该诗不是讽刺玄宗或肃宗。据《旧唐书·玄宗纪》载："上元二年

---

① （宋）黄庭坚撰，（宋）任渊、史容、史季温注：《黄庭坚诗集注》卷第二〇《书磨崖碑后》，中华书局 2003 年版，第 690 页。

② （唐）杜甫撰，（清）仇兆鳌注：《杜诗详注》卷一四，中华书局 1979 年版，第 1249—1251 页。

四月甲寅，崩于神龙殿，时年七十八。群臣上谥曰至道大圣大明孝皇帝，庙号玄宗。"① 又《旧唐书·代宗纪》载："宝应元年四月，……肃宗崩，元振等始迎上于九仙门，见群臣，行监国之礼。己巳，即皇帝位于枢前。"② 上元二年即公元 761 年，也就是说杜甫在写《杜鹃》诗时唐玄宗和唐肃宗都已去世多年，这样的微言大义究竟还有多少现实意义？清杨伦在《杜诗镜铨》载录了该诗，末尾引赵次公语："此诗讥世之不修臣节者，曾禽鸟之不若也。" 又说："旧说谓指段子璋、徐知道、崔旰之徒，今玩语义，似感当时藩镇而发。"③ 未有一语言及讽刺玄宗和肃宗，黄庭坚引用此句来证明元结《颂》中的微言大义，实际上是误引。从以上史料可以得知黄庭坚诗中用以证明元结《颂》中具有"微言大义"的证据基本上是无效的，至少是缺乏说服力的。

那么，元结《大唐中兴颂》中是否真具有黄庭坚所说的微言大义呢？如果有，那就是对黄庭坚之说最直接的证明。现录《大唐中兴颂》如下：

> 天宝十四载，安禄山陷洛阳。明年，陷长安。天子幸蜀，太子即位于灵武。明年，皇帝移军凤翔，其年复两京，上皇还京师。于戏！前代帝王有盛德大业者，必见于歌颂。若今歌颂大业，刻之金石，非老于文学，其谁宜为。颂曰：
>
> 噫嘻前朝，孽臣奸骄，为昏为妖。边将骋兵，毒乱国经，群生失宁。大驾南巡，百僚窜身，奉贼称臣。天将昌唐，繄晓我皇，匹马北方。独立一呼，千麾万旟，我卒前驱。我师其东，储皇抚戎，荡攘群凶。复服指期，曾不逾时，有国无之。事有至难，宗庙再安，二圣重欢。地辟天开，蠲除妖灾，瑞庆大来。凶徒逆俦，涵濡天休，死生堪羞。功劳位尊，忠烈名存，泽流子孙。盛德之兴，山高日升，万福是膺。能令大君，声容沄沄，不在斯文。湘江东西，中直浯溪，石崖天齐。可磨可镌，刊此颂焉，何千万年！

---

① （后晋）刘昫等：《旧唐书》卷九《玄宗下》，中华书局 1975 年版，第 235 页。
② （后晋）刘昫等：《旧唐书》卷一一《代宗纪》，中华书局 1975 年版，第 268 页。
③ （清）杨伦：《杜诗镜铨》卷一二，上海古籍出版社 1998 年版，第 582 页。

　　无论是《序》还是《颂》都提及了安史之乱，提及安史之乱是否影射了玄宗的荒淫行为呢？没有，与玄宗直接相关的杨贵妃、杨国忠的名字没有出现在这部分中，这等于说安史之乱是乱臣贼子所为，与玄宗无关。《序》中另言及"天子幸蜀，太子即位于灵武"，即位而非篡位，可见元结认可了肃宗继位的合法性与合理性，或者说认可了在紧急状态下采取的特别行动，就如宋代林访在《浯溪》中所说："灵武储皇识事端，解将权术济艰难。当时若徇区区节，宗社何由获再安。"①又《序》有言："明年，皇帝移军凤翔，其年复两京，上皇还京师。"《颂》言："事有至难，宗庙再安，二圣重欢。"肃宗继位后，受到李辅国等人的谗言，父子间有了隔阂，但毕竟肃宗没有像某些帝王那样，有弑父行为。不管是正史还是笔记对这一段时间肃宗所作所为批评都较严厉，如果对比一下杜甫、李白等时人的作品，元结《颂》中体现的"微言大义"可以忽略不计。黄庭坚"微言大义"的观点得到了南宋洪迈的支持，他在《容斋五笔》卷二中写道："唐肃宗于干戈之际，夺父位而代之，然尚有可诿者。曰：'欲收复两京，非居尊位，不足以制命诸将耳。'至于上皇还居兴庆，恶其与外人交通，劫徙之西内，不复定省，竟以怏怏而终，其不孝之恶，上通于天。"②如果在此《颂》中不写天子幸蜀，太子即位于灵武，不写宗庙再安，二圣重欢，那这篇《颂》又该怎么写，没有这些历史事实，《颂》还能写成吗？因而可以肯定元结为了写成这篇《颂》，在尽量替帝王避讳，在想尽一切办法美饰帝王。可见元结在写作《大唐中兴颂》时，也应该没有黄庭坚所言的"微言大义"。

三

　　黄庭坚是苏轼的得意弟子，又是宋代的大文士、大书法家。《书磨崖碑后》写成之后，他令人把该诗刻在了元结的《大唐中兴颂》旁。黄庭坚

---

　　①　北京大学古文献研究所编：《全宋诗》卷三〇二五《林访集》，北京大学出版社 1998 年版，第 57 册，第 36033 页。
　　②　（宋）洪迈：《容斋随笔·五笔》卷二《诸公论唐肃宗》，中华书局 2005 年版，第 850 页。

对《大唐中兴颂》的评价初看会给宋代文人醍醐灌顶之感，但仔细推敲却漏洞不少，于是宋人在品读《大唐中兴颂》时，围绕着《大唐中兴颂》展开了一场激烈的讨论，形成了以下三个异于黄庭坚的观点。

（一）"歌功而不颂德"之说

这一说以朱熹为代表，他在《跋程沙随帖》中写道：

> 唐肃宗中兴之业上比汉东京固有愧，而下方晋元帝则有余矣。故许右丞之言如此，盖亦有激而云者。然元次山之词歌功而不颂德，则岂可谓无意也哉。①

朱熹认为肃宗平叛之功值得肯定，但其德行特别是孝道上有所亏损。宋人文子璋也持此说，他在《浯溪》诗中写道："为子从来止于孝，古以敝屣匹天下。□□神武妖氛清，南内凄凉泪血洒。一时大业中兴唐，万世□□□虎狼。"② 朱熹把功和德分开来看，肯定肃宗复兴之功，而对其德行有所指责。

南宋时理学兴盛，出现了很多理学大师，如朱熹、陆九渊、吕祖谦、张栻等，理学侧重于封建伦理道德的重构，强调父子之情、君臣之礼，其中尤其朱熹为甚。同时宋代也是一个渴望中兴的时代，仅《全宋文》中就出现 2255 次"中兴"。于是黄庭坚所言"微言大义"在这里一分为二，认为该《颂》是歌功而不颂德。宋人俞成在《萤雪丛说·歌颂》中也说："元结《中兴颂》：前代帝王有盛德大业者，必见于歌颂，若今歌颂大业便不及德。此乃得《春秋》一字褒贬之意也。夫以歌颂之作，不专为称美修也，多寄意于讥讽，一则有爱君之诚，二则有贬上之意。二者虽若相反，而于措辞立言各有所主，不得不然。"③

---

① 曾枣庄、刘琳主编：《全宋文》卷五六三三《朱熹》二〇六，上海辞书出版社、安徽教育出版社 2006 年版，第 251 册，第 128 页。
② 北京大学古文献研究所编：《全宋诗》卷三五九二《文子璋集》，北京大学出版社 1998 年版，第 68 册，第 42903 页。
③ （宋）俞成：《萤雪丛说》，中华书局《丛书集成初编》据《儒学警悟》排印本 1985 年版，第 3—4 页。

（二）"歌功颂德"之说

此说由张耒开启，他作有《读中兴碑》，其诗曰："玉环妖血无人扫，渔阳马厌长安草。潼关战骨高于山，万里君王蜀中老。金戈铁马从西来，郭公凛凛英雄才。举旗为风偃为雨，洒扫九庙无尘埃。元功高名谁与纪，风雅不继骚人死。水部胸中星斗文，太师笔下蛟龙字。天遣二子传将来，高山十丈磨苍崖。谁持此碑入我室，使我一见昏眸开。百年废兴增叹慨，当时数子今安在？"[1] 此说得到了王炎的赞同，他在《读中兴碑》中明确反对黄庭坚的说法。他写道："《猗那》《清庙》久不作，其末变为《王·黍离》。《春秋》一经事多贬，《鲁颂》四篇文无讥。……扶桑杲杲未翳蚀，但歌大业吾何疵！首章义正语未婉，前辈不辨来者疑。正须细读史克颂，未用苦说涪翁诗。许、张劲节震金石，李、郭壮武如虎豼。断崖苍石有时泐，诸公万古声烈垂。"[2] 此说在南宋范成大手中得到了系统论证，他在《骖鸾录》写道：

> 夫颂者，美盛德之形容，以成功告于神明者也，别无他意，非若风雅之有变也。商、周、鲁三诗，可以概见。今元子乃以笔削之法，寓之声诗，婉词含讥，盖之而章。使真有意耶？固已非是，诸公躁其傍又如此，则中兴之碑乃一罪案，何颂之有！观鲁直"二三策"与"痛至骨"之语，则诚谓元子有讥焉。余以为是非善恶，自有史册，歌颂之体，不当含讥。譬如上寿父母之前，捧觞善颂而已，若父母有阙遗，非奉觞时可及。磨崖颂大业，岂非奉觞事耶！元子既不能无误，而诸人又从傍诋诃之不怨，何异执兵以诟人之父母于其子孙为寿之时者乎，乌得为事体之正。[3]

---

① 北京大学古文献研究所编：《全宋诗》卷一一六三《张耒集》，北京大学出版社 1998 年版，第 20 册，第 13129 页。

② 北京大学古文献研究所编：《全宋诗》卷二五六二《王炎集》，北京大学出版社 1998 年版，第 48 册，第 29732 页。

③ （宋）范成大撰，孔凡礼点校：《骖鸾录》，中华书局 2002 年版，第 58 页。

他认为歌颂之体，不当含讥，如果想表现微言大义，完全可以用其他文体。北宋绍圣元年（1094）始，党争日趋激烈，大批文人贬谪于南方；元符三年（1100）宋徽宗继位，蔡京、童贯当政后，政治日渐黑暗；政和五年（1115）完颜阿骨打建立金朝，从此宋王朝外患威胁日渐严重；金灭辽后，建康二年（1127）攻入汴京，北宋灭亡，南宋建立。南宋时期，即使是最繁盛的朝代，也无法与北宋相比，更别说唐王朝。唐王朝虽然发生了安史之乱，安史之乱后的唐王朝虽然出现了藩镇割据、宦官专权、朋党之争三大顽疾，但国土并没有比盛唐时期减少。对于宋代文人而言，元结所经历的这段历史就是中兴了。这并没有夸张，后期的北宋及整个南宋都极度渴望中兴，中兴成了他们心中梦寐以求的理想。所以黄庭坚的题诗虽刻在《大唐中兴颂》旁，提醒人们注意《颂》中的微言大义，但北宋末期至南宋之时几乎无人提及微言大义，而"歌功颂德"之说在这一时期较为流行。吴文震、曾宏正、许抗、钱稣、林访、刘克庄、赵楷、蒋孝忠、戴煜、张孝祥都对该《颂》进行了赞扬，如范成大题诗写道："三颂遗音和者稀，形容宁有刺讥辞？绝怜元子《春秋》法，却寓唐家《清庙》诗。歌咏当谐琴搏拊，策书自管璧瑕疵。纷纷健笔刚题破，从此磨崖不是碑。"①虽然黄庭坚等人的说法好像点破了该《颂》，但经过点破了的《颂》，不再是元结、颜真卿笔下的《颂》，与元结写作此《颂》的本意不符。

（三）鄙陋之辞说

此说以李清照为代表。在张耒写下《读中兴碑》后，李清照写下了两首和诗，也即《和张文潜浯溪中兴颂二首》，其诗曰：

> 五十年功如电扫，华清花柳咸阳草。五坊供奉斗鸡儿，酒肉堆中不知老。胡兵忽自天上来，逆胡亦是奸雄才。勤政楼前走胡马，珠翠踏尽香尘埃。何为出战辄披靡，传置荔枝马多死。尧功舜德本如天，

---

① 丁福保辑：《历代诗话续编》之瞿佑《归田诗话》卷上，中华书局 2006 年版，第1239 页。

安用区区纪文字。著碑铭德真陋哉，乃令神鬼磨山崖。子仪光弼不自
猜，天心悔祸人心开。夏为殷鉴当深戒，简策汗青今具在。君不见，
当时张说最多机，虽生已被姚崇卖。①

君不见，惊人废兴传天宝，《中兴碑》上今生草。不知负国有奸
雄，但说成功尊国老。谁令妃子天上来，虢秦韩国皆仙才。苑桑羯鼓
玉方响，春风不敢生尘埃。姓名谁复知安史，健儿猛将安眠死。去天
尺五抱瓮峰，峰头凿出开元字。时移势去真可哀，奸人心魄深如崖。
西蜀万里尚能反，南内一闭何时开。可怜孝德如天大，反使将军称好
在。呜呼！奴辈乃不能道辅国用事张后专，只能道春荠长安作斤卖。②

李清照这两首诗作于元符三年（1100），诗中体现的观点与张耒相反，
不仅否定了张耒的观点，同时也否定了黄庭坚的观点，也与后来朱熹的观
点不同，她认为安史之乱的发生是唐玄宗荒淫导致的结果，而元结只知道
歌功颂德却不知谴责负国的奸雄，即使是肃宗返回长安，把玄宗幽禁于南
内也是不对的，不仅功不值得歌颂，德也不值得歌颂，"西蜀万里尚能反，
南内一闭何时开。可怜孝德如天大，反使将军称好在。呜呼，奴婢乃不能
道辅国用事张后尊，乃能念春荠长安作斤卖"。于是对元结刻碑行为提出
了批评，认为"著碑铭德真陋哉""但说成功尊国老"，不仅以为这是阿谀
奉承之作，还而对元结人品进行怀疑。如果说黄庭坚还认为此《颂》有微
言大义，李清照则认为此《颂》无一是处，是一篇"鄙陋"之文。李清照
的这两首诗是站在安史之乱这一特定历史阶段来看问题的，从整体上看，
安史之乱给唐王朝带来了巨大破坏，虽然后来收复了长安，但由此造成了
藩镇割据的局面，安史之乱后的唐王朝是无法与安史之乱前的唐王朝相比
的，因而这段历史不值得歌颂。与黄庭坚不同的是李清照不认为这是"微
言大义"之作，而是实实在在的歌颂之辞，由此而推断出作辞者人品之鄙

① （宋）李清照著，黄墨谷辑校：《重辑李清照集》卷五，中华书局 2009 年版，第 79 页。
② （宋）李清照著，黄墨谷辑校：《重辑李清照集》卷五，中华书局 2009 年版，第 79—
80 页。

陋。李清照对元结人品的否定并不完全正确，刘克庄在《浯溪》诗中写道："形容唐事片言中，元子文犹有古风。莫管看碑人指点，写碑人是太师公。"① 但也不能说李清照的说法全错，元结死后的一百多年时间里没有一个对这篇《颂》进行评价，可能就是由于该《颂》在歌功颂德，在黄庭坚没有点破该《颂》前，所有唐人都认为这是一篇歌功颂德的作品，这类文字初看来确实有损于元结人品。

一首早已被唐人遗忘的颂作，居然把宋代张耒、李清照、陆游、朱熹、范成大等数十文人卷入进来，这不能不归结于黄庭坚的功劳，无怪乎刘克庄在诗中写道："无端一首黄诗在，长与江山起是非。"② 元明清时，虽然评价《大唐中兴颂》的人依然众多，但"尽被前贤刚说破，手磨苔刻难为辞"③，他们的观点大多不出宋代学人讨论范畴，鲜有新意。

第三节 《大唐中兴颂》在元明清时期的接受与传播

宋人对《大唐中兴颂》的全面接受主要来源于两方面原因：一是与北宋文人参政热情相关。北宋文人把政坛上的议论之风带到了文学创作中，他们对《大唐中兴颂》主旨的激烈探讨就与这种议论之风相关。文人关注的是《大唐中兴颂》文本隐含的深层意义，与北宋王朝现实关涉不大。二是与靖康之变相关。宋王朝遭受了奇耻大辱，不仅皇帝、后宫、大臣及家眷被辱于北方，还丧失了大量国土，后来南宋王朝与金、蒙古军队作战时，常处于不利地位，多次签下了丧权辱国的条约。南宋王朝处于积贫积弱状态，在此情况下，南宋文人的"中兴"之梦被激化了出来，《大唐中兴颂》被广泛接受也就成了自然的事了；而一旦南宋国力略有恢复时，文人对朝廷的信心便倍增，于是便创作出歌颂的作品来。这样的作品在南宋

---

① （宋）刘克庄著，辛更儒笺校：《刘克庄集笺校》卷六，中华书局 2011 年版，第 382 页。
② （宋）刘克庄著，辛更儒笺校：《刘克庄集笺校》卷六，中华书局 2011 年版，第 382 页。
③ 北京大学古文献研究所编：《全宋诗》卷三五九二《文子璋集》，北京大学出版社 1998 年版，第 68 册，第 42903 页。

时期有不少，如，吴桌的《献皇太后回銮颂并序》、周紫芝的《大宋中兴颂并序》、宇文仕的《绍兴圣德颂并序》、王子俊的《淳熙内禅颂》等，故《大唐中兴颂》成为南宋文人"中兴"之梦的触发点，《大唐中兴颂》也因此获得了全面的接受。然而，到元明清时期，《大唐中兴颂》的接受和传播又发生了新的变化。

一

元明清时期，政治环境与宋代相比有了很大的变化。此三朝国土面积极为辽阔，不仅远远超过了两宋时期，元朝、清朝还超过了唐朝，明朝的国土面积也和唐朝不相上下。《元史·地理一》载："自封建变为郡县，有天下者，汉、隋、唐、宋为盛，然幅员之广，咸不逮元。汉梗于北狄，隋不能服东夷，唐患在西戎，宋患常在西北。若元，则起朔漠，并西域，平西夏，灭女真，臣高丽，定南诏，遂下江南，而天下为一。故其地北逾阴山，西极流沙，东尽辽左，南越海表。盖汉东西九千三百二里，南北一万三千三百六十八里，唐东西九千五百一十一里，南北一万六千九百一十八里，元东南所至不下汉、唐，而西北则过之，有难以里数限者矣。"① 《明史·地理一》也载："明太祖奋起淮右，首定金陵，西克湖、湘，东兼吴、会。然后遣将北伐，并山东，收河南，进取幽、燕，分军四出，芟除秦、晋，迄于岭表。最后削平巴、蜀，收复滇南。禹迹所奄，尽入版图，近古以来，所未有也。"② 《清史稿·地理一》也曰："圣祖、世宗长驱远驭，拓土开疆，又有新藩喀尔喀四部八十二旗，青海四部二十九旗，及贺兰山厄鲁特迄于两藏，四译之国，同我皇风。逮于高宗，定大小金川，收准噶尔、回部、天山南北二万余里氈裘湩酪之伦，树颔蛾服，倚汉如天。自兹以来，东极三姓所属库页岛，西极新疆疏勒至于葱岭，北极外兴安岭，南极广东琼州之崖山，莫不稽颡内乡，诚系本朝。于皇铄哉！汉、唐以来未

<hr>

① （明）宋濂等：《元史》卷五八《地理一》，中华书局1976年版，第1345页。
② （清）张廷玉等：《明史》卷四〇《地理一》，中华书局1974年版，第881页。

之有也。"① 除三朝疆域极为辽阔外，元朝在其统治的前期和中期，几乎没有大的变乱发生，只是到元朝末年红巾军起义爆发，十七年之后朱元璋称帝，建立明朝，历史并未留给元朝中兴机会就早早把它给灭了。故有元一代未有写《中兴颂》者，据元脱脱《宋史》载："又有马应者，薄有文艺，多服道士衣，自称'先生'。开宝初，效元结《中兴颂》作《勃兴颂》，以述太祖下荆、湖之功，欲刊石于永州结《颂》之侧，县令恶其夸诞，不以闻。"② 马应徒留下阿谀之名，沦为笑柄。至明朝时，也面临着一次与"安史之乱"或"靖康之乱"类似的经历，这便是"土木堡之变"。《明史》卷一〇载："（正统十四年）秋七月己丑，瓦剌也先寇大同，参将吴浩战死，下诏亲征。……辛酉，次土木，被围。壬戌，师溃，死者数十万。英国公张辅、泰宁侯陈瀛、驸马都尉井源、平乡伯陈怀、襄城伯李珍，遂安伯陈埙、修武伯沈荣、都督梁成、王贵，尚书王佐、邝埜，学士曹鼐、张益，侍郎丁铉、王永和，副都御史邓棨等，皆死，帝北狩。"③ 然后来郕王朱祁钰继帝位，仅数月时间就取得了北京保卫战的胜利，明王朝元气并未遭到多大损伤。正德年间有安化王之乱与宁王之乱，然安化王之乱之乱仅持续数月、宁王之乱也仅持续四十余天，故明人诗文中较少有"中兴"之望，中兴之颂往往出现在社会安定、和平的年代，如明嘉靖六年（1527）邓显麒《浯溪望中兴亭记》："我国家以瑾、镭、彬、濠之变，酿成正德十余年之乱，天下人心望中兴于今上，登极一诏，老羸感泣，果厌人望焉，是谓我朝之中兴。"④ 嘉靖二十六年（1547）王国祯《游浯溪》："拟续《中兴》继三绝，独惭未有笔如椽。"明万历三年（1575）丁懋儒《大明中兴颂有序》其序曰："我世宗肃皇帝，始以兴国，入继大统。盛德大业，超越前代。先是，帝星见于楚分，逆藩生心，历数所归，逆倖尽殄。四十六年，至顺极治。逮皇考穆宗，右文守成，号称圣主。今上皇

---

① （清）赵尔巽等：《清史稿》卷五四《地理一》，中华书局 1977 年版，第 1891 页。
② （元）脱脱等：《宋史》卷四三九《文苑一》，中华书局 1985 年版，第 13012 页。
③ （清）张廷玉等：《明史》卷一〇《英宗前纪》，中华书局 1974 年版，第 138—139 页。
④ 桂多荪：《浯溪志》卷四邓显麒《浯溪望中兴亭记》，湖南人民出版社 2004 年版，第 369 页。本篇中凡引自本书引文皆不再另标明。

帝，以天纵之资，知兼天下，嘉靖殷邦，庆流罔极。"正因为明王朝保持长时间兴盛状况，故其"中兴"之望不强，《大明中兴颂》也并未激起明代文人中兴之感。直至明末清初，王士祯《摩崖碑》："昨者剧贼乱滇海，盗据衡永为根基。太平祭告遍群望，山川一洗无磷缁。宜有雄词继前代，磨崖重刻浯溪湄。"① 文人"望中兴"之感才有所增强。清王朝前、中期创下了"康乾盛世"，其衰败已至 19 世纪中后期，其中尤以八国联军侵华签订庚子赔款最为屈辱，然即使这一时期战争也并非一败涂地，左宗棠仍收复新疆，冯子材也取得了对法战争的胜利。故元明清时期，文人对"中兴"这一具有时代性的主题并不很感兴趣，只是在遭遇严重外患或到了朝代末期，才激起文人的中兴之梦。而这一主题较为集中的描写已到清末，如清末欧阳泽闿的《无题》："天步艰难会转移，中兴急望皇图恢。淋漓颂笔臣能为，何时大书深刻一埽崖壁开！"黄雯的《游浯溪读中兴颂》："磨壁书何雄，殉难尤堪恸。感此三叹息，抚碣泪如冻。"② 李承阳的《浯溪感怀》："前人固为后人师，此心耿耿相肩随。挽回世局将赖谁？独坐危崖动遐思！"然此时的文人"中兴"之感仍不如南宋时强烈。

元明清时期文人参政的风气远不如宋代，但或许是宋人对《大唐中兴颂》主旨的探讨卷入了太多文化名人，形成了极大影响，故本阶段对《大唐中兴颂》主旨的探讨仍没有停下来。如，元代聂古柏的《题摩崖碑》、王冕的《游浯溪》等；明代李实的《题磨崖碑》、沈周的《浯溪碑》、姚旻的《题磨崖碑》、蓝涧的《读摩崖碑》、管大勋的《摩崖题名》等；清代有尤珍的《题磨崖碑》、蒋景祁的《磨崖碑》、叶观国的《中兴颂墨本十七韵》、曹贞吉的《读浯溪志怀古》、汤右曾的《磨崖碑》、贺国璘的《题磨崖碑步黄山谷原韵》、刘彦炳的《磨崖碑》、潘耒的《读磨崖碑作》、胡天游的《浯溪中兴颂》、张九钺的《浯溪磨崖碑》、宋溶的《题中兴颂后》、杨瑞的《读磨崖碑》、袁枚的《浯溪碑》、邓枝麟的《浯溪观中兴

---

① （清）王士祯撰，袁世硕、王小舒点校：《渔洋续诗集》卷一五，齐鲁书社 2007 年版，第 1012 页。

② 张翰仪编：《湘雅摭残》卷一八，岳麓书社 2010 年版，第 981 页。

碑》、邓奇逢的《中兴碑》、蒋湘培的《浯溪中兴颂碑》、舒位的《磨崖碑》、李元沪的《摩崖碑用山谷韵》、黄本骐的《读浯溪磨崖碑》、周志勋的《浯溪怀古》、杨季鸾的《书磨崖碑后用山谷诗韵》、杨象绳的《题浯溪磨崖碑用山谷韵》、唐李杜的《九日偕友人游浯溪》、钱仪吉的《次韵稚圭雨后游浯溪观唐中兴碑用涪翁韵二首》、周之琦的《雨后游浯溪读唐中兴碑用涪翁韵两首》、梁章巨的《步上三绝堂读磨崖中兴颂》、沈道宽的《题中兴颂》、王拯的《舟泊浯溪谒元道州颜鲁公祠堂观磨崖大唐中兴颂》、张金镛的《观中兴颂石刻》、匡邦彦的《磨崖中兴颂》、罗杉彦的《同人游浯溪观磨崖碑》、崇福的《游浯溪》、吴大澂的《癸巳三月三十日雨中游浯溪读中兴碑次山谷诗韵》、佚名氏的《浯溪观磨崖碑即用黄山谷韵》等等。其中清代对《大唐中兴颂》碑的探讨尤为繁复，其关键原因在于湘学的崛起和湖湘本土文人的增多。然宋代文人对《大唐中兴颂》主旨的探讨已极至幽微，元明清文人对《大唐中兴颂》主旨的探讨篇章虽然很多，然大多仍停留在宋人讨论的范围，很少能出新意，这样的诗文以至于引起后来文人的反感和烦腻，如，明程温的《浯溪读中兴碑》："嚣嚣更劳几机杼，穷幽发伏争呈奇。我生爱书来不厌，懒听谁家谈是非。"杨廉的《浯溪感怀》更是在诗中数落文人："纷持健笔争诗价，细数何人为国忧？"清甘庆增的《读磨崖碑》："古人忠爱心迹存，读之聚讼纷何益！"周秉章的《书浯溪磨崖中兴颂后并序》："堪笑小儒咋舌，树撼蚍蜉；何尝往事关心，阵争蛮触。"

本阶段文人关于《大唐中兴颂》主题的探讨中也有不同于宋人的地方。少数文人看到了《大唐中兴颂》的另类价值。如，清张九钺在《浯溪磨崖碑》中写道："当时胡不拓万本，山东诸道传奔驰。读之骇汗手战栗，贤于十万熊罴师。"张九镡《题中兴颂》："节判颂悬唐日月，琅邪书镇楚川原。纷纷石畔镌题者，惑世空教易语言。"崇福《游浯溪》："传文须倩传人写，鲁公劲笔甲天下，磨崖书如锥画沙，千秋万古留遗雅。吁嗟！奇山奇水开奇境，奇文奇字传奇景，岂真造物好奇乎？将使后世乱贼庸臣知所警！"其中尤其以王式淳在《读中兴颂碑》中发表的观点最具新意："行人瞻仰日月明，贼臣睢盱心胆丧。从此飞鸮稍戢翼，从此哀鸿可小息。不因太义肃地天，安得南荒静反侧？可知此举非雕龙，行间字里有折冲。不然盛德兼大业，只合铭鼎与铭钟。何事挥毫峭壁上？何事掩映江天中？吁嗟乎！作者苦心不自陈，专待论世读书人。"该诗对《大唐中兴颂》主旨的探讨不再纠结于歌颂和微讽，而注意到《大唐中兴颂碑》书写材料的特殊性：峭壁之上而非钟鼎之上，这就决定了作颂之时的目的与刻颂之时的目的不同。元结创作《大唐中兴颂》的目的在前面已经有所阐述，主要是以颂扬为主，但他在刻《大唐中兴颂》时却并不再具有多少颂扬的目的。他在刻《大唐中兴颂》前曾任容管经略使兼容州刺史，这次任命对于元结而言是一次较大挑战，据《旧唐书·王翃传》载："岭南溪洞夷獠乘此相恐为乱，其首领梁崇牵自号'平南十道大都统'，及其党覃问等，诱西原贼张侯、夏永攻陷城邑，据容州。前后经略使陈仁琇、李抗、侯令仪、耿慎惑、元结、长孙全绪等，虽容州刺史，皆寄理藤州，或寄梧州。"[1] 其后元结虽然"身谕蛮豪，绥定八州"[2]（《新唐书·元结传》），取得了一定成绩，但容州仍没有完全恢复，他因母丧而不得不守孝祁阳，在此期间刻下了《大唐中兴颂》。由此看来，元结在刻《大唐中兴颂》时至少自己不会认为唐王朝中兴了，而是希望唐王朝能再次中兴。再结合元结在今天永州地区的石刻，一为写隐逸生活的惬意，如《浯溪铭》等，一为道德教化，如《七泉铭》等。根据《大唐中兴颂》文本，可以得知该颂至少具有三方面的教化意义：一是反叛者必将走向覆灭；二是臣子应尽忠尽责，勠力国事；三是大唐依然昌盛，试图反叛者不可妄动。结合《大唐中兴颂》刻于南岭民族走廊之交通要道、用大字书写、用楷书而不用篆书书写，就可以得知作者利用《大唐中兴颂》以镇南荒是可信的，王式淳"不因太义肃地天，安得南荒静反侧"绝非无所依凭。

---

① （后晋）刘昫等：《旧唐书》卷一五七《王翃传》，中华书局 1975 年版，第 4143—4144 页。

② （宋）欧阳修、宋祁：《新唐书》卷一四三《元结传》，中华书局 1975 年版，第 4686 页。

二

《大唐中兴颂》在元明清时期接受与宋时接受最大不同是接受主体的不同。根据宋徐照《题浯溪》记载："唐碑三十本，独免野苔封。"① 然从现存唐碑看，没有一首与《大唐中兴颂》相关。至宋时，大批文人开始关注《大唐中兴颂》，如潘大临、黄庭坚、米芾、张耒、释德洪、吕本中、陈与义、张栻、李清照、杨万里、胡寅、张孝祥、王之望、范成大、曾丰、王阮、王炎、钟兴嗣、陈容、李曾伯、刘克庄、江琼等，但大多是流寓或仕宦文人，湖湘本土文人并不多见，仅岳阳蔡说所作的《浯溪碑》、长沙易祓所作的《浯溪中兴颂》《读唐中兴颂》、舂陵王壶的《无题》、长沙庄崇节的《无题》等少数诗。在宋代，湖南道州周敦颐是理学的开山祖师，周敦颐文集中虽然对元结有关注，但也不见有诗文题咏《大唐中兴颂》；湖湘学派的创立者胡安国、胡宏为了解决文学及学术研究与现实社会之间存在的矛盾，提出了"通经致用"的主张，但胡安国、胡宏却是福建人。宋代湖湘学派虽然初步形成，然这个学派很多的核心人物如朱熹、张栻也并非湖湘人士。南宋末年湖湘学派发生分化，影响日渐式微，这种情形一直持续到明末清初。故自宋末至明末，湖湘学术和文学相对而言还处在外化状态。《大唐中兴颂》的接受也与此保持一致，题咏之作大多为仕宦或流寓文人所作。

但这一情形至清代有了较大变化，据统计，元代在浯溪留下作品的湖湘本土文人无一人，明代则有 13 人，9 题涉及《大唐中兴颂》，清代多达77 人，70 题涉及《大唐中兴颂》②，在能考证出籍贯的作家中，湖湘本土文人已经过半，可见《大唐中兴颂》已为湖湘本土文人全面接受。《大唐中兴颂》为湖湘本土文人关注主要在于三方面原因：一是浯溪古迹的修复。遗迹特别是人文遗迹极容易在岁月的磨洗中遭到破坏，但仕宦文人或

---

① 北京大学古文献研究所编：《全宋诗》卷二六七〇《徐照集》，北京大学出版社1998年版，第50册，第31373页。

② 参照本章附录《历代湘人浯溪作品著录一览》。

本土人士依然对前贤留下来的遗迹倍加珍惜，故常有修葺、重建行为，也因此会产生相关的诗文，并常有文人面对遗迹而产生思古之情，凭吊之作时有产生。对浯溪古迹的修复最早可以追索到唐元和十三年，据韦辞《修浯溪记》："今年春，公季子友让，以逊敏知治术，为观察使袁公所厚，用前宝鼎尉假道州长史。路出亭下，维舟感泣，以简书程责之不遑也。乃罄撤资俸，托所部祁阳长豆卢［阙六字］归喜获私尚。"① 此次维修除韦辞创作《修浯溪记》外，元友让也作有《复游浯溪》。此后浯溪每有修复，文人雅士便有诗文纪之。如，宋皇佑六年祁阳县令以元次山颂、颜鲁公书、摩崖石为"三绝"，作堂以护其文，孙适便作有《浯溪三绝堂记》，但这种修复行为多以流寓仕宦文人所为，湖湘本地文人很少参与，基本没有留下什么作品。但至明代，湖湘人开始积极参与到浯溪古迹的修复中来，这在祁阳人程温《重建浯溪元颜祠堂记》《重建浯溪书院记》中可以看出，《重建浯溪元颜祠堂记》："虽然，浯溪之胜，天下名士踪迹者何限？祁人何独拳拳于二公耶？……此又祁人之善于用心与？书刻之俾观者知其意。"《重建浯溪书院记》："佛者正禰每过而叹曰：'物之成毁，相为倚伏，顾在人倡导何如耳。'遂号于乡之士大夫、乡之长老髦俊曰：……于是富者献材、巧者献工、窭者献力，不数月而落成。"清时，祁阳令李七松对浯溪进行了一次较大整修，据祁阳人伍泽梁《胜异亭记》记载"（乾隆三十年乙酉）邑侯七松李公既新庮亭，以衆尊亭基甃石为露台，于玩月宜。考笑岘亭基，《旧志》称在庮亭之南，即次山右堂故址。今按其地已成墟墓。侯于峿台侧建室一楹，题曰'笑岘山房'，以存昔人之意。唯台上有'虚白'旧亭遗址，尚未葺理，侯将取次营之。"此次修葺，得到了本地人士的大力支持，同篇记载"耆老段翁以济遂毅然倡捐三十金。由是众皆踊跃醵金助之。金议市民急公者鸠其工。台西畔断崖如门，旧架木桥通行。余外舅徐梅园先生虑其久而敝也，乃独捐资易之以石"。在这次修葺中，以

① （清）董诰编：《全唐文》卷七一七韦辞《修浯溪记》，中华书局 1983 年版，第 8 册，第 7373 页。

祁阳令李七松（李莳）及衡山人旷敏本（时修《祁阳县志》）最为活跃，与湖湘本土作家唱和较多，留下了不少诗作。如，李绶作有《题李明府浯溪图》，旷敏本作有《游浯溪》，王世润、陈世龙、伍泽荣、伍泽梁、申苞均作《游浯溪次旷太史原韵》，其中不少作品涉及《大唐中兴颂》的评价，《大唐中兴颂》碑下湖湘本土文人唱和之盛远超前代。晚清时期，杨翰（号海琴）退居浯溪时也大规模营建了浯溪，在《大唐中兴颂》碑上扩建了三绝堂，另修复了元颜祠等古迹，而以此次营建为中心，湖湘本土文人产生了大量唱和之作。如，邓显鹤的《和春海学使浯溪诗兼简李海帆观察》、周海樵的《游浯溪观杨海琴都转新建亭台并别墅》、李梦庚的《浯溪观杨公海琴重修胜迹》、费泽沛的《浯溪览杨公海琴师续修诸胜志感》等，匡邦彦的《磨崖中兴颂》、匡明玠的《浯溪观中兴颂碑》、罗杉彦的《同人游浯溪观磨崖碑》等作品也产生于此次营建前后。

二是浯溪方志的编订。今存最早浯溪方志为清王士禛的《浯溪考》，但在此之前浯溪已有类志或志的存在，如宋代景万的《浯溪集》、李和刚的《浯溪集》，明代陈斗的《浯溪志》等，然皆不存。唯总志对《大唐中兴颂》有记载，如宋代王存等修纂的《元丰九域志》载："浯溪，石崖上有元结《中兴颂》。"① 祝穆《方舆胜览》载："浯溪，在祁阳县南五里。流入湘江，水清石峻。唐上元中，容管经略使元结家焉。结作《大唐中兴颂》，颜真卿大书刻于此崖。"② 明李贤等《大明一统志》、姚昺《永州府志》记载也与《方舆胜览》相同。但在以上地志中，浯溪石刻只不过是所载内容之一，关于《大唐中兴颂》碑的记载也没有予以特别关注。浯溪碑林的独特性还未完全展示出来。至清初时，王士禛编有《浯溪考》，王士禛虽非湖湘本土人士，甚至也未曾做官于永州，其编订《浯溪考》时也并未对湖湘本土文人予以特别关注，但《浯溪考》却是现存第一部以浯溪石

---

① （宋）王存撰，王文楚、魏嵩山点校：《元丰九域志·新定九域志》卷六，中华书局1984年版，第644页。

② （宋）祝穆撰，（宋）祝洙增订：《方舆胜览》卷二五《永州》，中华书局2003年版，第455页。

刻为研究对象的著作，对后来《浯溪志》的编订具有重大影响，此后《浯溪志》的编订便一直持续。另外值得注意的是明人陈斗编订的《浯溪志》、清人钱邦芑编订的《浯溪志》均在《浯溪考》之前，虽此二书不见存，但陈斗是祁阳人，其题咏《大唐中兴颂》的作品仍可见，如《重游浯溪》："歌颂褒贬春秋法，太师笔法银铁坚。"钱邦芑留下的作品更多，有《寻漫郎宅》《同王及万重修浯溪》《浯溪记》《重游浯溪记》《搜访浯溪古迹记》《浯溪元颜两先生祠》等诗文，这些作品不少提及了《大唐中兴颂》。从钱邦芑的诗文中可以看出，他曾与祁阳文人黄犹龙等有游历浯溪之经历，黄犹龙也存有作品《寻寒泉记》等。乾隆三十三年（1768），宋溶在钱邦芑《浯溪志》和王士祯《浯溪考》的基础上修订了《浯溪新志》，此为目前现存清代最为完备的溪志。宋溶于浯溪用力较勤，曾于乾隆三十二年（1767）任祁阳知县，不仅重修溪志，而且大规模营建浯溪。在任期间多有创作，且不少论及《大唐中兴颂》，如《题中兴颂后》《修复浯溪记》等，又与杨瑞、张九镣、邓奇焯等湖湘本土人士多有诗文交往，故其修订的《浯溪新志》中，收录了不少湖湘本土文人特别是祁阳籍文人的作品，如邓枝麟、邓枝鹤、张九镡、张九镣、邓献璋、邓献璟、邓学孔、邓奇焯、邓奇逢等，湖湘文人在浯溪碑林中开始占有一席之地，而这有赖于修复浯溪遗迹和编修《浯溪志》，这些文人创作了不少与《大唐中兴颂》的诗文，如杨瑞的《读磨崖碑》、邓枝鹤的《游浯溪》、邓枝麟的《浯溪观中兴碑》、张九镡的《题中兴颂》、张九镣的《郭春林寓斋观宋怀山明府所赠浯溪中兴颂碑》、邓献璋的《游浯溪》（其二）、邓奇逢的《中兴碑》等。除方志外，清代的金石著作如孙星衍的《寰宇访碑录》、王昶的《金石萃编》、陆增祥的《八琼室金石补正》，对浯溪碑林石刻记载较详，尤以陆增祥的《八琼室金石补正》考订周详，对于了解湖湘本土文人题咏《大唐中兴颂》提供了一定帮助。

三是近代湖湘学派及湘军的兴起，也使得关注《大唐中兴颂》的本土作家增多。嘉、道年间，中国发生了剧烈动荡，社会危机日益加深，经世之学盛行于湖湘大地，表现在文坛上，形成了湘系经世派，邓显鹤和魏源是其中代表。邓显鹤（1777—1851），字湘皋，号南村老人，湖南新化人。他被后人誉为"楚南文献第一人"，其整理的《沅湘耆旧集》，收集了大量与《大唐中兴颂》相关的湖湘文人的作品，邓显鹤本人也多关注浯溪古迹的修复，曾作《与祁阳令王君书》，对修缮颜元祠提出了自己意见，又为之作《浯溪颜元祠碑记》，除此外邓显鹤又曾作《泊浯溪》《拟卜居浯溪柬春湖中丞》《浯溪访漫叟宅》《和春海学使浯溪诗兼简李海帆观察》《为王毂生题汤浯庵所作浯溪看月图卷子》等诗。作为湖湘本土文人邓显鹤对《大唐中兴颂》更多关注的是元、颜高尚的人格及《中兴碑》书法的精湛，在凭吊之中抒发隐居之情，如《浯溪颜元祠碑记》："当有唐天宝之乱也，河北郡县皆陷，鲁公以只手独抗贼锋，老尽节贼庭，万死不为不义屈。次山始以讨贼功迁官迄刺道州，当贼徒溃败之后，蠲徭薄赋，出民水火，如濡首焦发之不及待，恫瘝倒悬之切于身，作歌告哀，千载下读其词，使人咨嗟流涕而不能已！至今呼之曰元道州，与颜鲁公并称。中兴之石砰訇震耀于天壤，妇人女子亦知为二公遗迹，宝而重之不敢亵，庙貌所在，虽历万劫而不毁也。"①　《泊浯溪》："犹有《中兴》碑可读，断崖冻雨自年年。"②《拟卜居浯溪柬春湖中丞》："涧草岩花有仙意，黄诗颜字皆吾侪。便拟买山结邻住，此诗代券行当酬。"③　而对于世人热衷于讨论的《大唐中兴颂》的主旨，则表现出极度厌恶之情，他在《和春海学使浯溪诗兼简李海帆观察》："游览凡几辈，诗篇在人口。反复《中兴》义，辨诘徒纷纠。揆之兹山蕴，曾不获一剖。论史非游山，山灵拒不受。"④《为王毂生题汤浯庵所作浯溪看月图卷子》："摩挲上读《中兴颂》，玼璘大笔蛟螭蟠。书生迂论姑置喙，笑指好月当头圆。"在邓显鹤的影响之下，湘系经世派魏源在理论和创作上有很大建树。魏源在经历浯溪时曾写下了《湘江舟行》："溪穷石壁夹，崖转穷碑磋。如何千丈影，下照澄潭动。荒寒文字怪，忠

---

① （清）邓显鹤撰，弘征校点：《南村草堂文钞》卷一〇，岳麓书社 2008 年版，第 208 页。
② （清）邓显鹤撰，弘征校点：《南村草堂诗钞》卷一〇，岳麓书社 2008 年版，第 141 页。
③ （清）邓显鹤撰，弘征校点：《南村草堂诗钞》卷一〇，岳麓书社 2008 年版，第 142 页。
④ （清）邓显鹤撰，弘征校点：《南村草堂诗钞》卷一六，岳麓书社 2008 年版，第 245 页。

烈山川重。遂令浯溪石，上敌嵩华竦。转瞬元佑党，又磨崖藓空。江海放臣心，拜鹃万古恸。"①

　　道州（今道县）人何绍基对浯溪碑林也关注较多。何绍基（1799—1874），字子贞，号东洲，晚号蝯叟，著有《东洲草堂诗钞》，是著名的文学家、书法家。元结曾在道州两任刺史，对何绍基产生了较大的影响。何绍基的书法初学颜真卿，自然也会对元结与颜真卿共同合作的《大唐中兴颂》表现出极大兴趣。据何绍基在《正月廿三日于桐轩大令陪游浯溪，言杨海琴太守方议重修。廿五日至海琴郡斋谈中兴颂碑有作，用山谷韵》载，他曾经："归舟十次经浯溪，两番手拓《中兴碑》。"② 何绍基是清代宋诗派的代表作家，他的诗歌把诗人之言与学人之言合而为一，常于诗歌中发表议论，诗歌句子散文化，与宋人相比更注重评价《大唐中兴颂》的书法价值。如"外观笔势虽壮阔，中有细筋坚若丝。""唐人书易此碑法，惟有平原吾所师。次山雄文借不朽，公伟其人笔与挥。"（同上）同时，他也看到元颜二公人品之高尚，并对宋人表达出不满倾向："当代无人敢同调，宋贤窃效弱且危。涪翁扶藜冻雨里，但感元杜颂与诗。公书固挟忠义出，何乃啬不赞一词？"（同上）何绍基另有一首《山谷浯溪碑诗以誉为毁，然则"中兴颂"三字何解，非元、颜两公忠爱意也？研生和余诗曲徇山谷，复草此以砭之》该诗抓住"中兴颂"三字，批评黄庭坚"趣取大物是何语？点污高文成谤词"③，抓住了立论的根本，在关于《大唐中兴颂》主题探讨的诗篇中，较具新意。

三

　　创作主体的改变也使得文人对《大唐中兴颂》的题咏发生了改变。元

<hr>

① （清）魏源：《魏源集》之《五言古诗》，中华书局2009年第3版，第648页。
② （清）何绍基撰，何书置注解：《东洲草堂诗钞》卷二四，岳麓书社2008年版，第483页。
③ （清）何绍基撰，何书置注解：《东洲草堂诗钞》卷二四，岳麓书社2008年版，第501页。

结为唐代著名文学家，其作品虽比不上李杜、元白，然品行高洁，几无道德瑕疵，故深得后人尊重。颜真卿的品行也是如此，他是唐王朝第一个起兵反抗安史叛军的将领，后为李希烈部将所杀，唐德宗称赞他"器质天资，公忠杰出，出入四朝，坚贞一志。属贼臣扰乱，委以存谕，拘胁累岁，死而不挠，稽其盛节，实谓犹生"。《大唐中兴颂》用大字楷书书写，正如二人人品端正、志行高洁。对于文人而言，时代的变迁也许会影响《大唐中兴颂》的接受，如南宋文人的中兴之梦使得《大唐中兴颂》成为经常吟咏的主题。但时代是不断变化的，从后世题咏《大唐中兴颂》的作品看，即使中兴之梦消失，人们对《大唐中兴颂》的接受也没有停止。唐代的湖湘地区文化还较为缺失，即使是客籍文人在湖湘地区留下的传世之作也寥寥可数，故湖湘本土文人视《大唐中兴颂》尤为珍贵，是难得的宝物。明代零陵人陈东《游浯溪次宋陈从古韵》："拂苔憩岸畔，细读《中兴碑》。微辞寄书法，斧钺森当时。后贤百代下，宝此商周诗。"程温《浯溪读中兴碑》："我家屋后十丈石，当年刻作《中兴碑》。火燔角触不损灭，自有鬼神严护持。"邓奇逢《中兴碑》："火燔角触不剥蚀，僻境如人华冠裾。摩挲古刻凛忠义，拟拓百本悬山庐。"他们对先贤人品充满仰慕之情，多次在诗文中称赞元、颜品质的高尚。程温在《浯溪读中兴碑》中还写道："已知忠义真踪迹，定与天地同终期。"清辰溪人余心谈《浯溪怀古次张文潜韵》："双悬日月真堪纪，雄文铁画应不死，我爱贞节贯霓虹，世人但赏文与字。""百年废兴何足慨？山高水长风流在。"祁阳人邓献璋《游浯溪六首》其二："金难铸水部，丝欲绣颜公。"其三："山水文章在，公忠千古存。"祁阳人肖夔龙《摩崖》："惟人堪不朽，即石亦流芳。绝壁烟霞老，高文日月光。"祁阳人张固缳《浯溪避暑》："中兴往事姑勿论，灏气凛然贯胸次。"在湖湘文人看来，《中兴颂》的主旨并不是那么重要，他们也不屑于讨论《颂》中蕴含的"微言大义"，元颜人品才是他们永久关注的话题。邓献璋在《春日浯溪游记》中写道："酌意中轻重，断从阅《中兴颂》为第一。直行至石崖下，具冠袍拜之。盖志士忠臣之敬，匪学步南宫也。"可见，元颜及《大唐中兴颂》在祁阳人心目中已经神圣化，不容世人有任何亵渎。

《大唐中兴颂》是唐代著名书法家颜真卿晚年留下的代表之作，世人评价很高，王世贞《弇州四部稿》卷一三五："摩崖碑《中兴颂》，元结撰，颜真卿书。字画方正平稳，不露筋骨，当为鲁公法书第一。"① 杨守敬《书学迩言》："《中兴颂》雄伟奇特，自足笼罩一代。"② 因而对《大唐中兴颂》书法艺术的评论也是这一时期诗歌表达的主题。流寓文人对《大唐中兴颂》的书法艺术也有探讨，但这种探讨多与主旨结合在一起，如元王冕《游浯溪》："次山乃作《中兴颂》，铁（石）[□] 文字褒贬重。颜公大书为挥之，纵横笔势蛟螭动。唐去至今几百年，丰碑屹立湘江边。雨淋日炙徒为尔，铁画银钩还自然。"但湖湘本土文人不同，他们对《大唐中兴颂》书法的评价更具纯粹性，一般不卷入主题的争议中，如，肖夔龙的《浯溪赋》："况夫撰之者结，书之者颜。铁画银钩，浩气生于字里；忠肝义胆，英风宛在行间。血可濡毫，点点苌宏共碧；泪能和墨，依依湘管同斑。"唐李杜《游浯溪》："元公作颂词，《中兴》喜奏凯。鲁公书绝伦，笔力千钧倍。三绝成磨崖，形胜湘中最。鬼神呵护灵，日月生光彩。"罗廷藻的《观中兴石本题后》："著作铿金石，声灵肃纪纲。濡毫尊铁画，悬壁耀星铓。碑自人间宝，崖为楚地望。"邓星槎的《谒元颜祠》："卓哉鲁公书，笔下龙蛇走。严词惊鬼神，铁画高蝌蚪。落落两贤心，遂成千古友。"郭毓的《宋怀山明府寄浯溪中兴颂碑拓本》："横阔十尺纵不减，字成玉碗金瓯光。颜公忠孝出天性，浩气蟠胸腕力劲。"何绍基的《正月廿三日於桐轩大令陪游浯溪，言杨海琴太守方议重修。廿五日至海琴郡斋谈中兴颂碑有作，用山谷韵》："外观笔势虽壮阔，中有细筋坚若丝。……唐人书易此碑法，惟有平原吾所师。次山雄文借不朽，公伟其人笔与挥。"湘人对《大唐中兴颂》的书法的评价总是和元、颜人品评价结合在一起，而对于宋人所谓的"微言大义"则表现出不满，何绍基就指出"涪翁扶藜冻雨里，但感元杜颂与诗。公书固挟忠义出，何乃嗇不赞一词？"把人评

---

① （明）王世贞撰，汤志波辑校：《弇州山人题跋》卷一三《碑刻墨刻跋》，浙江人民美术出版社 2019 年版，第 354 页。

② （清）杨守敬著，赵树鹏点校：《书学迩言·评碑》，浙江人民美术出版社 2019 年版，第 15 页。

与书评结合起来，在湘人的著述中表现极为普遍。

《大唐中兴颂》从唐代的不被接受，到宋元时期寓湘文人对"中兴"主题的激烈探讨，再到明清时期湖湘本土文人的接受经历了长期的过程，不仅与《大唐中兴颂》所记载的本事的复杂性相关，也与时代的变迁相关，更与近古以来湖湘本土文化的崛起相关。

附录　历代湘人浯溪作品著录一览[①]

	人名	籍贯	创作诗文	创作时间/页码
宋 3人	易袚	长沙人	无题*	1216/272
	王壶	舂陵人	无题*	1257/284
	庄崇节	长沙人	浯溪*	？/284
元代 0人	/	/	/	/
明 13人	宁良	祁阳人	浯溪四首*	1450/342
	陈纬	祁东人	无题*	1459/346
	程温	浯溪人	题浯溪*	1481/351
			重建浯溪元颜祠堂记*	1481/352
			重建浯溪书院记	1481/353
	周邵虎	舂陵人	小憩亭记	1491/357
	陈斗	祁阳人	重游浯溪*	1516/364
			无题*	1516/365
	陈东	零陵人	游浯溪次宋陈从古韵*	1543/375
	华阜春	衡阳人	镜石次杨七泉韵	1569/381
	易三接	零陵人	宨尊	？/390
	唐周慈	零陵人	秋日偕姚君游浯溪	？/391

---

　① 此表据桂多荪《浯溪志》卷四统计，其中带"＊"者与《大唐中兴颂》有直接关系。

明 13人	唐廷熊	零陵人	元颜祠	? /393
	刘维赞	祁阳人	白云山送申季鹰、唐仲亮出修浯志*	1643/393
	陶汝鼐	宁乡人	乱后晓出浯溪	1646/397
	王夫之	衡阳人	浯溪苍壁*	1659/398
清 77人	陶之典	宁乡人	浯溪道中	? /409
	吴嘉骥	宁乡人	浯溪怀古*	? /409
	黄犹龙	祁阳人	浯溪上寻元家坊不获 寻寒泉记	1679/422
	李渭阳	祁阳人	无题	1666/428
	余心谟	辰溪人	浯溪怀古次张文潜韵* 游浯溪*	1677/443
	阳腕	祁阳人	浯溪元次山故居 寑尊石 雪后游浯溪* 浯溪山水赋*	? /455 ? /455 ? /455 ? /455
	陈大惠	祁阳人	重修元颜二公祠落成	? /458
	陈大受	祁阳人	镜石	? /459
	陈及祖	祁阳人	浯溪	? /513
	王锌	祁阳人	游浯溪小憩中宫寺	1740/460
	于铭	祁阳人	春日题浯溪诸景*	? /462
	王世淑	祁阳人	浯溪吊古八首*	? /463
	鄢正笏	醴陵人	游浯溪归途口占 渡香桥即事	? /464
	曾应成	祁阳人	镜石	? /465
	李绶	祁阳人	题李明府浯溪图	? /473
	谢国相	祁阳人	镜石	? /474
	旷敏本	衡山人	游浯溪	? /474
	王世润	祁阳人	游浯溪次旷太史原韵*	? /475
	陈世龙	祁阳人	游浯溪次旷太史原韵	? /475
	伍泽荣	祁阳人	游浯溪次旷太史原韵	? /475

续表

清 77人	伍泽梁	祁阳人	邑侯李公新建喜清阁成同人宴集因呈醉歌 *	? /476
			游浯溪次旷太史原韵	? /477
			八月二十日全家游浯溪赋示次予颖	1765/477
			胜异亭记	1765/478
	申苞	祁阳人	游浯溪次旷太史原韵 *	? /512
	肖夔龙	祁阳人	磨崖 *	? /480
			漫郎宅	? /480
			笑岘亭	? /480
			浯溪渡	? /480
			浯溪赋以"元颂颜书，并垂不朽"为韵 *	? /480
	杨瑞	龙阳人	读摩崖碑 *	? /491
			浯溪诗呈宋怀山明府	? /491
	邓竺	祁阳人	秋过浯溪 *	? /492
	邓枝麟	宁乡人	浯溪观中兴碑 *	? /492
			谒元颜二公祠 *	? /492
	邓枝鹤	宁乡人	游浯溪 *	? /493
	张九钺	湘潭人	浯溪磨崖碑 *	? /493
	张九镡	湘潭人	题中兴颂 *	? /495
	张九㻑	湘潭人	郭春林寓斋观宋怀山明府 所赠浯溪中兴颂碑 *	? /496
	邓献璋	祁阳人	游浯溪六首 *	? /496
			春日游浯溪记 *	? /496
	邓献璟	祁阳人	浯溪 *	? /501
	邓学孔	祁阳人	浯溪	? /501
	邓奇焯	祁阳人	邑侯宋公修辟浯溪既成，将葺《新志》。 余游而乐之，欣然有作 *	? /502
	邓奇逢	祁阳人	中兴碑 *	? /504
			秋晚过中宫寺	? /504
			中宫寺茶话偶成	? /504
			浯溪竹枝词 *	? /504
	陈世贤	祁阳人	秋日游浯溪	? /513

续表

清 77人	王道溥	宁乡人	游浯溪记*	1772/514
	苏士达	祁阳人	访漫郎宅	？/516
	申大年	祁阳人	舟过浯溪望东西二台作	？/516
	汤塄	祁阳人	镜石	？/517
	于锜	祁阳人	浯溪吊古	？/517
	于在沅	祁阳人	九日浯溪宴集	？/517
	徐廷章	祁阳人	浯溪吊古	？/517
	张鳌	祁阳人	磨崖碑*	？/518
	蒋湘培	湘乡人	浯溪中兴颂碑*	？/521
	杨之泗	宁远人	戊辰八月携儿子绳纶重游浯溪并绘图纪胜*	？/525
	黄本骐	宁乡人	读浯溪磨崖碑*	？/528
	周志勋	宁乡人	浯溪怀古* 无题*	1813/528 1813/529
	周在廉	宁乡人	无题*	？/530
	杨季鸾	宁远人	浯溪八首* 书磨崖碑后用山谷诗韵* 夜过浯溪 浯溪深*	？/534 ？/535 ？/535 ？/536
	杨象绳	宁远人	游浯溪	？/536
	唐李杜	祁阳人	九日偕友人游浯溪* 祁阳竹枝词和王远山时叙明府作* 竹鱼 游浯溪* 浯溪谒元颜祠*	？/537 ？/538 ？/538 ？/538 ？/538
	陈濬	武陵人	和王远山游浯溪诗*	1817/543
	邓显鹤	兴化人	泊浯溪* 拟卜居浯溪柬春湖中丞* 浯溪寺有怀杨紫卿 和春海学使《浯溪》诗兼简李海帆观察* 浯溪访漫郎宅 七迭方中韵酬紫卿即以为别 雨过浯溪不及上 浯溪颜元祠碑记*	1820/544 1820/544 1847/545 1847/545 1849/546 1849/546 1849/546 1847/546

续表

清 77人	罗廷藻	衡山人	观中兴石本题后 *	? /552
	龙禹甸	祁阳人	游浯溪遇雨返舟	? /564
	蒋善苏	祁阳人	重建颜元祠邑侯王初田亲相地址喜而有作 *	? /566
	何绍基	道县人	无题 *	1862/567
	刘希关	祁阳人	浯溪 *	? /577
	张固缥	祁阳人	浯溪避暑 *	? /578
	周厚生	祁东人	湘中竹枝词 *	? /579
	周海樵	祁东人	游浯溪观杨海琴都转新建亭台并别墅 *	? /586
	石泉	祁阳人	峿台	? /579
			三月三日同罗葆吾明俯、陶植卿少府、尹渐逵职员游浯溪作 *	? /580
			㝎尊	? /581
			顽石篇	? /581
			题王允卿浯溪秋思图有序 *	? /581
	匡邦彦	祁阳人	磨崖中兴颂 *	? /582
	张其昌	祁阳人	浯溪怀古 *	? /583
	李梦庚	祁阳人	浯溪观杨公海琴重修胜迹 *	? /583
	匡明玠	祁阳人	浯溪观中兴颂碑 *	? /584
	罗杉彦	长沙人	同人游浯溪观磨崖碑 *	? /584
	袁琼林	祁阳人	游浯溪	? /585
			浯溪怀古 *	? /585
	费泽沛	祁阳人	浯溪览杨公海琴师续修诸胜志感 *	? /585
	周秉章	祁东人	书浯溪磨崖中兴颂后并序 *	? /587
	邓星槎	祁阳人	谒元颜祠 *	? /596
	黄雯	祁阳人	游浯溪读中兴颂 *	? /596
	黄裔	祁阳人	石冢铭并序 *	1904/597
			右堂铭	? /597

续表

清 77 人	黄霈	祁阳人	客至	？/600
			畲杨省吾浯上招隐	？/600
			酬戉弟浯溪息柯别墅见赠步原韵	？/601
			浯上日暮遣兴	？/601
			踏雪诣元颜祠观梅	？/601
			浯上杂咏*	？/601
	李承阳	祁阳人	浯溪感怀*	？/599
			浯溪杂咏六首*	？/599
			浯溪十绝*	？/599
	刘淑	长沙人	浯溪维舟登峿台口占	？/602

主要参考文献

A

（清）爱新觉罗·弘历敕修：《清朝通志》，影印文渊阁四库全书本，台湾商务印书馆 1983 年版。

［英］阿诺德·汤比因：《历史研究》，郭小凌等译，上海人民出版社 2010 年版。

［德］奥斯瓦尔德·斯宾格勒：《西方的没落》，张兰平译，陕西师范大学出版社 2008 年版。

B

（汉）班固：《汉书》，中华书局 1962 年版。

（元）白珽：《湛渊静语》，《丛书集成初编》本，中华书局 1985 年版。

北京大学古文献研究所编：《全宋诗》，北京大学出版社 1998 年版。

北京语言学院《中国文学家辞典》编委会：《中国文学家辞典》，四川人民出版社 1978 年版。

卞孝萱：《刘禹锡年谱》，中华书局 1963 年版。

不著撰人：《大唐传载》，文渊阁四库全书本，上海古籍出版社 1987 年版。

C

（宋）蔡正孙：《诗林广记》，中华书局 2017 年版。

（宋）晁公武撰，孙猛校证：《郡斋读书志校证》，上海古籍出版社 2011 年版。

（宋）晁公武：《郡斋读书志》，清嘉庆二十四年（1819）汪氏艺芸书舍刻本。

（宋）陈思纂次：《宝刻丛编》，浙江古籍出版社 2012 年版。

（宋）陈郁：《藏一话腴》，《丛书集成续编》本，上海书店 1988 年版。

（宋）陈振孙：《直斋书录解题》，上海古籍出版社 2015 年版。

（元）陈孚：《陈刚中诗集》，影印文渊阁四库全书本，台湾商务印书馆 1983 年版。

（明）曹安：《谰言长语》，影印文渊阁四库全书本，台湾商务印书馆 1983 年版。

（明）曹学佺：《蜀中广记》，影印文渊阁四库全书本，台湾商务印书馆 1983 年版。

（明）晁瑮：《晁氏宝文堂书目》，上海古籍出版社 2005 年版。

（明）陈继儒：《读书镜》，《丛书集成初编》据《宝颜堂秘笈》本排印本，中华书局 1985 年版。

（清）陈均辑：《唐骈体文钞》，天津图书馆藏嘉庆二十五年（1820）刻本。

（清）陈运溶辑：《麓山精舍丛书》，岳麓书社 2008 年版。

（清）陈运溶纂：《湘城访古录》《湘城遗事记》，岳麓书社 2009 年版。

（民国）陈衍：《石遗室诗话》，人民文学出版社 2004 年版。

（民国）程树德：《论语集释》，中华书局 1990 年版。

曹础基：《庄子浅注》，中华书局 2000 年版。

岑仲勉：《金石论丛》，上海古籍出版社 1981 年版。

岑仲勉：《郎官石柱题名新考证》，上海古籍出版社 1984 年版。

岑仲勉：《唐人行第录》，上海古籍出版 1978 年版。

陈伯海：《唐诗汇评》，浙江教育出版社 1995 年版。

陈伯海：《唐诗论评类编》，上海古籍出版社 2015 年版。

陈伯海主编：《历代唐诗论评选》，河北大学出版社 2003 年版。

陈鼓应：《老子注译及评介》，中华书局 1984 年版。

陈尚君：《唐代文学丛考》，中华书局 1992 年版。

陈尚君辑校：《全唐诗补编》，中华书局 1992 年版。

陈贻焮：《增订注释全唐诗》，文化艺术出版社 2001 年版。

陈正祥：《中国文化地理》，生活·读书·新知三联书店 1983 年版。

程千帆：《唐代进士行卷与文学》，上海古籍出版社 1980 年版。

D

（唐）独孤及：《毗陵集校注》，辽海出版社 2006 年版。

（唐）杜甫撰，（清）仇兆鳌注：《杜诗详注》，中华书局 1979 年版。

（唐）杜甫撰，（清）钱谦益笺注：《杜工部集》，清康熙六年（1667）季氏静思堂刻本，天津图书馆藏。

（唐）杜甫撰，（清）杨伦笺注：《杜诗镜铨》，上海古籍出版社 1998 年版。

（唐）杜佑：《通典》，中华书局 1988 年版。

（唐）段成式：《酉阳杂俎》，中华书局 1981 年版。

（宋）戴侗：《六书故》，上海古籍出版社 1987 年版。

（宋）杜绾著：《云林石谱》，上海书店出版社 2015 年版。

（明）董其昌撰，印晓峰点校：《画禅室随笔》，华东师范大学出版社 2012 年版。

（清）邓显鹤编纂：《沅湘耆旧集》，岳麓书社 2007 年版。

（清）邓显鹤撰，弘征校点：《南村草堂诗钞》，岳麓书社 2008 年版。

（清）邓显鹤撰，弘征校点：《南村草堂文钞》，岳麓书社 2008 年版。

（清）董诰等编纂：《全唐文》，中华书局 1983 年版。

（清）董作栋、武亿修纂：《鲁山县志》，嘉庆元年（1796）刻本。《中国地方志集成·河南府县志辑》，上海书店出版社 2013 年版。

（清）杜文澜辑：《古谣谚》，中华书局 1958 年版。

戴伟华：《唐方镇文职僚佐考》，天津古籍出版社 1994 年版。

丁凤云：《翰墨忠烈颜真卿》，中华书局 1998 年版。

丁福保辑：《历代诗话续编》，中华书局 2006 年版。

丁如明辑：《开元天宝遗事十种》，上海古籍出版社 1985 年版。

F

（刘宋）范晔：《后汉书》，中华书局 1965 年版。

（唐）范摅：《云溪友议》，古典文学出版社 1957 年版。

（唐）房玄龄：《晋书》，中华书局 1974 年版。

（唐）封演撰，赵贞信校注：《封氏闻见记校注》，中华书局 2005 年版。

（宋）范成大撰，孔凡礼点校：《骖鸾录》，中华书局 2002 年版。

（明）丰坊著：《书诀》，影印文渊阁四库全书本，台湾商务印书馆 1983 年版。

（清）方玉润：《诗经原始》，中华书局 1986 年版。

方志远等点校：《大明一统志》，巴蜀书社 2017 年版。

傅角今编著，雷树德校点：《湖南地理志》，湖南教育出版社 2008 年版。

傅璇琮：《唐代科举与文学》，陕西人民出版社 1986 年版。

傅璇琮：《唐代诗人丛考》，中华书局 2003 年版。

傅璇琮编：《唐人选唐诗新编》，陕西人民教育出版社 1996 年版。

傅璇琮主编：《唐五代文学编年史》，辽海出版社 1998 年版。

G

（晋）郭璞传，（清）郝懿行笺疏：《山海经笺疏》，齐鲁书社 2010

年版。

（唐）高仲武编：《中兴间气集》，台湾商务印书馆 1983 年版。

（明）高棅编纂：《唐诗品汇》，上海古籍出版社 1998 年版。

（明）高棅辑：《唐诗品汇》，明嘉靖十八年（1539）斗牛刻。

（明）高儒：《百川书志》，上海古籍出版社 2005 年版。

（明）顾璘：《唐音评注》，河北大学出版社 2006 年版。

（明）顾炎武著，（清）黄汝成：《日知录集释》，上海古籍出版社
2014 年版。

（清）顾嗣立编：《元诗选初集》，中华书局 1987 年版。

（清）顾祖禹：《读史方舆纪要》，中华书局 2019 年版。

（清）郭庆藩：《庄子集释》，中华书局 1961 年版。

谷衍奎编：《汉字源流字典》，语文出版社 2008 年版。

桂多荪：《浯溪志》，湖南人民出版社 2004 年版。

郭沫若主编：《中国史稿地图集》，中国地图出版社 1996 年版。

郭绍虞编选：《清诗话续编》，上海古籍出版社 1983 年版。

H

（汉）刘向撰，张涛译注：《列女传译注》，山东大学出版社 1990
年版。

（唐）韩愈撰，（宋）魏仲举集注：《五百家注韩昌黎集》，中华书局
2019 年版。

（唐）韩愈撰，马其昶校注：《韩昌黎文集校注》，上海古籍出版社
1986 年版。

（唐）韩愈撰，钱仲联集释：《韩昌黎诗系年集释》，上海古籍出版
1984 年版。

（唐）韓愈著，刘真伦、岳珍校注：《韩愈文集汇校笺注》，中华书局
2010 年版。

（宋）洪迈：《容斋随笔》，中华书局 2005 年版。

（宋）洪迈辑：《万首唐人绝句》，明嘉靖十九年（1540）陈敬学德星堂刻本（郑振铎跋）。

（宋）胡寅著，尹文汉点校：《斐然集》，岳麓书社 2009 年版。

（宋）胡仔：《苕溪渔隐丛话》，人民文学出版社 1993 年版。

（宋）黄庭坚撰，（宋）任渊、史容、史季温注：《黄庭坚诗集注》，中华书局 2003 年版。

（宋）黄庭坚撰，刘琳等校点：《黄庭坚全集》，四川大学出版社 2001 年版。

（宋）黄震著：《黄氏日抄》，影印文渊阁四库全书本，台湾商务印书馆 1983 年版。

（明）何良俊：《四友斋丛说》，中华书局 1959 年版。

（明）何镗选编：《名山胜概记》，明（1368—1644）刻本。

（明）胡应麟：《诗薮》，中华书局 1958 年版。

（明）胡震亨：《唐音癸签》，上海古籍出版社 1981 年版。

（清）何绍基撰，何书置注解：《东洲草堂诗钞》，岳麓书社 2008 年版。

（清）何文焕：《历代诗话》，中华书局 1981 年版。

（清）和珅：《大清一统志》，上海古籍出版社 1987 年版。

（清）贺裳：《载酒园诗话》，国家图书馆藏贺氏载酒园皱水轩本。

（清）胡复初修纂：《大冶县志》，嘉庆（1796—1820）刻本。

（清）胡渭：《禹贡锥指》，上海古籍出版社 1987 年版。

（清）黄叔璥：《番社采风图考》，《丛书集成初编》据《儒学警悟》本排印本，中华书局 1985 年版。

（清）黄宗羲著：《宋元学案》，中华书局 1986 年版。

（清）惠栋：《周易述》，中华书局 2007 年版。

（近代）黄濬著，李吉奎整理：《花随人圣庵摭忆》，中华书局 2008 年版。

［日］河世宁纂辑：《全唐诗逸》，中华书局 1985 年版。

黄丽容：《元结山水散文及创作理论》，秀威资讯科技股份有限公司 2006 年版。

胡平生等译注：《礼记·孝经》，中华书局 2007 年版。

黄仁生、罗建伦点校：《唐宋人寓湘诗文集》，岳麓书社 2013 年版。

J

（唐）皎然撰，李壮鹰校注：《诗式校注》，人民文学出版社 2003 年版。

（宋）计有功：《唐诗纪事》，中华书局 1965 年版。

（宋）计有功撰，王仲镛校笺：《唐诗纪事校笺》，中华书局 2007 年版。

（清）季振宜辑校：《唐诗》，清（1644—1911）。

（清）嘉庆敕修《大清一统志》，四部丛刊影印清史馆藏清嘉庆二五年进呈钞本。

（清）焦循：《孟子正义》，中华书局 1987 年版。

（清）金鉽等监修：《广西通志》，文渊阁四库全书本。

K

（唐）康骈：《剧谈录》，古典文学出版社 1958 年版。

（清）康有为撰，祝嘉疏证：《广艺舟双楫疏证》，中华书局香港分局 1979 年版。

L

（汉）刘熙撰，（清）毕沅疏证，（清）王先谦补：《释名疏证补》，中华书局 2008 年版。

（北魏）郦道元著，陈桥驿校证：《水经注校证》，中华书局 2007 年版。

（北魏）郦道元撰，王国维校：《水经注校》，上海人民出版社 1984 年版。

（南朝）刘勰撰，范文澜注：《文心雕龙注》，人民文学出版社 1962 年版。

（南朝）刘勰撰，杨明照校注：《订增文心雕龙注》，中华书局 2000 年年版。

（唐）李白撰，（清）王琦注：《李太白全集》，中华书局 1977 年版。

（唐）李白撰，安旗等编年注释：《李太白全集编年注释》，巴蜀书社 1990 年版。

（唐）李百药：《北齐书》，中华书局 1972 年版。

（唐）李吉甫：《元和郡县图志》，中华书局 1983 年版。

（唐）李林甫等：《唐六典》，中华书局 1992 年版。

（唐）李商隐：《樊南文集》，上海古籍出版社 1988 年版。

（唐）李商隐著，刘学锴、余恕诚校注：《李商隐文编年校注》，中华书局 2002 年版。

（唐）李商隐撰，（清）冯浩笺注，蒋凡标点：《玉溪生诗集笺注》，上海古籍出版社 1998 年版。

（唐）李商隐撰，刘学锴、余恕诚集解：《李商隐诗歌集解》，中华书局 1988 年版。

（唐）李商隐撰，叶葱奇疏注：《李商隐诗集疏注》，人民文学出版社 1985 年版。

（唐）李延寿：《北史》，中华书局 1974 年版。

（唐）李延寿：《南史》，中华书局 1975 年版。

（唐）李肇：《唐国史补》，上海古籍出版社 1979 年版。

（唐）林宝撰，岑仲勉校记，郁贤皓等整理：《元和姓纂附四校记》，中华书局 1994 年版。

（唐）令狐德棻等：《周书》，中华书局 1971 年版。

（唐）刘肃：《大唐新语》，中华书局 1984 年版。

（唐）刘禹锡撰，卞孝萱校订：《刘禹锡集》，中华书局 1990 年版。

（唐）刘禹锡撰，蒋维崧等笺注：《刘禹锡诗集编年笺注》，山东大学出版社 1997 年版。

（唐）刘禹锡撰，瞿蜕园笺证：《刘禹锡集笺证》，上海古籍出版社 1989 年版。

（唐）刘禹锡撰，陶敏等校注：《刘禹锡全集编年校注》，岳麓书社2003年版。

（唐）刘禹锡撰，杨世明校注：《刘长卿集编年校注》，人民文学出版社1999年版。

（唐）刘长卿：《刘随州文集》，上海书店1989年版。

（唐）刘长卿著，储仲君笺注：《刘长卿诗编年笺注》，中华书局1996年版。

（唐）刘知几：《史通》，中华书局1961年版。

（唐）刘知几撰，（清）浦起龙释：《史通通释》，文渊阁四库全书本。

（唐）柳宗元：《柳宗元集》，中华书局1979年版。

（唐）柳宗元撰，王国安笺释：《柳宗元诗集笺释》，上海古籍出版社1993年版。

（唐）柳宗元撰，温绍堃集评：《柳宗元诗歌笺释集评》，中国国际广播出版社1994年版。

（唐）吕温：《吕衡州文集》，商务印书馆1935年版。

（后晋）刘昫等：《旧唐书》，中华书局1975年版。

（宋）李昉等编：《太平广记》，中华书局1961年版。

（宋）李昉等辑：《文苑英华》，北京图书馆出版社2006年版。

（宋）李清照著，黄墨谷辑校：《重辑李清照集》，中华书局2009年版。

（宋）梁克家：《淳熙三山志》，影印文渊阁四库全书本，台湾商务印书馆1983年版。

（宋）刘克庄：《后村诗话》，中华书局1983年版。

（宋）刘克庄著，辛更儒笺校：《刘克庄集笺校》，中华书局2011年版。

（宋）陆游著，钱仲联校注：《剑南诗稿校注》，上海古籍出版社1985年版。

（宋）陆游著，钱仲联校注：《渭南文集校注》，浙江古籍出版社2016年版。

（宋）罗大经：《鹤林玉露》，中华书局1983年版。

（宋）吕祖谦编：《宋文鉴》，中华书局 1992 年版。

（金）刘祁：《归潜志》，中华书局 1983 年版。

（明）郎瑛：《七修类稿》，上海书店出版社 2009 年版。

（明）李贤等：《明一统志》，上海古籍出版社 1987 年版。

（明）李贽著：《焚书》，中华书局 2009 年版。

（明）刘彦昺：《刘彦昺集》，影印文渊阁四库全书本，台湾商务印书馆 1983 年版。

（明）陆楫：《古今说海》，文渊阁四库全书本，上海古籍出版社 1987 年版。

（明）陆容：《菽园杂记》，中华书局 1985 年版。

（明）陆深：《停骖录摘抄正续·停骖录摘抄续》，《丛书集成初编》本，中华书局 1985 年版。

（明）陆时雍编：《唐诗镜》，影印文渊阁四库全书本，台湾商务印书馆 1983 年版。

（明）陆树声：《清暑笔谈》，《丛书集成初编》据《宝颜堂秘笈》本排印本，中华书局 1985 年版。

（明）吕柟撰，赵瑞民点校：《泾野子内篇》，中华书局 1992 年版。

（清）郎廷槐编：《师友诗传录》，影印文渊阁四库全书本，台湾商务印书馆 1983 年版。

（清）劳格、赵钺撰，徐敏霞、王桂珍点校：《唐尚书省郎官石柱题名考》，中华书局 1992 年版。

（清）李瀚章、（清）裕禄等编纂：《光绪湖南通志》，岳麓书社 2009 年版。

（清）李镜蓉、盛赓修纂：《道州志》，清光绪三年（1877）刻本。

（清）梁恭辰撰，白化文、李鼎霞点校：《楹联四话》，中华书局 1987 年版。

（清）梁章巨撰，白化文、李鼎霞点校：《楹联三话》，中华书局 1987 年版。

（清）梁章巨撰，吴道勤，邱运华点校：《称谓录》，岳麓书社 1991

年版。

（清）刘道著等修，祁阳县史志办编：《清康熙十九年祁阳县志校注》，湖南人民出版社 2015 年版。

（清）刘华邦等：《湖南省江华县志》，成文出版社有限公司 1975 年版。

（清）刘熙载：《艺概》，天津图书馆藏同治十二年（1873）刻本。

（清）刘熙载著，袁津琥笺释：《艺概笺释》，中华书局 2019 年版。

（清）刘献廷撰，汪北平等点校：《广阳杂记》，中华书局 1957 年版。

（清）龙顾山人纂，卞孝萱、姚松点校：《十朝诗乘》，福建人民出版社 2000 年版。

（清）陆耀遹：《金石续编》，艺文印书馆 1976 年版。

（清）陆增祥：《八琼室金石补正》，国家图书馆善本金石组编《隋唐五代石刻全编》，北京图书馆出版社 2003 年版。

李德辉：《唐代交通与文学》，湖南人民出版社 2003 年版。

李花蕾、张京华：《湖南地方文献与摩崖石刻研究》，华东师范大学出版 2011 年版。

李建昆：《元次山之生平及其文学》，台湾商务印书馆 1980 年版。

李希泌主编，毛华轩等编：《唐大诏令集补编》，上海古籍出版社 2003 年版。

李修生主编：《全元文》，凤凰出版社 1998 年版。

刘俊文：《唐律疏议笺解》，中华书局 1996 年版。

鲁迅：《中国小说史略》，上海古籍出版社 1998 年版。

逯立钦辑校：《先秦汉魏晋南北朝诗》，中华书局 1958 年版。

罗尔纲：《金石萃编校补》，中华书局 2003 年版。

吕思勉：《史通评》，商务印书馆 1934 年版。

吕思勉：《中国民族史两种》，上海古籍出版社 2008 年版。

M

（唐）孟郊撰，华忱之校注：《孟郊诗集校注》，人民文学出版社 1995

年版。

（元）马端临：《文献通考》，明嘉靖三年（1524）司礼监刻，国家图书馆藏本。

（清）迈柱监修，夏力恕等编纂：《湖广通志》，文渊阁四库全书本，上海古籍出版社 1987 年版。

马蓉等点校：《永乐大典方志辑佚》，中华书局 2004 年版。

马长寿：《乌桓与鲜卑》，上海人民出版社 1962 年版。

梅新林：《中国古代文学地理形态与演变》，复旦大学出版社 2006 年版。

N

（清）倪涛《六艺之一录》卷八二，文渊阁四库全书本。

聂文郁：《元结诗解》，陕西人民出版社 1984 年版。

O

（宋）欧阳棐撰，（清）缪荃孙辑：《集古录目》，云自在龛丛书，缪荃孙辑第一集，清光绪间（1875—1908），国家图书馆藏本。

（宋）欧阳忞：《舆地广记》，四川大学出版社 2003 年版。

（宋）欧阳修、宋祁等：《新唐书》，中华书局 1975 年版。

（宋）欧阳修：《集古录跋尾》，江苏古籍出版社 1998 年版。

（宋）欧阳修：《欧阳修全集》，中华书局 2001 年版。

（唐）欧阳询编：《艺文类聚》，中华书局 1959 年版。

P

（清）潘德舆著，朱德慈辑校：《养一斋诗话》，中华书局 2010 年版。

（清）彭定求等辑：《全唐诗》，中华书局 1960 年版。

（清）浦起龙：《读杜心解》，中华书局 1961 年版。

彭敏等著：《元结居湘诗文研究》，四川大学出版社 2014 年版。

Q

（清）钱大昕著，陈文和主编：《十驾斋养新录》，凤凰出版社 2016
年版。

（清）钱谦益著，（清）钱曾笺注，钱仲联校：《牧斋初学集》，上海
古籍出版社 1985 年版。

（清）屈大均：《广东新语》，中华书局 1985 年版。

（清）瞿镛编纂：《铁琴铜剑楼藏书目录》，上海古籍出版社 2000 年版。

R

（宋）阮阅：《诗话总龟》，人民文学出版社 1987 年版。

（清）阮元校刻：《毛诗正义》，清嘉庆刊本《十三经注疏》，中华书
局 2009 年版。

S

（汉）司马迁：《史记》，中华书局 1959 年版。

（梁）沈约：《宋书》，中华书局 1974 年版。

（唐）沈亚之撰，肖占鹏、李勃洋校注：《沈下贤集校注》，南开大学
出版社 2003 年版。

（唐）释道世撰，周叔迦、苏晋仁校注：《法苑珠林校注》，中华书局
2003 年版。

（五代）孙光宪：《北梦琐言》，中华书局 2002 年版。

（宋）邵博：《邵氏闻见后录》，中华书局 1983 年版。

（宋）司马光编著，（元）胡三省音注：《资治通鉴》，中华书局 1956
年版。

（宋）宋敏求编：《唐大诏令集》，中华书局 2008 年版。

（宋）苏轼撰，（清）王文诰辑注，孔凡礼点校：《苏轼诗集》，中华
书局 1982 年版。

（宋）苏辙著，陈宏天、高秀芳点校：《苏辙集》，中华书局 1990年版。

（明）宋濂：《宋濂全集》，浙江古籍出版社 2014 年版。

（明）宋濂等：《元史》，中华书局 1976 年版。

（明）孙一元：《太白山人漫稿》，国家图书馆藏明正德十五年刻本。

（清）沈德潜编：《清诗别裁集》，上海古籍出版社 1984 年版。

（清）施补华撰，杨国成点校：《施补华集》，浙江古籍出版社 2018年版。

（清）孙涛：《全唐诗话续编》，福建人民出版社 2016 年版。

（清）孙希旦：《礼记集解》，中华书局 1989 年版。

（清）孙星衍：《尚书今古文注疏》，中华书局 1986 年版。

（清）孙诒让：《周礼正义》，中华书局 2013 年版。

（清）孙洙编，于庆元注疏：《唐诗三百首注疏》，立言堂道光十四（1834）刊本。

尚永亮：《唐五代逐臣与贬谪文学研究》，武汉大学出版社 2007 年版。

沈起炜：《中国历史大事年表》，上海辞书出版社 1983 年版。

施子愉：《柳宗元年谱》，湖北人民出版社 1958 年版。

史念海：《唐代历史地理研究》，中国社会科学出版社 1998 年版。

孙昌武：《唐代古文运动通论》，百花文艺出版社 1984 年版。

孙望：《蜗叟杂稿》，上海古籍出版社 1982 年版。

孙望：《元次山年谱》，中华书局 1962 年版。

T

（东晋）陶渊明著，逯钦立校注：《陶渊明集校注》，中华书局 1979年版。

（元）陶宗仪：《南村辍耕录》，历代史料笔记丛刊，中华书局 1959年版。

（元）脱脱等：《宋史》，中华书局 1985 年版。

（明）唐汝询：《唐诗解》，河北大学出版社 2001 年版。

（清）同德斋主人编：《广湖南考古略》，湖南教育出版社 2010 年版。

［日］藤原佐理《海阳泉帖》，《三国笔海全书》，大阪市立图书馆藏本。

谭其骧主编：《中国历史地图集》，中国地图出版社 1982 年版。

唐圭璋编：《词话丛编》，中华书局 2005 年版。

唐圭璋编：《全宋词》，中华书局 1965 年版。

陶敏：《全唐诗人名汇考》，辽海出版社 2006 年版。

陶敏：《全唐诗作者小传补正》，辽海出版社 2010 年版。

W

（东汉）王逸：《楚辞章句》，文渊阁四库全书本。

（魏）王弼注，楼宇烈校释：《老子道德经注校释》，中华书局 2008 年版。

（北齐）魏收：《魏书》，中华书局 1974 年版。

（唐）王勃著：《王子安集》，文渊阁四库全书本。

（唐）王昌龄撰，李云逸注：《王昌龄诗注》，上海古籍出版 1984 年版。

（唐）王维撰，陈铁民校注：《王维集校注》，中华书局 1997 年版。

（唐）韦应物撰，孙望校笺：《韦应物诗集系年校笺》，中华书局 2002 年版。

（唐）魏征等：《隋书》，中华书局 1973 年版。

（五代）王定保：《唐摭言》，中华书局 1985 年版。

（五代）王仁裕等撰，丁如明辑校：《开元天宝遗事十种》，上海古籍出版社 1985 年版。

（宋）王安石选：《唐百家诗选》，商务印书馆 1939 年版。

（宋）王存：《元丰九域志》，中华书局 1984 年版。

（宋）王谠撰，周勋初校证：《唐语林校证》，中华书局 1987 年版。

（宋）王观国：《学林》，中华书局 1988 年版。

（宋）王溥：《唐会要》，中华书局 1960 年版。

（宋）王钦若等编：《册府元龟》，凤凰出版社 2006 年版。

（宋）王象之：《舆地纪胜》，中华书局 1992 年版。

（宋）王象之编著，赵一生点校：《舆地碑记目》，浙江古籍出版社 2012 年版。

（宋）王尧臣：《崇文总目》，文渊阁四库全书本。

（宋）王应麟辑：《玉海》，广陵书社 2003 年版。

（宋）王应麒撰，翁元圻辑注，孙通海校点：《困学纪闻注》，中华书局 2016 年版。

（宋）王灼著，彭东焕、王映珏笺证：《碧鸡漫志笺证》，巴蜀书社 2019 年版。

（宋）魏庆之：《诗人玉屑》，上海古籍出版社 1978 年版。

（宋）文同著，胡问涛、罗琴校注：《文同全集编年校注》，巴蜀书社 1996 年版。

（宋）吴曾：《能改斋漫录》，上海古籍出版社 1979 年版。

（元）王恽：《玉堂嘉话》，中华书局 2006 年版。

（明）王鏊：《震泽长语》，影印文渊阁四库全书本，台湾商务印书馆 1983 年版。

（明）王世贞撰，汤志波辑校：《弇州山人题跋》，浙江人民美术出版社 2019 年版。

（明）文震亨著：《长物志》，影印文渊阁四库全书本，台湾商务印书馆 1983 年版。

（明）吴讷，（明）徐师曾，（明）陈懋仁著：《文体序说三种》，（台北）大安出版社 1998 年版。

（清）王昶：《金石萃编》（四库全书本），上海古籍出版社 1986 年版。

（清）王闿运著，马积高主编：《湘绮楼诗文集》，岳麓书社 1996 年版。

（清）王士祯：《池北偶谈》，中华书局 1982 年版。

（清）王士禛：《浯溪考》，吴郡沂咏堂本。

（清）王士禛撰，袁世硕、王小舒点校：《渔洋续诗集》，齐鲁书社2007年版。

（清）王寿昌：《小清华园诗谈》，天津图书馆藏清道光五年小清华园刻本。

（清）王先谦辑：《湖南全省掌故备考》，岳麓书社2009年版。

（清）王先谦：《荀子集解》，中华书局1988年版。

（清）王雍修纂：《鲁山县志》，康熙三十三年（1694）本，鲁山地方史志编纂委员会2001年再版。

（清）魏源：《魏源集》，中华书局2009年版。

（清）翁方纲：《石洲诗话》，人民文学出版社1981年版。

（清）吴恭亨：《对联话》，岳麓书社2004年版。

（清）吴九龄：《梧州府志》，成文出版社1967年版。

王国维撰，彭林整理：《观堂集林·观堂别集》，河北教育出版社2001年版。

万曼：《唐集叙录》，中华书局1980年版。

汪辟疆辑：《唐人小说》，上海古籍出版社1978年版。

王水照编：《历代文话》，复旦大学出版社2007年版。

王桐龄：《王桐龄中国民族史》，吉林人民出版社2013年版。

王晚霞：《濂溪志新编》，中国社会科学出版社2019年版。

王运熙、杨明：《隋唐五代文学批评史》，上海古籍出版社1996年版。

王重民、孙望等辑：《全唐诗外篇》，中华书局1982年版。

吴钢辑：《全唐文补遗·千唐志斋新藏专辑》，三秦出版社2006年版。

吴钢主编：《全唐文补遗》（第六辑），三秦出版社1999年版。

吴树平、吴宁欧：《隋唐五代墓志汇编》，天津古籍出版社2009年版。

吴松岩：《鲜卑起源、发展的考古学研究》，上海古籍出版社2018年版。

吴廷燮：《唐方镇年表》，中华书局1980年版。

吴文庆：《一代英杰——颜真卿》，内蒙古人民出版社，2004年版。

吴文治：《柳宗元资料汇编》，中华书局 1997 年版。

吴文治：《中国文学史大事年表》，黄山书社 1987 年版。

X

（汉）许慎著，藏克和等校订：《说文解字新订》，中华书局 2002 年版。

（梁）萧统编，（唐）李善注：《昭明文选》，上海古籍出版社 1986 年版。

（唐）萧颖士著，黄大宏、张晓芝校笺：《萧颖士集校笺》，中华书局 2017 年版。

（元）辛文房撰，傅璇琮等校笺：《唐才子传校笺》，中华书局 1987—1995 年版。

（元）辛文房撰，孙映逵校注：《唐才子传校注》，中国社会科学出版社 1991 年版。

（元）辛文房撰，周绍良笺证：《唐才子传笺证》，中华书局 2010 年版。

（明）谢肇淛：《五杂俎》，《四库禁毁丛刊》，北京出版社 1997 年版。

（明）谢榛：《四溟诗话》，人民文学出版社 1996 年版。

（明）徐弘祖著，褚绍唐、吴应寿整理：《徐霞客游记》，上海古籍出版社 1987 年版。

（明）徐师曾：《文体明辨》，明万历元年（1573）游榕活板印行本。

（明）许学夷撰，杜维沫校点：《诗源辨体》，人民文学出版社 1987 年版。

（清）徐保龄，嵇有庆等修：《零陵县志》，国家图书馆藏清光绪二年刻本。

（清）徐松撰，赵守俨点校：《登科记考》，中华书局 1984 年版。

（清）徐松撰，（清）张穆校补，方严点校：《唐两京城坊考》，中华书局，1985 年版。

（清）徐松撰、孟二冬补正：《登科记考补正》，北京燕山出版社 2003 年版。

（近代）徐世昌等编纂：《清儒学案》，中华书局 2008 年版。

肖献军：《唐代湖湘客籍文人年谱》，中国社会科学出版社 2017 年版。

薛国屏：《中国古今地名对照表》，上海辞书出版社 2010 年版。

Y

（唐）颜真卿：《颜鲁公文集》，上海书店 1989 年版。

（唐）颜真卿：《颜真卿书大唐中兴颂》，北京古籍出版社 1992 年版。

（唐）颜真卿：《颜真卿书法全集》，天津人民美术出版社 2009 年版。

（唐）姚汝能：《安禄山事迹》，中华书局 2006 年版。

（唐）姚思廉：《梁书》，中华书局 1973 年版。

（唐）殷璠辑：《河岳英灵集》，北京图书馆出版社 2002 年版。

（唐）元结：《唐漫叟文集》，黄丕烈跋本。

（唐）元结：《唐元次山集》，傅增湘校本。

（唐）元结：《唐元次山集》，莫伯骥藏本。

（唐）元结：《唐元次山集》，四部丛刊本。

（唐）元结：《元次山集》，四部备要本。

（唐）元结：《元次山集》，四库全书本。

（唐）元结著，（近代）王国维批点：《元次山集》，北京大学图书馆藏四部丛刊本（第 651 册），上海商务印书馆 1919 年版。

（唐）元结著，（明）湛若水校：《唐元次山集》，明正德十二年（1517）郭勋刻，国家图书馆藏本。

（唐）元结著，（明）湛若水校：《唐元次山集》，明正德十二年（1517）郭勋刻，夏镗跋本。

（唐）元结著，（明）湛若水校：《唐元次山集》，明正德十二年（1517）郭勋刻，鲜知道人题记本。

（唐）元结著，黄又重刻本：《元次山集》，两间书屋藏本。

（唐）元结著、孙望校：《元次山集》，中华书局 1960 年版。

（宋）乐史：《太平寰宇记》，中华书局 1999 年版。

（宋）杨万里撰，辛更儒笺校：《杨万里集笺校》，中华书局2007年版。

（宋）姚宽：《西溪丛语》，中华书局1993年版。

（宋）姚铉辑：《唐文粹》，明嘉靖三年（1524）徐焴刻本（叶德辉跋）。

（宋）叶梦得：《避暑录话》，国家图书馆藏明崇祯汲古阁本。

（宋）佚名：《湖北省寿昌乘》，成文出版社2017年版。

（宋）俞成：《萤雪丛说》，《丛书集成初编》据《儒学警悟》排印本，中华书局1985年版。

（金）元好问著，姚奠中主编，李正民增订：《元好问全集》，三晋出版社2015年版。

（金）元好问撰，周烈孙、王斌校注：《元遗山文集校补》，巴蜀书社2013年版。

（明）杨士奇编：《文渊阁书目》，中华书局1985年版。

（明）姚昺等修：《永州郡志》，《天一阁明代方志选刊续编》影印明弘治刻本，上海书店出版社。

（明）姚卿、孙铎修纂：《鲁山县志》，明嘉靖三十一年（1552）刻，宁波天一阁藏本。

（明）袁裒：《胥台先生集》，齐鲁书社1997年版。

（明）袁中道著、钱伯诚点校：《珂雪斋集》，上海古籍出版社1989年版。

（清）杨宾撰，柯愈春点校：《大瓢偶笔》，浙江人民美术出版社2019年版。

（清）杨楚枝修：《连州志》，故宫珍本丛刊（第171册）影印清乾隆三十六年（1771）刊本，海南出版社2001年版。

（清）杨守敬：《水经注疏》，中华书局2016年版。

（清）杨守敬著，赵树鹏点校：《书学迩言》，浙江人民美术出版社2019年版。

（清）杨守敬撰，张雷校点：《日本访书志》，辽宁教育出版社2003年版。

（清）姚鼐纂集：《古文辞类纂》，上海古籍出版社1998年版。

（清）永瑢等：《四库全书总目提要》，中华书局 1965 年版。

（清）俞樾：《九九销夏录》，中华书局 1995 年版。

（清）袁枚：《随园诗话》，道光二十四年（1844）经元堂藏版。

（清）袁枚：《小仓山房诗集》，上海古籍出版社 2002 年版。

严耕望：《唐代交通图考》，上海古籍出版社 2007 年版。

严可均辑：《全上古三代秦汉三国六朝文》，中华书局 1958 年版。

杨承祖：《元结研究》，台湾"国立"编译馆 2002 年版。

余祖坤编：《历代文话续编》，凤凰出版社 2013 年版。

郁贤皓、胡可先：《唐九卿考》，中国社会科学出版社 2003 年版。

郁贤皓：《李白丛考》，陕西人民出版社 1982 年版。

郁贤皓：《唐刺史考》，江苏古籍出版社 1987 年版。

袁珂校注：《山海经校注》，上海古籍出版 1980 年版。

Z

（唐）张彦远：《法书要录》，刘石校点，辽宁教育出版社 1998 年版。

（唐）张彦远：《历代名画记》，中华书局 1985 年版。

（唐）张鷟：《朝野佥载》，《丛书集成初》本，中华书局 1985 年版。

（唐）赵璘：《因话录》，上海古籍出版社 1979 年版。

（唐）郑处诲：《明皇杂录》，中华书局 1994 年版。

（唐）朱景玄撰，温肇桐注：《唐朝名画录》，四川美术出版社 1985 年版。

（宋）曾敏行著，朱杰人标校：《独醒杂志》，上海古籍出版社 1986 年版。

（宋）曾慥编著：《类说》，影印文渊阁四库全书本，台湾商务印书馆 1983 年版。

（宋）张孝祥撰，宛敏灏校笺：《张孝祥词校笺》，中华书局 2010 年版。

（宋）赵葵：《行营杂录》，《丛书集成初编》据《古今说海》排印本，中华书局 1991 年版。

（宋）赵令畤：《侯鲭录》，中华书局 2002 年版。

（宋）赵明诚撰，金文明校证：《金石录校证》，广西师范大学出版社 2005 年版。

（宋）赵明诚撰，金文明校证：《金石录校证》，中华书局 2019 年版。

（宋）郑樵撰，王树民点校：《通志二十略》，中华书局 1995 年版。

（宋）郑樵：《通志二十略》，明正德（1506—1521）陈宗夔刻本。

（宋）周敦颐著，陈克明点校：《周敦颐集》，中华书局 990 年版。

（宋）周去非著，杨武泉校注：《岭外代答校注》，中华书局 1999 年版。

（宋）朱熹集：《诗集传》，中华书局 2017 年版。

（宋）朱长文辑，薛晨校注：《墨池编》，李荷永和堂明隆庆二年（1568）本。

（宋）祝穆撰、（宋）祝洙增订：《方舆胜览》，中华书局 2003 年版。

（元）张雨：《句曲外史集》，影印文渊阁四库全书本，台湾商务印书馆 1983 年版。

（明）赵均：《金石林时地考》，文渊阁四库全书本。

（明）钟惺等选，（明）刘敩重订：《诗归》，天津图书馆藏本。

（明）朱国祯撰，王根林校点：《涌幢小品》，上海古籍出版社 2012 年版。

（清）曾国荃等：《光绪湖南通志》，湖南人民出版社 2017 年版。

（清）张潮辑，王根林校点：《虞初新志》，上海古籍出版社 2012 年版。

（清）张大煦等修：《宁远县志》，台湾成文出版社影印光绪元年刊本 1975 年版。

（清）张廷玉等：《明史》，中华书局 1974 年版。

（清）张之洞编撰，范希曾补正，孙文泱增订：《增订书目答问补正》，中华书局 2011 年版。

（清）章学诚著，叶瑛校注：《文史通义校注》，中华书局 1985 年版。

（清）赵尔巽等：《清史稿》，中华书局 1977 年版。

（清）朱鹤龄：《诗经通义》，文渊阁四库全书本。

（清）朱偓等：《嘉庆郴州总志》，成文出版社 2014 年版。

曾枣庄、刘琳主编：《全宋文》，上海辞书出版社、安徽教育出版社 2006 年版。

詹锳：《李白诗文系年》，人民文学出版社 1984 年版。

张采田：《玉溪生年谱会笺》，上海古籍出版社 1983 年版。

张忱石：《唐尚书省郎官石柱题名考补考》，中华书局 2018 年版。

张京华等：《湖南朝阳岩石刻考释》，中国社会科学出版社 2018 年版。

张守富：《颜真卿志》，山东人民出版社 2009 年版。

张寅彭：《民国诗话续编》，上海书店出版社 2002 年版。

张寅彭：《清诗话全编》，上海古籍出版社 2020 年版。

中华书局编辑部编：《文史》（第六辑），中华书局 1979 年版。

周绍良、赵超主编：《唐代墓志汇编续集》，上海古籍出版社 2001 年版。

周绍良主编：《唐代墓志汇编》，上海古籍出版社 1992 年版。

周玉华：《元结潇湘诗文研究》，汕头大学出版社 2018 年版。

周祖谟：《中国文学家大辞典》，中华书局 1992 年版。

周伟洲：《中国中世西北民族关系研究》，广西师范大学出版社 2007 年版。

朱关田：《唐代书法家年谱》，江苏教育出版社 2001 年版。

朱关田：《颜真卿年谱》，西泠印社出版社 2008 年版。

后　记

近年来，深感精力不够，故放弃了原来不少"宏伟"理想，转而研究盛中唐之际的"小家"元结。如果仅从文学的角度看，元结所存作品数量不多，作品艺术性也比不上李、杜，但也有其可取之处。如，人品高尚，几无瑕疵；政治、军事才华卓绝，几无败笔；思想深邃，自成一家，这又有超越李、杜之处，更不用说其对南岭走廊摩崖石刻的深远影响。如此看来，所谓"大家""小家"之分只是具有相对性，而非绝对。后来在研究过程中也不断发现，"小家"在慢慢变大。

我和夫人对元结的关注，是从元结版本整理开始的。2017 年出版了《〈元次山集〉版本四种》，只是整理了几个常见版本，并无多大学术价值，但通过整理版本，我们对元结作品有了更深的了解，这为以后的研究打下了较好的基础。后来的几年时间里，我们走访了元结曾经走过的路线，去了河南、江西、湖南、广东、广西等地，翻阅了不少地志、金石著作，考察了元结留下的遗迹，也陆陆续续写下了一些著作和文章，如出版了《元结作品编年校注汇评》《重订元次山年谱》等，并整理出了《重订元结文集》《元结资料分类汇编》，论文有《鲜卑视角下元结文学思想与创作析论》《论元结的"漫家"思想及其思想史意义》等，随着论文写作的增多，又有了把这些论文结集出版的愿望。于是把这些论文整理出来，有了近十万字，为了使全书体例完整，又增补了不少内容。根据内容，把全书分为了四章，分别为"考证篇""思想篇""文学篇""石刻篇"，并定书名为《元结考论》，又写下了《21 世纪（2000—2021）元结研究述评》，置于本书前面，权当文献综述。这样，书的结构与体例基本上统一起来了。

就全书而言，具有如下特点：一是系统性较强。从元结家世、生平、作品、遗迹的考证到思想、创作、文学和石刻的论述都涉及了，可以说是对元结较为全面的研究。二是创新性较强。书中不少篇章，如，关于《元结传》的考证、漫家思想的论述、《大唐中兴颂》在唐代和清代的接受情况很少有人论述，而这些又是元结研究的重点内容，故本书创新性较强。三是资料较丰富。在研究之前，我和周贤斌共同整理出了近 40 万字的《元结资料分类汇编》，占有了大量文献资料，这对于本书的研究提供了极大的帮助，特别是本书的第一章，如果没有大量文献支撑是不可能顺利完成的。当然，由于本书出版较为仓促，也存在不少不如人意之处，如关于元结与摩崖石刻，主要只论述了《大唐中兴颂》，其他石刻只是一笔带过，多少有一点遗憾，留待以后作更为详细的研究。

在本书即将出版之际，感谢我的导师赵晓岚先生一直以来对我学术上的关怀，感谢周同学在资料整理上的付出，感谢所有对我有过帮助的领导、同事及学界的前辈们，感谢中国社会科学出版社的编辑们，是你们支持激励着我前进。

肖献军于西山桂园

2022 年 2 月 5 日